兰州财经大学丝绸之路经济研究文库

项目来源：兰州财经大学重大招标项目《西北丝路旅游时空演变研究》（LZUFE2017A04）
兰州财经大学丝绸之路经济研究院重点项目《丝绸之路入境旅游流时空演变研究》（JYYZ201602）
兰州财经大学青年学术英才计划项目（QNYC710）
国家社科项目《非传统安全视域下西北民族地区旅游危机预警管控研究》（15XMZ047）

丝路旅游发展模式研究

——城乡旅游卷

窦开龙　等著

中国财经出版传媒集团
中国财政经济出版社

图书在版编目（CIP）数据

丝路旅游发展模式研究．城乡旅游卷／窦开龙等著．--北京：中国财政经济出版社，2020.8

（兰州财经大学丝绸之路经济研究文库）

ISBN 978-7-5095-9771-2

Ⅰ.①丝…　Ⅱ.①窦…　Ⅲ.①丝绸之路-旅游经济-经济发展模式-研究　Ⅳ.①F592.74

中国版本图书馆 CIP 数据核字（2020）第 072278 号

责任编辑：葛　新　　　　责任校对：张　凡

封面设计：陈宇琰

丝路旅游发展模式研究——城乡旅游卷

SILU LüYOU FAZHAN MOSHI YANJIU CHENGXIANG LüYOUJUAN

中国财政经济出版社 出版

URL：http：//www.cfeph.cn

E-mail：cfeph@cfeph.cn

社址：北京市海淀区阜成路甲 28 号　邮政编码：100142

营销中心电话：010-88191522

天猫网店：中国财政经济出版社旗舰店

网址：https：//zgczjjcbs.tmall.com

北京财经印刷厂印刷　各地新华书店经销

成品尺寸：170mm×240mm　16 开　17.75 印张　265 000 字

2021 年 9 月第 1 版　2021 年 9 月北京第 1 次印刷

定价：56.00 元

ISBN 978-7-5095-9771-2

（图书出现印装问题，本社负责调换，电话：010-88190548）

本社质量投诉电话：010-88190744

打击盗版举报热线：010-88191661　QQ：2242791300

前　言

丝绸之路，也被称为“玉石之路”“皮毛之路”“香料之路”“宝石之路”“佛教之路”“陶瓷之路”，横贯东西，纵横古今，是一条文化廊道。在中西方文化交流历史上，丝绸之路一度非常兴盛，人员、物资交流非常频繁，不同族群南来北往、西去东走，商贸往来特别活跃，促进了边疆发展与人类和平，后来由于气候变化与沿海开发等因素逐渐衰落。丝绸之路也是一条举世闻名的黄金旅游走廊。这里，名胜古迹随处可见，现代建筑星罗棋布，民俗风情奇异多彩，古迹遗址数不胜数。当年驼铃悠悠回响，使者商旅跋涉前行，游客学者游览考察。改革开放以来，丝路旅游得到发展，景点林立，景区串联，线路成熟，并且在联合国教科文组织的推动下，中、哈、吉三国联合申报的丝绸之路项目被列入《世界遗产名录》，受到世界关注。因此，研究丝路旅游势在必行。

基于此，我们组织了一些年轻学者，形成科研团队，经过仔细论证，确定选题，拟策划撰写一套研究丛书。经过资料分析、实地调研、问卷调查，结合访谈，反复琢磨，最终形成了本系列成果。

本丛书包括4卷，不侧重理论体系建构，而是围绕重点、热点与难点，多角度、多层面、多视野分析了丝路旅游的历史、现状与未来。其中，《入境旅游卷》依据国家权威统计数据和模型，开展计量分析，对西北地区入境旅游流的流质、流量、竞争态等做了测算比较，分析了背后机理与影响因素；《区域旅游卷》选择省级区域与特色县域，阐述了旅游发展模式的时空差异；《文化旅游卷》将名人文化、红色文化、遗址文化等做了细致梳理，同时侧重经世致用，提出了文旅融合发展的若干对策建议；《城乡旅游卷》

选择典型城市与乡村，揭示了丝路旅游在城乡之间的差异、表现与特征。丛书附录部分很有意义，收录了作者演说稿、发言词与专家访谈记录，与正文相得益彰，既可丰富研究内容，也可提升研究品质，增加了丛书的趣味性与吸引力，是本丛书的亮点。

本丛书的出版得到了兰州财经大学领导的大力支持，兰州财经大学丝绸之路经济研究院与科技处给予了经费支持，中国财政经济出版社蔡宾先生多次协商沟通具体细节，倾注了汗水与智慧。在此一并表示由衷的感谢。

旅游发展无止境，学术研究无尽头。我们会继续关注丝路旅游，推出新的研究成果。同时，也祝愿在“一带一路”与“丝绸之路经济带”建设背景下，丝路旅游在高质量发展、创意创新驱动、一体化建设方面有新的突破，为中国崛起与世界和平发展做出更大贡献。

窦开龙

2020 年 6 月 29 日

目 录

城市部分

乡村部分

城 市 部 分

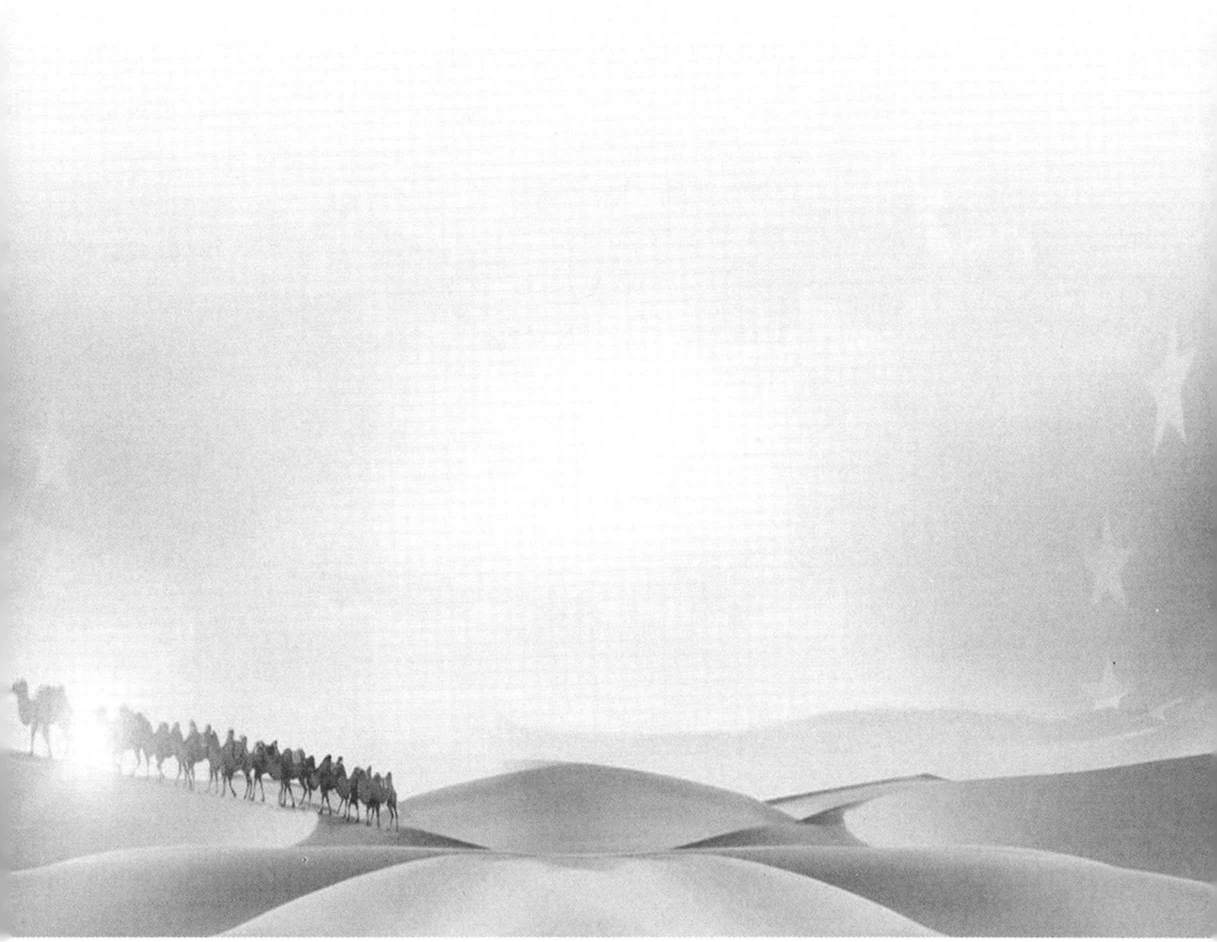

第一章 绪论

第一节 研究背景

一、城市化中旅游兴，休闲度假成必然

何谓城市？国内外有不同的界定。我国古代早期，将城市理解为“城”和“市”的结合，其中，“城”指的是为防卫敌人入侵或攻占城市而用城墙等围起来的地域，“市”指的是内部居民进行交易的场所。后期理解有所变化，认为城市是具有一定面积、人口密集、非农产业发达的地理区域。学者们普遍认为，城市是社会经济发展到一定阶段后的必然产物。早期居民多从事游牧、农业或采集活动，人们会选择一些条件较好的地区聚集起来生活，这就是城市的雏形；后期伴随人口规模的扩大，产业类别的增多，市场交换的频繁，这些集聚区域就发展为城市。目前，伴随工业化发展，人口、产业或财富越来越聚集在城市内部，并且城市之间人口流动加剧，城市发展速度加快，大型城市、超大型城市不断出现。但与此同时，也出现了“城市病”，交通拥挤、污染、雾霾、人际关系恶化、竞争激烈等问题

直接影响到城市居民的生活质量，因此，走出日常居住地，短暂离开惯常生活方式，到城市周边区域休闲度假成为一种趋势，城市旅游由此得到发展。一些城市通过旅游资源开发转化为旅游城市，在经济发展中发挥了极其重要的作用。

二、城市旅游竞争加剧，有城欢喜有城愁

伴随全球产业格局的不断调整、旅游人次的不断增多、旅游观念的改变，旅游业地位越来越重要，许多城市高度重视旅游业发展，依托城市庞大的人口规模优势、便捷的交通优势、相对较好的经济力量，投入大量资本进行基础设施建设、景点景区开发，极大地改善了人们的生活。产业发展势必出现竞争，城市旅游也是如此，一些城市如伦敦、巴黎、纽约、北京、上海等利用地理位置、历史、经济等优势，成为游客首选之地，客流密集；一些城市则由于交通不便、人才缺乏、管理者观念不到位、形象不佳、服务质量不高等因素，越来越边缘化，游客稀少，在激烈竞争中处于不利地位。如何抓住机遇加快发展，是各地各类城市不得不思考的问题。

第二节　研究述评

一、研究热点分析

（一）相关概念界定

城市旅游概念界定方面，主要有两类观点：一是旅游活动说。如唐恩富、罗能（2005）认为城市旅游是一类活动，即游客被城市旅游资源所吸引

后在城市内发生消费的旅游活动①；彭华（2000）认为是以城市作为吸引物、在城市内部发生的一切游憩旅游活动②。二是产品类别说。城市旅游是和乡村旅游、民族旅游、红色旅游、生态旅游有所区别的一类产品形式。有的学者如陈浩、陆林、郑嫱婷（2011）在城市旅游基础上提出“城市群旅游地”概念，认为城市旅游发展到高级阶段后旅游活动会在城市群之间发生，形成整体效应③。

旅游城市概念界定方面，主要有三类观点：一是功能说。如成英文（2014）认为旅游城市是城市的一个类别，此类城市的功能主要集中体现为满足游客旅游需求。二是经济特征说。如翟辅东等认为旅游城市是旅游经济在城市经济中所占比重较高的城市。三是影响说。个别学者认为旅游城市是在游客心目中具有较大影响力的城市④。

城市旅游化内涵界定方面，加拿大学者 Bruce Young 首次提出该概念，但没有做出具体界定；国内的朱竑和贾莲莲对“城市旅游化”做了界定，认为其是城市主动迎合居民及外地游客旅游需求的过程，其结果是旅游城市化。

旅游城市化内涵界定方面，主要有两类观点：一是模式说。旅游城市化由 Mullins 最早提出，他认为其内涵是城市化的动力主要来自旅游，是城市化的一类具体类型和模式。二是趋势说。部分学者如李鹏等认为旅游城市化是城市或者旅游发展的走势之一，表现为游客集中到城市，景区景点越来越具有城市特征。

（二）城市旅游模式研究

基于旅游产品开发视角分析：宋家增（1996）认为包括商务、会议、文化交流等模式⑤；彭华（1999）分析了汕头模式，认为该模式以商务旅游为

---

① 唐恩富，罗能．城市旅游刍议［J］．市场论坛，2005（7）：101－103.

② 彭华．关于城市旅游发展驱动机制的初步思考［J］．人文地理，2000（1）：1－5.

③ 陈浩，陆林，郑嫱婷．基于旅游流的城市群旅游地旅游空间网络结构分析：以珠江三角洲城市群为例［J］．地理学报，2011（2）：257－266.

④ 成英文．城市旅游化：概念、测量、影响因素及其演进规律［D］．北京交通大学，2014：25－30.

⑤ 宋家增．发展都市旅游之我见［J］．旅游学刊，1996（5）：9.

核心，观光度假、宗教旅游等作为必要补充[①]；保继刚等（1999）分析了珠海模式，认为该模式以休闲度假、会议展览、观光商务为内涵，海岛、海滩旅游为重点，观光农业为辅助的发展模式[②]；李德明、朱生东（2012）分析了城市旅游综合体模式，认为该模式主要包括娱乐旅游综合体、休闲度假旅游综合体、会展旅游综合体和商业旅游综合体四种类型[③]；梅玲玲（2011）分析了无锡城市旅游产品创新模式，认为该模式主要应该重点开发“太湖牌”“运河歌”“吴文化”[④]；张汉军、谢宏雯（2013）分析了城市旅游社区发展模式[⑤]。

旅游空间视角分析：一是“圈层结构模式说”。多数学者认为大城市或大都市应该采取“大旅游圈模式”发展旅游，带动周边区域，有的学者还做了进一步探讨。例如，舒伯阳等（1998）基于武汉市个案分析，构建了以中心区、边缘区、腹地区形成的“都市旅游圈”结构模式，提出了各自发展方向；侯立春等（2017）提出多极核的网络化旅游圈层结构模式[⑥]；刘名俭（2003）基于武汉市个案分析，认为具体空间模式应为“点—轴—圈”[⑦]。二是“卫星结构模式”。许峰、李晨光（2008）分析了卫星城市旅游发展模式，认为紧密型卫星城市模式、松散型卫星城市模式、独立型卫星城市模式的各自发展战略为“融入战略”“结合战略”“特色战略”[⑧]。三是“一体化模式”。程圩等（2018）认为应该构建关中平原城市群旅游一体化体系，建设世界级旅游目的地。目前，相关研究主要集中在长三角、珠三角、丝绸之

---

① 彭华．试论经济中心型城市旅游的商务主导模式——以汕头市为例［J］．地理科学，1999（2）：45－51.

② 保继刚等．基于双赢战略的澳门－珠海旅游互动发展［J］．热带地理，1999（12）：348－352.

③ 李德明，朱生东．城市旅游综合体发展模式与对策研究［J］．资源开发与市场，2012（12）：1146－1148.

④ 梅玲玲．无锡城市旅游吸引体系的模式选择及策略研究［J］．无锡商业职业技术学院学报，2011（2）：49－52.

⑤ 张汉军，谢宏雯．非物质文化遗产保护的新态势：城市社区旅游——以武汉市非遗聚集地江欣苑社区为例［J］．大众文艺，2013（6）：3－4.

⑥ 侯立春等．环鄱阳湖旅游圈旅游经济联系与区域发展［J］．长江流域资源与环境，2017（4）：508－518.

⑦ 刘名俭．大城市旅游圈的构建与发展模式——以武汉为例［J］．湖北大学学报（哲学社会科学版），2003（2）：114－117.

⑧ 许峰，李晨光．卫星城市旅游发展模式研究［J］．山东社会科学，2008（4）：120－123.

路旅游方面。四是环城游憩带模式。吴必虎（2001）通过实地调研，提出应该依据环城空间模式发展城市旅游①。

整体旅游发展模式视角分析：朱竑、戴光全（2005）基于东莞市个案分析了对外开放前沿城市旅游发展模式，认为其特点是先建酒店、后建景点；先出游、后进游；先积累、后发展；先无意、后有意②；王联勋（2008）基于对德国鲁尔区和中国河南省焦作市的比较，分析了资源型城市发展转型模式③；王瑞霞（2008）则做了更为系统的总结，认为该模式包括工业旅游模式、工矿（林）区向旅游区转变模式及城市旅游模式④；余构雄、江金波（2010）基于城市旅游生态位测评，分析了长江三角洲与珠江三角洲区域旅游竞合模式⑤；成秀杰（2013）分析了“旅游城市”转型为“城市旅游”的“杭州模式”内涵及特征⑥；褚劲风、闫国东、江垚川（2015）基于发展驱动力、空间结构、品牌形象层面分析比较了世界知名旅游城市发展模式⑦；封蕊（2007）总结了东莞等新兴城市旅游发展模式，认为应该突出特色而不是单纯依靠资源⑧。

（三）城市旅游效应研究

理论视角分析：一些学者从理论角度分析了城市旅游的效应和意义。主要观点有：一是城市旅游有利于促进带动城市经济发展。郑琼洁、李程骅（2011）认为城市发展应该以旅游服务业发展为支撑；徐福英（2013）认为城市化应依靠旅游与城市的融合推动。二是城市旅游有利于实现城市可持续

---

① 吴必虎．大城市环城游憩带研究——以上海市为例［J］．地理科学，2001（4）：354－359.

② 朱竑，戴光全．经济驱动型城市的旅游发展模式研究——以广东省东莞市为例［J］．旅游学刊，2005（2）：41－46.

③ 王联勋．国内外资源型城市旅游发展模式研究——以德国鲁尔区和中国河南省焦作市为例［J］．吉林广播电视大学学报，2008（7）：83－85.

④ 王瑞霞．资源型城市的旅游开发研究［D］．四川师范大学，2008.

⑤ 余构雄，江金波．长江三角洲与珠江三角洲区域旅游竞合模式比较及其区际合作研究——基于区域城市旅游生态位的测评［J］．华东经济管理，2010（2）：40－45.

⑥ 成秀杰．城市旅游的杭州模式［J］．决策，2013（6）：52－53.

⑦ 褚劲风，闫国东，江垚川．世界著名旅游城市发展模式比较研究［J］．中国城市研究，2015：187－210.

⑧ 封蕊．新兴城市旅游发展模式初探［J］．广西师范大学硕士学位论文，2007.

发展。楼嘉军、徐爱萍（2011）认为可以缓解环保压力；马波、徐福英（2012）认为城市旅游有助于改善民生、提升居民生活品质①。

实证视角分析：大多数学者通过实地调研和数据分析，对城市旅游的效应进行了探讨。殷飞（2010）分析了青奥会对南京市旅游的效应②；赵承磊（2012）分析了奥运会对北京旅游发展的影响③；刘笑明（2013）分析了西安世界园艺博览会对西安旅游的影响④；陈志军、杨洪、周志强（2011）分析了上海世博会的效应⑤；应南茜、汪德根（2012）分析了上海世博会对上海旅游形象的效应⑥；李向明（2013）分析了上海世博会对上海旅游的效应⑦；刘成文、冯淑华（2011）分析了红色旅游对城市旅游的影响⑧。

（四）城市旅游发展对策研究

结合存在问题，学术界提出了相应的对策建议，主要包括：①突出个性需求。徐福英（2013）认为在大众化背景下，面对个性化城市旅游需求的不断增长，城市旅游必须强调“小众”需求动机⑨。②城市互动发展。马勇等（2015）认为都市旅游应该形成互动，并对长江沿线都市旅游进行了分析。③吸引物拉动。李海瑞（1996）认为城市应该着力塑造吸引物，以核心吸引物

---

① 马波，徐福英．中国旅游业转型升级的理论阐述与实质推进——青岛大学博士生导师马波教授访谈［J］．社会科学家，2012（6）：3－7．

② 殷飞．基于旅游效应模型的南京承办青奥会对南京市旅游效应的影响研究［J］．南京体育学院学报，2010（6）：37－40．

③ 赵承磊．基于旅游本底的第29届奥运会对北京旅游效应评估［J］．体育科学，2012（5）：27－32．

④ 刘笑明．基于居民感知与态度的西安世园会旅游效应研究［J］．湖北农业科学，2013（11）：5381－5385．

⑤ 陈志军，杨洪，周志强．上海世博会旅游时空效应及对策研究［J］．资源开发与市场，2011（11）：374－377．

⑥ 应南茜，汪德根．大型会展对举办地旅游形象的提升路径及效应分析——以上海世博会为例［J］．资源开发与市场，2012（7）：667－669．

⑦ 李向明．后世博时代的世博旅游效应及其应对策略——以上海世博会为例［J］．江西财经大学学报，2012（1）：28－36．

⑧ 刘成文，冯淑华．红色旅游效应评价体系研究——以南昌为例［J］．鲁东大学学报，2011（12）：76－80．

⑨ 徐福英．城市旅游在中国：研究回顾与发展展望［J］．旅游科学，2012（8）：52－64．

吸引游客[①]。④合理规划空间结构。宁颖、贾翔（2017）基于长江中游城市群个案，认为应该合理优化城市旅游空间结构，促进联合发展和塑造知名旅游品牌[②]。⑤打造线路。王莉莉、肖雯雯（2018）认为应该结合空间联系，精心设计路线，整合利用旅游资源[③]。⑥利用城市文化。徐丽达（2018）基于青岛市个案分析，认为应该在城市旅游中挖掘和利用传统文化，提高旅游产品内涵，促进传统文化保护传承[④]。⑦开展体育赛事等活动。孟文光、张宏博、尚志强（2017）认为应该塑造体育赛事品牌，提升城市旅游吸引力[⑤]。⑧开发旅游商品。陈玲玲、陈能、张帆（2017）认为城市要利用贸旅牵动战略，深度开发旅游商品，促进市场消费[⑥]。⑨促进智慧旅游。李淑娟（2017）认为应该在智慧服务、营销、管理及政务方面建设智慧体系，以增强城市旅游地位[⑦]。⑩加强形象塑造建设和传播。罗定蓉（2017）结合入境游发展评价和需求，基于北京市个案分析，认为应该加强城市旅游形象设计及对外宣传，促进市场拓展[⑧]。

二、研究特点分析

（一）关键词特征

前 12 个关键词是："城市旅游"（874 次）、"旅游"（52 次）、"旅游形象"（51 次）、"竞争力"（47 次）、"对策"（37 次）、"城市"（35 次）、

① 李海瑞．都市旅游与上海模式［J］．旅游学刊，1996（1）：20－23．

② 宁颖，贾翔．中三角四城市群旅游圈层发展的建议［J］．经济师，2017（12）：151－154．

③ 王莉莉，肖雯雯．"丝绸之路经济带"（中国段）城市群旅游空间网络结构研究［J］．经济地理，2018（2）：113－117．

④ 徐丽达．城市旅游开发与传统文化传承研究——以青岛为例［J］．青岛农业大学学报，2018（2）：84－88．

⑤ 孟文光，张宏博，尚志强．特色体育赛事与城市旅游的互动研究——以钱塘江冲浪赛为例［J］．浙江体育科学，2017（2）：12－14．

⑥ 陈玲玲，陈能，张帆．"一带一路"战略背景下的沿边城市旅游商品开发研究——以黑龙江省牡丹江市为例［J］．哈尔滨商业大学学报，2017（3）：96－104．

⑦ 李淑娟．"互联网＋"背景下中国小城市智慧旅游体系构建——基于河南省济源市的实践［J］．改革与战略，2017（5）：143－145．

⑧ 罗定蓉．北京"旅游胜地"形象的国际传播效果评价与策略分析——巴黎城市旅游形象及传播对北京的借鉴意义［J］．法语学习，2017（1）：53－61．

"旅游产业"（31次）、"可持续发展"（29次）、"空间结构"（29次）、"发展"（27次）、"旅游竞争力"（25次）、"旅游开发"（24次）。其后是乡村旅游、影响因素等。这和前文述评中的研究热点归纳基本保持一致。如图1－1、图1－2所示。

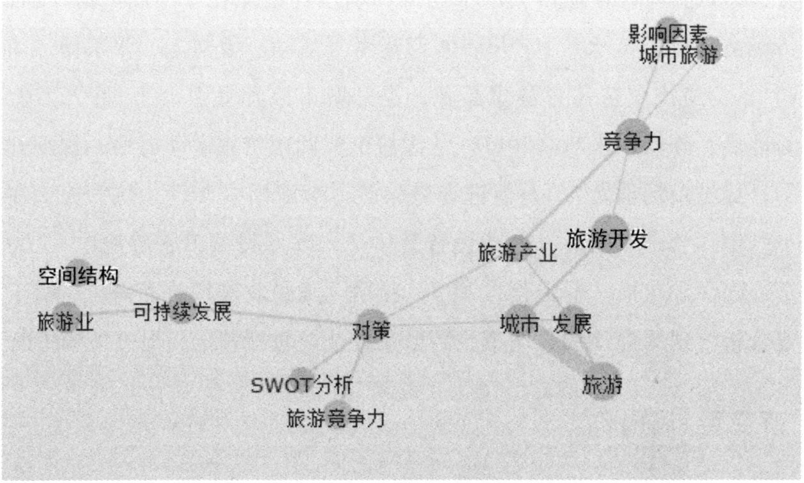

图1－1　关键词网络特征

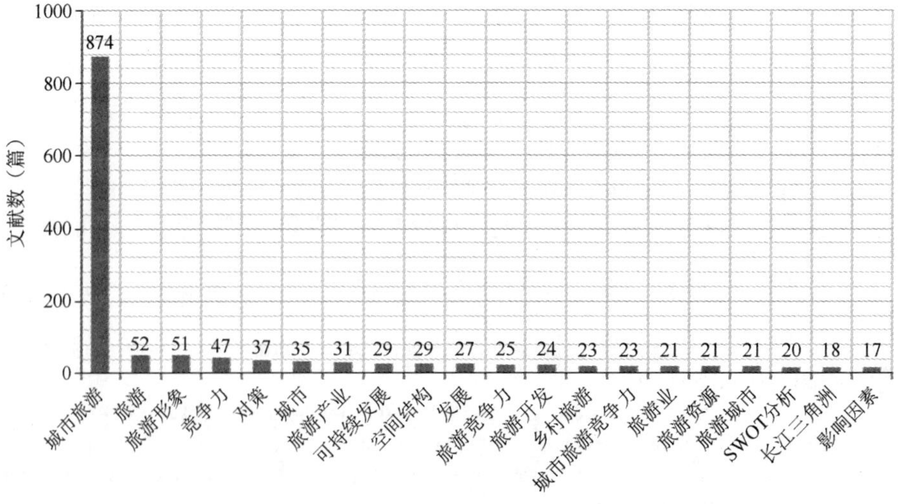

图1－2　关键词频次特征

（二）作者群体特征

刊文量最多的作者主要是保继刚、卞显红、吴必虎、马耀峰、徐红罡、马晓龙等。如图 1－3 所示。这些作者多为知名大学博导，在旅游学领域有一定建树，在城市旅游研究方面发表过具有影响力的经典论文。表 1－1 所示为引用率排名较前的经典文献及作者。

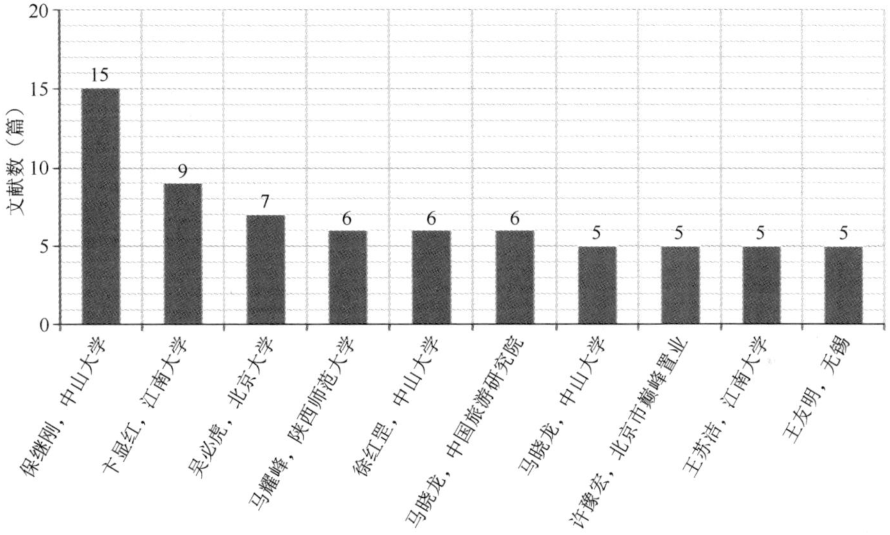

图 1－3 主要作者群体特征

表 1－1 引用率排名较前的经典文献及作者

姓名	代表性论文	刊物	时间
吴必虎	大城市环城游憩带研究——以上海市为例	地理科学	2001 年
包继刚	主题公园发展的影响因素系统分析	地理学报	1997 年
李蕾蕾	城市旅游形象设计探讨	旅游学刊	1998 年
彭华	关于城市旅游驱动机制的初步思考	人文地理	2000 年
卞显红	城市旅游空间结构研究	地理与地理信息科学	2003 年
古诗韵、包继刚	城市旅游研究进展	旅游学刊	1999 年
苏伟忠、杨英宝、顾朝林	城市旅游竞争力评价初探	旅游学刊	2003 年

（三）数量特征

论文数量的阶段性特征十分明显：1994－1998 年论文相对较少，2000 年开始增多，2006 年前后出现急剧增长态势，2006－2018 年基本保持平稳发展走势，说明城市化进程加快背景下，城市旅游属于学术和实践热点。如图 1－4 所示。

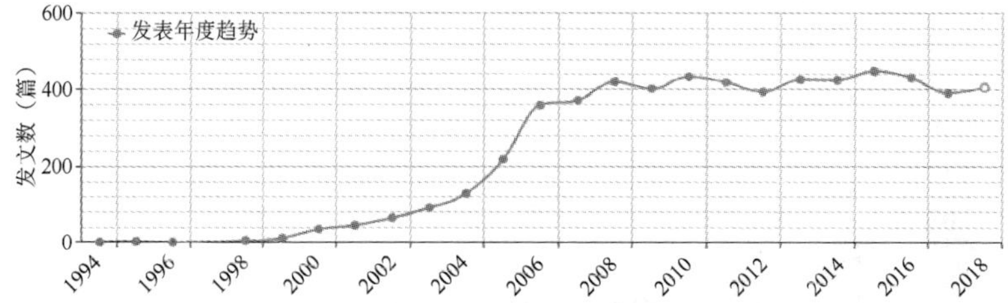

图 1－4　论文数量特征

（四）学科背景特征

旅游学研究涉及多个学科。搜集数据显示，城市旅游方面涉及的学科主要是旅游、宏观经济管理、文化、经济体制改革、资源科学等。说明城市旅游属于学术热点，相关研究需要多学科介入，在理论和方法上体现出跨学科性。如图 1－5 所示。

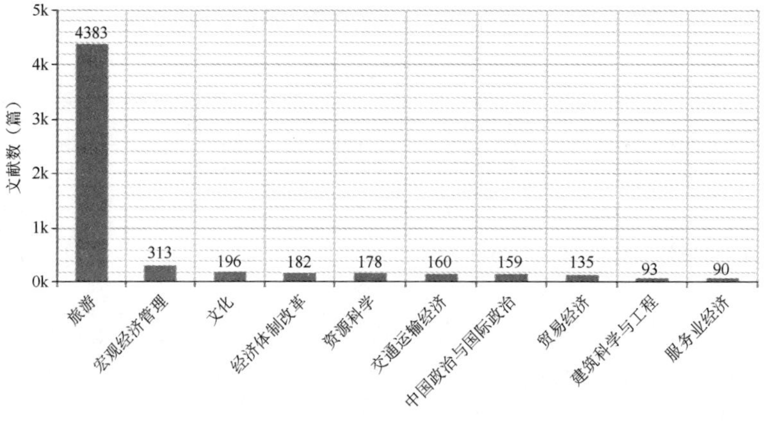

图 1－5　涉及学科特征

（五）机构特征

搜集数据显示，城市旅游研究成果突出的机构主要有中山大学、华东师范大学、安徽师范大学、上海师范大学、陕西师范大学、江南大学等，这些机构多为旅游学领域学者较多、拥有旅游管理或地理学博士学位点的知名高校。如图 1－6 所示。

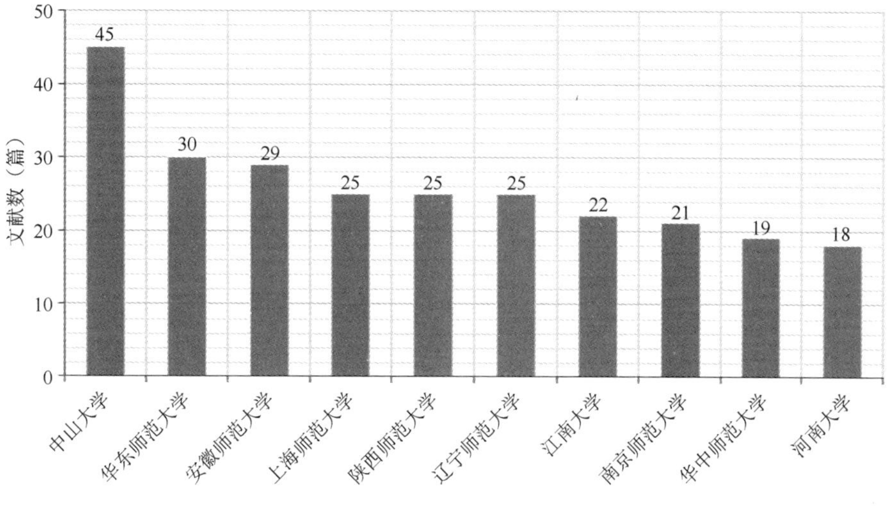

图 1－6　涉及机构特征

（六）方法、模型、视角、理论特征

在方法、模型、视角和理论方面体现出多样性特点：①方法和模型方面，主要有 GIS 技术、熵权—TOPSIS 综合评价法、赫芬达尔—赫希曼指数（“HHI”）、BP 神经网络模型、SWOT 模型、DEA 模型、系统动力学模型、竞争力模型、SEM 模型等、竞争态模型、亲景度模型等。②视角方面，主要有文脉视角、体验经济视角、城际轨道交通建设视角、旅游生态位视角、旅游品牌推广视角、制度视角、旅游感知视角、耦合视角等。③理论方面，主要有生态位理论、可持续发展理论、扎根理论、资源诅咒理论、区位优势理论、后发优势理论、竞争优势理论、共生理论、核心边缘理论、梯度转移理论、增长极理论、点轴增长理论、AIDMA 受众反应理论、文化传播理论、文化变迁理论、系统论等。

第三节 研究内容、思路、方法、重难点和创新点

一、研究内容

（一）丝路沿线城市发展及旅游产业发展概述

基于省区视角，对沿线城市历史、地理环境、气候天气、经济条件、人口民族、文化传统等进行简要梳理，总结出整体特征和未来发展走势；对沿线城市旅游发展中的线路、景点景区、特色资源、未来规划等进行整理分析。

（二）丝路沿线城市旅游发展基本条件分析

在阅读文献基础上组织团队，依据课题项目设计方案，在实地开展田野调研；基于 SWOT 模型，分析影响城市旅游发展的因素，包括宏观环境、微观条件，从全球环境、旅游资源、经济实力、地理区位、生态气候等方面分析存在的潜在优势、劣势、机遇和威胁所在。

（三）丝路沿线城市旅游产业发展水平分析

基于权威数据挖掘，通过构建指标体系或模型，从旅游市场、基础接待条件、要素发展等层面，选择兰州、西安、银川、乌鲁木齐、西宁五个城市，从宏观方面分析城市旅游业发展水平，判断时空演变基本特征和走势。

（四）丝路沿线城市旅游产业发展现状及对策分析

结合已有分析，构建未来进一步发展的机制，基于多重视角与多重关照

因素，针对存在的突出问题与难点，提出对策建议，特别注意应用旅游经济学与旅游地理学等理论对问题进行分析解决。

（五）个案分析

在整体分析之后，选择丝绸之路黄金段甘肃省的敦煌、武威、兰州、天水四个城市，对城市旅游微观模式进行实证研究，进一步总结规律，提升发展水平和质量，同时为其他城市提供借鉴和参考。

二、基本思路

采取先“理论探究”再“实证研究”最后“个案分析”的顺序设计逻辑框架，对城市旅游发展进行具体分析。具体是：首先，大规模搜集整理文献或信息，进行研究述评，把握研究前沿；对城市旅游实践进行调研，对基本条件进行分析判断；选取典型城市，依据官方数据和第一手调研数据，对产业发展水平进行测量和比较分析。其次，基于以上分析，发现存在的突出问题，找到具体应对对策。最后，开展典型城市调查，对个性化问题进行分析。

三、研究方法

研究中采用跨学科理论和方法，文献分析与实地调查相结合，规范分析和实证分析相结合，定性分析与定量分析相结合。具体方法如下：一是文献分析。查阅权威期刊、专著、文件、网上文献、新闻报告等，获得文献资料及信息，对相关研究进行梳理，了解当前的研究状况和产业进展情况，同时借鉴其他文献提升研究质量。二是问卷调查分析。设计多套调查问卷，在典型城市、社区、景区开展问卷调查，获得第一手信息和数据，为研究提供依据，为了解具体规律和机制做准备。三是统计分析。采用 SPSS 等软件对数据库信息进行深度挖掘，了解城市旅游发展的个性特色和个性问题。四是座谈法。通过与社区居民、游客、管理者等座谈，获取新的信息。特别需要说明的是，借助指导本科生撰写论文的机会，作者多次召集学生汇集到一起，通过头脑风暴法集思广益，取得了很好的效果。五是深度访谈法。选择一些代表性人物，就某些话题进行深入交流，以得到一些其他方法难以获得的信息。

四、研究重难点、创新点

（一）研究重点

1. 实践层面

在正确研判丝路沿线城市旅游发展现状、存在问题基础上，提出未来优化发展、高质量发展的具体模式与对策建议。

2. 学术层面

科学论证，分析城市旅游发展的特色模式、内在机制与路径。

（二）研究难点

第一，西北丝路沿线城市数量多，类别各异，旅游发展水平不同，对城市旅游业发展进行细致调研与归类难度较大。

第二，城市旅游发展驱动机制本身属于学术难点，有针对性地分析丝路沿线城市旅游发展机理难度更大。

（三）创新点

1. 研究内容有创新

学术界多对沿海发达城市、知名旅游城市进行研究分析，对丝路沿线城市旅游业发展缺少系统性的研究，本书对此展开专题分析，有助于丰富和拓展旅游学、经济学研究领域，具有重要的理论意义和现实价值。

2. 研究方法有创新

应用深度访谈、田野调查、影视资料搜集、统计分析、社区分析等多元方法，对客源市场、目的地市场、旅游化水平、耦合发展度、旅游效应、旅游感知等展开深入分析，有助于提升研究结论的科学性和精准性。

3. 理论分析有创新

在采用旅游学、经济学理论的同时，大胆结合相关学科理论分析问题，有助于拓展研究视野，体现了研究的综合性和跨学科性。

第四节 城市旅游影响因素

一、内部因素

（一）城市旅游资源

虽然目前旅游业发展进入创新驱动阶段，但旅游资源的作用依旧不可低估。城市旅游资源对旅游业的影响表现在四个方面：一是资源特色。如某城市具有其他城市不具有的垄断性资源，则旅游产品属于绝品，旅游市场属于垄断市场，在竞争中具有绝对优势。世界一些知名旅游城市，往往和自身资源特色有关，如西安、洛阳、雅典、罗马等以历史文化资源知名，耶路撒冷、麦加等以宗教文化资源知名，“硅谷”以科技知名；如果资源特色不强，则很难在城市旅游竞争格局中占有优势地位。二是资源组合度。旅游资源的组合度和多样性会影响甚至决定目的地旅游产品的丰富性。如果城市旅游资源类别极其单一，则有可能导致产品结构相对不够优化，城市形象也可能与其他城市雷同。三是资源知名度。如果城市资源人人皆知，则会在形象宣传方面节约一大笔经费。四是资源的分布。如果资源零散，则景点景区串联难度会增加，游客在出游方面的成本会增加，势必会影响游客满意度。

（二）城市发展水平

城市发展水平主要表现在四个方面：一是城市经济实力。马克思主义哲学认为“经济基础决定上层建筑”，经济实力会影响城市发展理念、项目落实情况、旅游基础设施建设及营销宣传力度，一些城市往往由于经济实力不强导致难以落实旅游规划及战略目标；城市经济实力强，居民收入也会随之增加，从而影响旅游消费水平、消费结构。此外，城市人口规模、教育水平、产业结构、相关产业发展水平也对旅游业发展产生直接或间接影响。二是生态文明建设水平。若城市环境优美，生态良好，居民生态意识强，旅游发展环境将得到极大改观。北海、三亚、青岛、大连、苏州、桂林等城市之所以成为著名旅游城市，环境与生态条件是重要原因，这些城市植被覆盖率高，空气清新，阳光明媚，水流潺潺，鸟语花香，气候优良度好，非常适宜旅游休闲度假。三是社会治理水平。如城市治理有序，文化繁荣，族群关系和谐，社会治安事件较少，旅游者出游感到安全放心、舒心，则会形成新的口碑，反之，若城市治理水平在专业化、法治化、协同化、职能化、精准化等方面建设不强，偷盗欺诈、恶性事件频发，社会关系复杂敏感，游客则会选择去其他地方旅游。四是城市基础设施建设水平。如果缺少对内对外联系通道，交通出行便利度不高，堵车现象严重，则会降低城市美誉度。

（三）城市知名度

通过经济文化交流或直接宣传可使城市被很多人知晓，有助于拓展市场规模；若城市不为人所知，则需要投入大量宣传经费，增加媒体提及率，这势必减少旅游产品开发投资。当然，知名度高也并非完全有利于城市旅游发展，如果城市以治安不好、服务质量不好、基础设施差而出名，那将带来极大的负面影响。

二、外部因素

（一）客源市场

城市客源市场就是城市旅游产品的消费对象，包括城市内部居民和外部居民两大类，此处所强调的客源市场指的是来城市旅游的外部居民群体或者个体。客源市场从如下几个方面影响城市旅游：一是市场规模大小。外部消费者群体数量多，意味着旅游产品会被消费，旅游投资成本回收几率较高，城市旅游经济会形成规模。二是市场经济实力。如果消费者来自发达国家或地区，思想观念开放、收入较高，则在旅游购物、演艺娱乐方面有较强的支付意愿及能力；反之，如果游客自身收入不高、理念保守，消费支付意愿会减弱。三是市场发展态势。如果市场消费需求具有多样性、增长率较高，并且长期走势没有大的变化，旅游产业发展趋势将随之看好；反之，则会由于市场波动出现连锁反应。四是市场需求。城市推出的旅游产品如果吻合消费者需求，则会出现较高的满意度、推荐率；反之，如果供需对接不好，则会出现萧条危机。

（二）相关政策

旅游业发展受相关政策影响较大。如国家将某城市作为重点发展对象，势必会从战略上加以扶持，则该城市旅游发展将获得良好契机；如国家从财政、税收、金融等方面加大对旅游业发展的支持力度，城市旅游则会迅速获得发展。若旅游业在国家、省域、城市战略规划中处于较低位置，其发展自然会缓慢滞后。

（三）城市关系

城市关系主要表现在三个方面：一是城市之间是否存在友好关系。如果关系密切，交往较多，互相认可度好，则会在旅游领域有所反映，通过宣传、人员交流、投资等实现互惠互利。二是是否存在支援关系。如果城市之间缔结了对口支援以及帮扶关系，高级别城市会依托平台，在项目建设、规划编制等方面给予全力支持，带动被支援城市旅游业的发展。三是城市旅游产品之间是否具有互补关系。如果两个城市的主打旅游产品同质性很强，则属于竞争关系；反之，如果旅游产品各不相同，替代性不强，则城市之间会从竞争关系转化为合作关系。

（四）国际环境

国际环境主要表现在三个方面：一是经济大环境。如果国际范围内各国、各地区经济发展态势较好，没有或者较少出现经济危机，城市入境旅游会具备发展条件；如果世界经济不景气，居民收入降低，势必会减少旅游消费。二是和平环境。没有战争或者地区冲突，国际交流将增多，国际旅游会得到发展；反之，如果战争不断，地区冲突多发，城市旅游将受到极大影响。三是国际旅游潮流。如果在世界范围内将旅游作为战略产业，推进休闲度假制度改革，居民偏好出游，城市旅游会获得发展机遇；反之，如果不提倡不支持旅游产业发展，城市旅游市场拓展将受到制约。

第二章

丝路城市发展及城市旅游概述

第一节 丝路城市发展概述

一、陕西段城市发展概述

一是“中心引领、重心开花”。西安作为西北丝路“巨型城市”，引领作用名副其实。西安，古代为“镐京”，后改为“长安”，取国家和统治王朝“长治久安”之意，现为陕西省省会。西安地位极其重要：基于历史人文视角，西安历史悠久，是人类文明发祥地之一。由于地理位置优势，气候湿润，交通便捷，八大河流环绕，关中平原土地肥沃，物产丰富，是多个王朝的首都。历史史料、考古挖掘结果显示，西安有7000多年文明史、3100多年城市建设史、1200多年都城建设史。其中，先后有西周、秦、汉、隋、唐等13个王朝在这里建都，因此在世界上，西安是与意大利罗马、希腊雅典、埃及开罗齐名的古城，被誉为“世界四大古都”“世界历史名城”“中国古代六大古都之首”。目前，西安在各个方面都具有特殊优势：高校和文化科研机构林立，西安交通大学为国际知名高校，西北工业大学属于“985工程”院校，西安电子科技大学、西北大学、陕西师范大学等为“211 工程”院校。由于拥有多所国内知名高校，西安是重要的文化、科研、教育基地；经济总量较大，在西北城市中长期居于前列；人口不断增加，是西北人口最多的城市，目前实行“人口新政”，大力吸纳各类人才落户；“米”字形交通网路四通八达，是西北地区的交通枢纽；西安也是国家中心城市，战略价值和地位可见一斑。

二是“东西南北，各有特色”。北部城市主要是铜川、榆林、延安，南部城市主要包括商洛、安康和汉中，西部城市主要是咸阳、宝鸡，东部城市主要是渭南。其中榆林地处陕西最北部，在古代被称为“上郡”，为战略要地，也是边疆少数民族和汉族经济文化交流之地、黄土高原和内蒙古高原交汇之地。榆林是典型资源带动发展型城市，煤炭、石油、天然气等资源富集，外部称其为“中国的科威特”。延安地理位置特殊，早期被称为“边陲之郡”“五路襟喉”，为典型军事重镇，现代则是革命老区，被称为“革命圣地”，目前依靠红色旅游全球知名，生态文明建设和绿色发展成就不凡。宝鸡古称“陈仓”“雍城”，被称为“炎帝故里、青铜器之乡”，是陕西第二大城市、陕西第二大工业城市、“关天经济区”副中心城市，是陇海、宝成、宝中铁路交汇之处，工业相对发达，经济实力较强。汉中因汉水而得名，生态环境优美，被称为“西北小江南”。汉中是汉王朝发祥地，目前是陕西南部地区第一大城市。渭南为中国最早“天府之国”所在地，是连接陕西和中原地区的要道，也是国家授时中心所在地。咸阳是秦朝定都之地，具有“中国第一帝都”之美誉，是陕西以及中原地区通往西北边疆地区的主要节点。

三是“整体不弱，有所分化”。“2017 年中国百强城市排行榜”，陕西省西安市、榆林市、咸阳市位居其中，分别位居第 16 名、第 82 名和第 84 名，实力可见一斑。但一些城市实力相对逊色，例如，铜川和商洛就属于省内的三线城市。至于县城，经济社会发展实力相对弱小，不再赘述。

二、甘肃段城市发展概述

一是河西走廊城市由于军事需要得到发展。甘肃最早发展的城市主要集中在河西走廊。汉武帝时期，鉴于国力强大以及边患不断，决定转变传统“和亲”国策，和匈奴开战，在取得战争胜利后，先后在河西走廊设置郡县，为今日的武威、张掖、酒泉、敦煌，此后河西走廊城市逐渐得到发展。嘉峪关由于地理位置险要被称为“河西咽喉”，在明代开始得到修建发展；中华人民共和国成立以后，在国家重工业布局下，金昌、玉门得到发展，分别被称为“镍都”和“中国石油工业的摇篮”。

二是东南部地区城市历史悠久，人文深厚。天水是伏羲故乡，目前为工业企业集中城市、老工业基地。庆阳市地处黄土高原，为农耕文化源头之一，是典型能源型城市。平凉为甘肃东部区域性中心城市、交通枢纽，被称为“陇上旱码头”，是周文化发祥地。

三是民族地区城市得到极大发展。以合作市为例，地处青藏高原东南部，目前为甘南藏族自治州州府所在地，兰州通往甘南以及西藏、四川等地的交通要地，目前由于商贸、物流、旅游等产业带动以及国家政策支持，区位优势显著，整体发展走势较好。

四是中部城市联通四方。兰州，秦时归属于陇西郡，西汉始元元年（公元前 86 年）为金城县，后为金城郡。目前为甘肃省省会，是西北地区重要交通枢纽、丝绸之路重要节点。但由于历史原因、市场竞争、思想观念等要素制约，兰州经济实力无法和成都、西安、武汉等城市相比，甚至有被乌鲁木齐超越之势。白银曾经为典型工业城市，被称为“铜城”。定西自古生态环境恶劣，居民经济生活条件不高，急需提升经济社会发展质量。

五是南部城市得到极大发展。甘肃南部主要城市有甘南、陇南。陇南地处秦巴山区，连接陕甘川三省，被称为“秦陇锁钥，巴蜀咽喉”，由于气候生态优越，被称为“陇上江南”；陇南是秦文化发祥地和中国主要中药材产地之一。

三、宁夏段城市发展概述

一是城市发展水平总体不高。以银川为例。银川虽然属于首府，但城市人口总量不多，支柱产业和科技教育实力不强，整体实力在西北地区相对较弱，在全国来看就更加弱小，无法和东部沿海地区的发达城市相比。2017 年中国城市分级名单中，银川在三线城市中排名第 23 位，吴忠、中卫、固原、石嘴山等则被归属于五线城市。

二是个别城市实力不俗。如位于黄河上游、被称“塞上明珠”的青铜峡市，曾经在 2011 年依靠强劲的综合经济实力进入“中国西部百强县（市）”目录，位居第 32 位。

三是南北差异较大。北部由于临近银川，靠近黄河，人口相对密集，城市较多，发展水平相对较高，南部城市发展相对迟缓。

四、青海段城市发展概述

一是“临河、临铁”地区城市发展较好。青海东部地区、青藏铁路沿线和河湟谷地以及西宁、格尔木等城市发展较快。西部地区幅员辽阔，但城市较少，发展较慢。

二是整体实力不强。青海目前没有“双一流”高校，整体经济总量也有限。

三是分化较大。省会西宁汇聚了优势资源、人才，在青海城市中具有绝对竞争优势，其他城市在人口规模、经济实力方面较弱。

五、新疆段城市发展概述

一是城市数量较多并且空间分布很有规律。由于新疆地域辽阔，世居民族数量较多，少数民族人口规模较大，发生多次具有重大影响的历史事件。近现代以来援疆、驻军、就业、就学等因素导致外来人口增加，城市数量增多。空间分布格局方面，多依托交通干线、绿洲、河流建设发展。

二是区域性特征较强。乌鲁木齐位居中间，属于西北较大城市、新疆第一大城市，各方面发展态势较好；东部地区主要城市为哈密和吐鲁番，南部地区主要有喀什、和田、阿克苏等城市，北部地区主要是伊宁、塔城等城市；南部和北部城市口岸边界贸易业相对较好；南部地区喀什、阿图什等与北部和东部城市有差距，同时城市间距离较远，城市群培育难度较大。整体看，天山北坡城市扩展态势较好，南疆城市发展速度和质量相对较低。

三是特色鲜明、发展好的城市不局限于省会。除乌鲁木齐外，喀什、吐鲁番、石河子、库尔勒等城市较为知名。其中，喀什于1996年被评为历史文化名城，曾荣获“中国西北部最具投资吸引力城市”奖，目前大力建设经济开发区；石河子以移民和军垦城市闻名全国；库尔勒为巴音郭楞蒙古自治州首府，以创新发展绿色生态环境建设而享有较高知名度和美誉度。

六、整体城市发展概述

一是形成了若干城市群和城市经济圈。典型的是天山北坡城市群、兰西城市群、酒嘉玉城市群、关中—天水城市群、沿黄城市群、喀什城市圈。其中天山北坡城市群以乌鲁木齐市、石河子市和克拉玛依市为轴心，辐射昌吉、奎屯、乌苏、独山子、奇台、博乐、伊宁等节点城市，地处准噶尔盆地南缘、天山北坡中段，交通、生态、经济条件较好，是中国最西城市群、中国面向中亚五国合作的陆桥型城市群；喀什城市圈即喀什—阿图什城镇群，是国家对外开放门户；兰西城市群是重要的跨省城市群和黄河上游多民族地区的核心城市群，以兰州市、西宁市为中心，辐射定西市、天水市、西宁市等市县区；沿黄城市群包括银川市、中卫市、石嘴山市、吴忠市等城市，集聚了宁夏50%以上人口，发展定位是成为“黄河金岸、塞上明珠、具有宁夏特色的精品城市群”；酒嘉玉城市群依托酒泉、敦煌、嘉峪关、玉门等城市，主要发展方向是努力提升一体化水平，成为河西走廊重要城市群。这些城市群建设对促进丝路沿线地区经济社会发展具有带动和辐射效应，是名副其实的发展引擎和战略支点。

二是城市的民族性、边疆性特色比较突出。由于属于多民族地区，历史上有匈奴、月氏、突厥、回鹘、鲜卑、柔然等众多民族居住生活，目前有维吾尔族、回族、藏族、哈萨克族、东乡族、保安族、裕固族等多个民族族群成分存在，各民族各族群在丝路城市中互相交流，使城市具有不同民族特征，在城市建筑、饮食、服饰等方面各有特色。乌鲁木齐、银川、兰州、西安等城市穆斯林人口与清真寺数量较多，清真餐饮产业相对发达；西宁等城市藏族人口较多，藏传佛教寺院数量较多。与此同时，一些城市临近国界，跨国民族数量多，其发展关乎西北边疆安全稳定。

三是城市活力相对不足。一段时期内，丝路城市在经济社会发展和文化建设方面走在前列，但自明代以后，伴随丝路衰退，一些城市发达程度降低。目前，尽管在国家政策支持、外部援助等合力下，城市有所发展，规模扩大，人口增多，基础设施显著改善，对外对内经济文化交流增多，但由于受区位限制、气候制约、地理位置不佳、市场化进程缓慢等因素影响，城市经济总量小，人才总量不足并流失严重，环境治理压力大，整体实力不是很强。

四是城市类别多样。基于城市形成视角进行简单归纳分析。如兰州、西宁等城市依靠黄河河谷、河湟谷地得到发展，属于典型河谷型城市，居民沿河居住，建筑沿河布局；如西安、咸阳等城市地处平原，发展地域空间不受限制；如喀什等沙漠绿洲城市，水资源对城市发展极其重要，历史上的尼雅就由于干旱缺水和生态恶化逐渐荒芜乃至消失；如金昌市、玉门市、白银市等依托资源能源产业兴起，面临资源枯竭后的转型发展压力；有的城市靠近边界，商贸流通业自古就是优势产业；如武威、张掖、酒泉、敦煌、石河子等城市，由于移民、驻军、屯垦等原因发展形成。以上因素使丝路沿线城市历史底蕴和现实发展模式千差万别。

第二节　丝路城市旅游发展概述

一、陕西段城市旅游发展概述

一是北部“二安”（西安和延安）是典型增长极。西安历史悠久，依靠“世界四大古都”地位优势、历史文化优势，拥有兵马俑、汉未央宫、长乐宫、隋大兴城、唐大明宫、兴庆宫、秦始皇陵、骊山、大雁塔、小雁塔、大唐芙蓉园、唐长安城、华山、回民街、秦腔、皮影戏等资源，举办了世界园艺博览会等高级别节会，在国内外具有较高知名度。目前，骊山—华清池—兵马俑线路比较成熟，为游客必选产品。延安地处陕北，为中国革命圣地，拥有杨家岭、枣园革命旧址、宝塔山、壶口瀑布、黄帝陵等景点景区，在中国红色旅游中具有重要地位，旅游业发展优势显著，数据显示：2016 年共接待国内外游客 4025.2 万人次，旅游综合收入达到 228 亿元。

二是西部城市旅游发展走势较好。咸阳与宝鸡在陕西城市旅游中的地位次于西安。咸阳作为丝绸之路的第一站，拥有众多旅游资源，代表性的有汉高祖长陵、汉景帝阳陵、汉武帝茂陵、唐太宗昭陵、唐高宗和武则天合葬的乾陵等，为首批“中国优秀旅游城市”。宝鸡历史悠久，是周文化发祥地，拥有法门寺、太白山国家森林合园、关山草原、通天河国家森林公园、千湖国家湿地公园等知名景点，是“中国优秀旅游城市”。

三是南部城市旅游后发优势显著。其中，汉中市为中国历史文化名城，众多名人曾经在这里建功立业，发展旅游业的条件优越，近年游客接待量增多，2007 年获得“中国优秀旅游城市”称号。安康旅游产业发展具有气候优势，被评为“中国十大宜居小城”“中国十大节庆城市”，2012 年获得“陕西旅游休闲城市”。

二、甘肃段城市旅游发展概述

一是兰州和“中国旅游标志之都”武威旅游发展迟缓，旅游发展水平不高。和西安、银川、西宁、乌鲁木齐相比，兰州旅游地位不佳。尽管属于甘肃政治、经济、文化和科教中心，城市人口数量约 300 万人，拥有黄河铁桥、“黄河母亲像”、八路军驻兰州办事处、五泉山、北塔山、甘肃省博物馆等景点景区，所辖县区有兴隆山等景点景区，但兰州旅游接待人次规模小，产业地位实力低，发展面临动力不足、人才不足等要素制约。未来拟规划做强做实黄河风情线旅游、历史文化名城名镇旅游、丹霞旅游，发展成为“丝绸之路文化旅游名城、黄河文化旅游体验之都”、中国重要文化旅游目的地城市。武威是“铜奔马”出土之地，被称为“中国旅游标志之都”，拥有文庙、雷台汉墓、天梯山石窟等资源，但游客稀少，旅游发展难有起色，在国内外影响力不高。未来拟规划打造成为“西北重要的避暑休闲胜地、丝绸之路黄金旅游带亮点城市、中国旅游标志名城和世界知名的葡萄酒文化休闲度假地”。

二是东西部城市发展态势较好。河西走廊范围内，嘉峪关依托长城、方特欢乐世界，近年来旅游产业发展风生水起；酒泉依托敦煌获得大发展，规划目标是建设成为“丝绸之路旅游线上著名的国际明星城市和区域旅游集散地”；敦煌位于河西走廊最西端，是国家历史文化名城，世界知名旅游目的地，依托世界遗产莫高窟、月牙泉和“文博会”，接待人数居高不下，旺季时一票难求，2017 年实现旅游总收入 91.33 亿元，旅游外汇收入 751.6 万美元，拥有鸣沙山、月牙泉、阳关、雅丹国家地质公园、敦煌影视城、三危山景区、敦煌夜市等景点景区，发展目标是成为国际文化旅游名城，打造成为“大敦煌文化旅游经济圈”，带动周边区域旅游发展；张掖依托七彩丹霞、裕固族民族风情文化，旅游产业发展态势喜人，拟塑造“中国地貌景观大观园、暑天休闲度假城、丝绸之路古城邦、户外运动体验区、西路军魂传承地”旅游形象，建设成为“丝绸之路黄金旅游线重要旅游目的地”和“中国西部区域性游客集散中心和国际特色休闲度假名城”。东部城市中，天水拥有国家 5A 级旅游景区麦积山石窟，近年举办伏羲文化旅游节，旅游市场得到扩张，拟依托华夏文明传承创新区建设契机和平台，打造成为“中华祖脉文化旅游目的地”和“丝绸之路经济带国际文化旅游名城”；平凉拥有国家 5A 级旅游景区崆峒山，旅游发展起步早。甘南、陇南等地区发展旅游的时间较短，提升空间很大。

三是个别县城异军突起。典型的是永靖县、夏河县、永昌县以及陇西县。其中，永靖县依托刘家峡水电站、炳灵寺石窟，在黄河文化旅游方面颇有成就；夏河县依托甘南全域旅游发展机遇，以及地理位置和资源特色优势，连续多年举办香巴拉旅游艺术节，拉卜楞寺、桑科草原在甘肃具有一定知名度和美誉度；永昌县经过 20 多年探索，县城旅游设施极大完善，景点景区增多；陇西县依托姓氏文化资源，举办节会活动，开发景点，城市旅游影响力逐年扩大。

三、宁夏段城市旅游发展概述

一是银川小巧玲珑全国知名。银川利用省会城市以及边塞文化、河套文化、西夏文化、伊斯兰文化等多元特色文化优势，借助中国—阿拉伯国家博览会举办契机，积极塑造“塞上江南、塞上湖城、西夏古都、回族之乡”形象，推出西夏王陵、中华回乡文化园、水洞沟、西部影视城等景区，城市旅游在丝路沿线具有较大影响力，2009 年获得“中国十大特色休闲城市”“中国最佳生态旅游城市”美誉。

二是沿黄城市旅游优势显著。其中，中卫借助黄河文化优势、丝路驿站优势、历史文化优势，塑造“世界枸杞之都”“中国硒砂瓜之乡”形象，拥有首批国家 5A 级旅游景区沙坡头，目前积极发展全域旅游。青铜峡具有经济与地理位置优势，拥有青铜峡水库、青铜峡鸟岛、大禹文化园一百零八塔等景区。

三是南部城市旅游发展面临的条件特殊。固原作为南部知名城市，是宁夏的副中心城市和唯一的非沿黄城市，主要资源是回族文化、红色旅游文化，2015 年获得“全国十佳生态休闲旅游城市”称号。但由于自然环境、经济实力限制，旅游发展受到制约，如固原古城申报世界文化遗产就由于相关因素失去机遇。

四、青海段城市旅游发展概述

一是西宁一花独秀。西宁拥有青海藏文化博物馆、西宁人民公园、塔尔寺等景区，由于地处高原，夏季气候凉爽，避暑之都形象对外具有很大影响力。

二是整体实力较弱。区域性二级节点城市格尔木是青藏铁路的主要节点，前去西藏的游客多喜欢在格尔木中转、休息，但市内高级别景区较少；其他城市竞争力不强。

五、新疆段城市旅游发展概述

一是“极点带动”效应突出。中部，乌鲁木齐为全疆旅游核心，依托便捷交通、人口潜力、对外知名度等优势，旅游产业发展不断提档升级，拥有天山天池、红山公园、新疆维吾尔自治区博物馆、国际大巴扎、水磨沟风景区等景区景点，在旅游格局中处于绝对领先地位。东部，吐鲁番依托交通优势，深度挖掘旅游新业态，拥有高昌故城、交河故城、火焰山、葡萄沟、坎儿井、柏孜克里克千佛洞、吐峪沟千佛洞等景区景点。南部，喀什拥有喀什老城、艾提尕尔清真寺、香妃墓、喀什大巴扎等景区。北部，伊宁拥有喀赞其民族旅游街、紫苏丽人薰衣草创意产业园、伊犁河等景区。

二是可达性对城市旅游影响较大。在铁路是出游主要交通工具的背景下，沿铁路、公路城市旅游发展态势较好，和田等城市远离铁路、公路站点，可达性较差，城市旅游实力相对较弱。南部城市喀什尽管有铁路直达，但速度缓慢，耗时较长，极大地制约了客流集聚与扩散。

三是城市合作趋势明显。最典型的是乌鲁木齐和吐鲁番的旅游合作，两市之间车程较短，景区景点密集，组团发展效果较好。吐鲁番、哈密、敦煌三座城市距离较近，合作发展态势开始显现，旅游合作绩效有望得到提升。

六、整体城市旅游发展概述

一是等级现象比较明显。西安作为国家中心城市、知名古都，一马当先，具有绝对引领作用；兰州、乌鲁木齐、银川、西宁四个省会城市属于区域性节点城市；敦煌和延安分别依托莫高窟、红色文化在丝路旅游中具有无可比拟的竞争优势；吐鲁番、咸阳、宝鸡、张掖、喀什、石河子、中卫、格尔木等中小城市各有千秋；一些小县城亮点突出，典型的有新疆特克斯县“八卦城”、陕西旬阳县“太极城”。

二是比较优势显著。沿线城市历史沿革、经济发展背景不同，资源特色各异，旅游优势和对外形象不同。具体是：西安亮点是古都旅游，咸阳主打秦文化旅游，宝鸡主打周文化旅游，汉中主打三国文化，兰州主打黄河文化旅游，银川主打回族风光和塞北景观，中卫主打沙漠景观，西宁主打高原特色，敦煌主打石窟文化，酒泉主打航天科技旅游，嘉峪关亮点是长城遗址和现代游乐主题公园，武威是“天马之都”，张掖主打“七彩丹霞”，天水主打始祖文化，平凉主打崆峒文化，庆阳主打老区文化和农耕文化，乌鲁木齐突出西域特色，石河子主打屯垦文化，哈密、吐鲁番主打绿洲文化。这使得丝路城市旅游避免了同质化产品开发的弊端，丰富了城市旅游内涵。

三是城市旅游发展迅速但实力稍逊于沿海城市。我国城市旅游的阶段性特征非常鲜明，第一阶段为国家政策和区位优势驱动，北京、上海、广州、深圳等城市崛起；第二阶段为后发优势驱动，昆明、成都、苏州、杭州、重庆等城市崛起。未来伴随旅游业地位提升、资本转移，丝路沿线城市旅游将得到极大发展，但由于区域经济实力、交通、理念、产品等因素制约，后来居上的难度不小。

第三章

省会城市旅游流流量流质演化研究

第一节　流量演变

查阅 2006－2016 年西北五省省会城市统计年鉴、国民经济和社会发展统计公报，检索获得 2006－2016 年西北五省省会城市依据接待入境游客人数、旅游外汇收入以及全国接待入境游客总数和全国旅游外汇收入数据，计算分析入境旅游流流量变化特点及规律。

一、省会城市流量演变

（一）西安旅游流流量演变

数据显示，西安入境旅游流流量变化体现出两大特征：第一，2016 年与 2006 年相比，接待入境游客人数和旅游外汇收入都大幅增长。2007 年接待接待入境游客人数突破 100 万人次，增长率为 15.31%，占全国入境游客接待量的 0.7577%；2016 年突破 130 万人次，达到 133.88 万人次。旅游外汇收入方面，2007 年突破 50000 万美元，达到 55799.58 万美元，2010 年达到

62633.87万美元，比2009年增长37.79%。第二，整体呈现为“S”形，具有“三起两落”特点。第一次“起”是2007年，接待入境游客人次和旅游外汇收入均有一定程度增加；第一次“落”即下降态势是2008年，接待入境游客人次和旅游外汇收入出现巨大下滑；第二次“起”从2009年持续到2014年，虽然增长幅度不大，但一直保持稳定增长；第二次“落”是2015年，入境旅游人次和旅游外汇收入都有大幅度降低，处于2011－2012年的中间水平；2016年又出现第三次“起”的态势。表3－1所示为2006－2016年西安入境旅游流流量走势分析表。图3－1所示为2006－2016年西安接待入境游客人数走势图，图3－2所示为2006－2016年西安旅游外汇收入走势图。

表3－1　　2006－2016年西安入境旅游流流量走势分析表

年份	全国入境游客（万人次）	西安接待入境游客人数（万人次）	西安接待入境游客人次占全国比重（%）	西安接待入境游客人数增长率（%）	全国旅游外汇收入（万美元）	西安旅游外汇收入（万美元）	西安旅游外汇收入占全国比重（%）	西安旅游外汇收入增长率（%）
2006	12500	86.73	0.6938	11.82	3394900	47454.78	1.3978	16.03
2007	13200	100.01	0.7577	15.31	4191900	55799.58	1.3311	17.58
2008	13000	63.2	0.4862	－36.81	4084300	41352.9	1.0125	－25.89
2009	12600	67.29	0.534	6.47	3967500	45454.55	1.1457	9.92
2010	13400	84.18	0.6282	25.1	4581400	62633.87	1.3671	37.79
2011	13500	100.23	0.7424	19.07	4846400	79395.55	1.6382	26.76
2012	13200	115.35	0.8739	15.09	5002800	94875.25	1.8964	19.5
2013	12900	121.11	0.9388	4.99	5166400	103597.49	2.0052	9.19
2014	12800	124.23	0.9705	2.58	10538000	*	*	*
2015	13400	110.72	0.8263	－10.87	11365000	80341.66	0.7069	*
2016	13800	133.88	0.9701	20.92	12000000	90706.53	0.7559	12.9

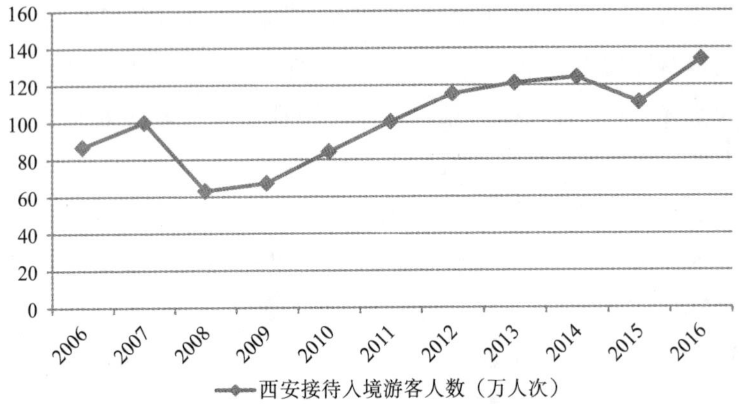

图 3－1　2006－2016 年西安接待入境游客人数走势图

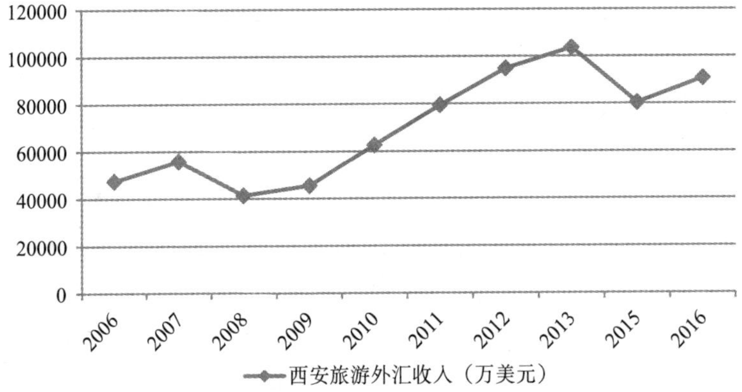

图 3－2　2006－2016 年西安旅游外汇收入走势图

（二）兰州入境旅游流流量演变

数据显示，兰州入境旅游流流量变化呈现出两大特征：第一，2016 年与 2006 年相比，入境旅游流流量较低。2006 年，兰州接待入境游客总量为 5.8 万人次，增长率为 22.46%，占全国入境游客接待量的 0.0464%；2016 年，接待入境游客人数为 4.4 万人次，占全国入境游客接待量的 0.0319%，增长率为 23.25%。旅游外汇收入方面，2006 年旅游外汇收入为 1480.42 万美元，比 2005 年降低了 13.32%；2016 年旅游外汇收入为 584.69 万美元，比 2015 年增长了 31.07%。可见，虽然 2016 年旅游外汇收入的增长率较大但入境旅游流的流量水平较低。第二，整体呈现为“W”形，具有“三起两落”特点。第一次“起”即增长态势是2007年，接待入境游客总量为6.53万人次，旅游外汇收入为12.59万美元，均高于2006年数值。但2008年由于受到拉萨“3·14”事件影响，接待量和外汇收入大幅下滑。第二次“起”是2010－2012年，入境旅游得到缓慢恢复。但2013－2014年又出现“落”的态势，直到2015年才有新的起色，逐步有所恢复，形成第三次“起”的态势。值得注意的是，2010－2013年入境旅游总人次和入境旅游外汇收入变化并不一致，尤其是2011年和2013年，2011年入境旅游人次较2010年有所增长但旅游外汇收入反而有所减少，2013年入境旅游人次较2012年有所减少但旅游外汇收入有所增加。表3－2所示为2006－2016年兰州入境旅游流流量走势分析表，图3－3所示为2006－2016年兰州接待入境游客人数走势图，图3－4所示为2006－2016年兰州旅游外汇收入走势图。

表3－2　　2006－2016年兰州入境旅游流流量走势分析表

年份	全国入境游客（万人次）	兰州入境接待游客人数（万人次）	兰州入境游客接待人次占全国比重（%）	兰州入境游客接待人数增长率（%）	全国旅游外汇收入（万美元）	兰州旅游外汇收入（万美元）	兰州旅游外汇收入占全国比重（%）	兰州旅游外汇收入增长率（%）
2006	12500	5.8	0.0464	22.46	3394900	1480.42	0.0436	－13.32
2007	13200	6.53	0.0495	12.59	4191900	1502.29	0.0358	1.48
2008	13000	4.6	0.0354	－29.56	4084300	359.51	0.0088	－76.07
2009	12600	3.2	0.0254	－30.43	3967500	288.61	0.0073	－19.72
2010	13400	3.1	0.0231	－3.13	4581400	412.2	0.009	42.82
2011	13500	3.8	0.0281	22.58	4846400	278.07	0.0057	－32.54
2012	13200	3.9	0.0295	2.63	5002800	529.33	0.0106	90.36
2013	12900	3.48	0.027	－10.77	5166400	560.91	0.0109	5.97
2014	12800	2.71	0.0212	－22.13	10538000	226.63	0.0022	－59.6
2015	13400	3.57	0.0266	31.73	11365000	446.1	0.0039	96.84
2016	13800	4.4	0.0319	23.25	12000000	584.69	0.0049	31.07

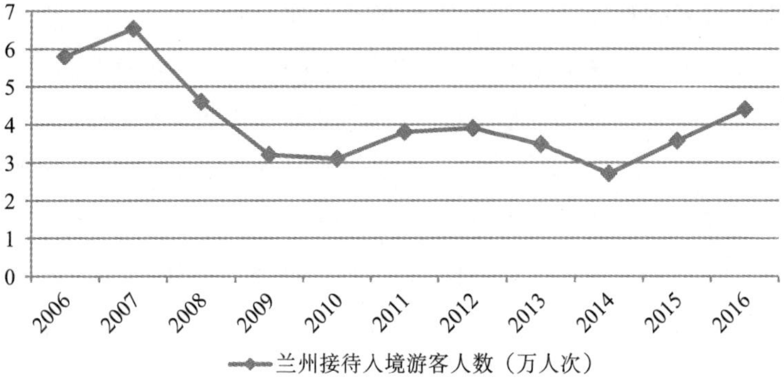

图 3－3　2006－2016 年兰州接待入境游客人数走势图

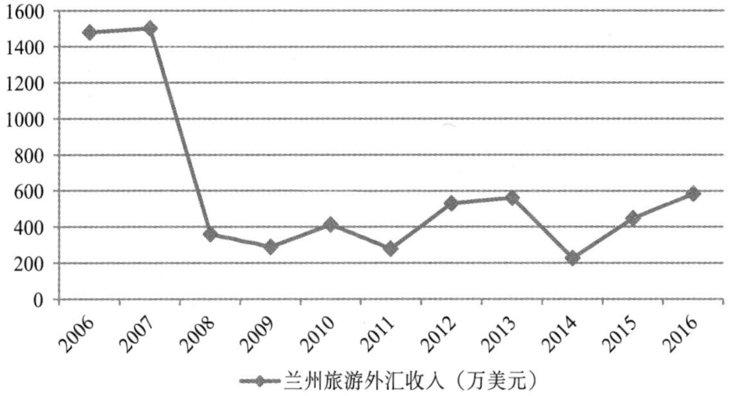

图 3－4　2006－2016 年兰州旅游外汇收入走势图

（三）西宁旅游流流量演变

数据显示，西宁入境旅游流流量变化呈现出两大特征：第一，2006－2016 年接待入境旅游人数整体变化幅度较小，但旅游外汇收入增长较大。2006 年接待入境旅游人数达到 2.87 万人次，增长率为 4.31%，占全国入境游客接待量的 0.023%；2010 年突破 3 万人次，达到 3.03 万人次；2016 年达到 3.5 万人次，比上年增长 2.94%。旅游外汇收入方面，2006 年为 814.9 万美元，2007 年突破 1000 万美元，达到 1012.5 万美元，2016 年达到 2158.59 万美元，比 2015 年增长 33.28%。2008 年接待入境旅游人数和旅游外汇收入均处于最小值，分别为 2.26 万人次和 674.84 万美元；2016 年接待入境旅游人次达到最高值，为3.5万人次，2012年旅游外汇收入达到最大值，为2409.43万美元。第二，整体呈现为“蛇”形，具有“三起两落”特点。第一次“起”即增长态势是2007年，接待入境游客总量达3.34万人次，旅游外汇收入达到1012.5万美元，但2008年出现下滑。第二次“起”是2009－2012年，入境旅游状况得到恢复，2012年入境旅游人次有所下降但旅游外汇收入达到本阶段最高峰，为2409.43万美元；接着又出现下降趋势，2015年得到缓慢恢复，形成第三次“起”的态势。表3－3所示为2006－2016年西宁入境旅游流流量走势分析表，图3－5所示为2006－2016年西宁接待入境游客人数走势图，图3－6所示为2006－2016年西宁旅游外汇收入走势图。

表3－3　2006－2016年西宁入境旅游流流量走势分析表

年份	全国入境游客（万人次）	西宁接待入境游客人数（万人次）	西宁接待入境游客人次占全国比重（%）	西宁接待入境游客人数增长率（%）	全国旅游外汇收入（万美元）	西宁旅游外汇收入（万美元）	西宁旅游外汇收入占全国比重（%）	西宁旅游外汇收入增长率（%）
2006	12500	2.87	0.023	4.31	3394900	814.9	0.024	6.86
2007	13200	3.34	0.0253	16.38	4191900	1012.5	0.0242	24.25
2008	13000	2.26	0.0174	－32.34	4084300	674.84	0.0165	－33.35
2009	12600	2.57	0.0204	13.72	3967500	886.34	0.0223	31.34
2010	13400	3.03	0.0226	17.9	4581400	1289.54	0.0281	45.49
2011	13500	3.41	0.0253	12.54	4846400	1500.31	0.031	16.34
2012	13200	3.32	0.0252	－2.64	5002800	2409.43	0.0482	60.6
2013	12900	3.32	0.0257	0	5166400	1683	0.0326	－30.15
2014	12800	2.88	0.0225	－13.25	10538000	1515.03	0.0144	－9.98
2015	13400	3.4	0.0254	18.06	11365000	1619.57	0.0143	6.9
2016	13800	3.5	0.0254	2.94	12000000	2158.59	0.018	33.28

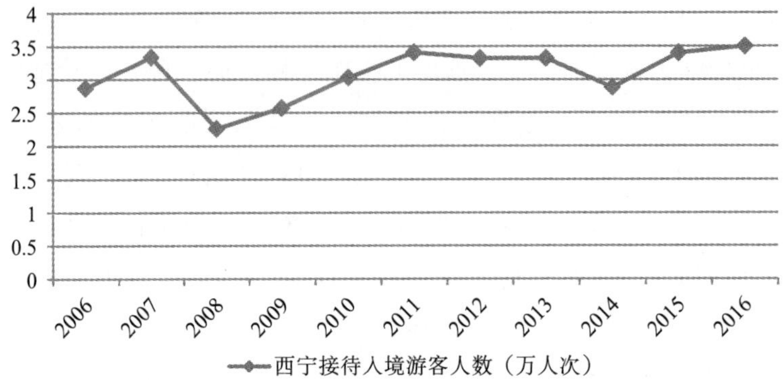

图 3－5　2006－2016 年西宁接待入境游客人数走势图

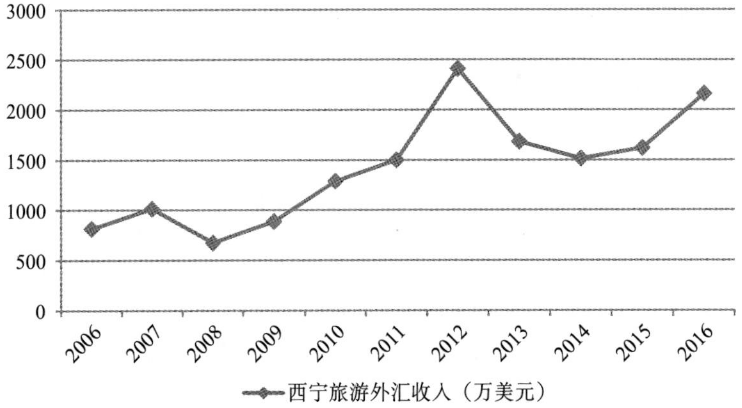

图 3－6　2006－2016 年西宁旅游外汇收入走势图

（四）银川旅游流流量演变

数据显示，银川入境旅游流流量变化呈现出两大特征：第一，在所研究时间里，2016 年接待入境旅游人数出现较大幅度降低，但旅游外汇收入出现较大幅度增长。在所研究时间里，银川入境旅游整体状况呈良性发展态势，仅在 2011 年和 2012 年出现小幅度下降。2006 年接待入境游客人数为 0. 7359 万人次，2009 年达到 1. 056 万人次，2014 年达到 2. 5734 万人次，2016 年有所下降，为 1. 8509 万人次。旅游外汇收入方面，2006 年为 211. 79 万美元，2010 年突破 500 万美元，达到 506. 8 万美元，2014 年达到 1400. 15 万美元，2016 年达到 1993 万美元。第二，整体呈现为“Z”形。2006－2010 年，接待入境游客总量和旅游外汇收入呈现缓慢增长趋势；2011－2012 年，接待入境游客总量和旅游外汇收入虽有所下降但变化幅度较小；2013 年得到恢复后出现较大幅度增长；2016 年，旅游外汇收入保持增长趋势，但入境旅游接待人次有所下降。表 3－4 所示为 2006－2016 年银川入境旅游流流量走势分析表，图 3－7 所示为银川接待入境游客人数走势图，表 3－8 所示为 2006－2016 年银川旅游外汇收入走势图。

表 3－4　　2006－2016 年银川入境旅游流流量走势分析表

年份	全国入境游客（万人次）	银川接待入境游客人数（万人次）	银川接待入境游客人次占全国比重（%）	银川接待入境游客人数增长率（%）	全国旅游外汇收入（万美元）	银川旅游外汇收入（万美元）	银川旅游外汇收入占全国比重（%）	银川旅游外汇收入增长率（%）
2006	12500	0.7359	0.0059	*	3394900	211.79	0.0062	*
2007	13200	0.73	0.0055	－0.8	4191900	221.41	0.0053	4.54
2008	13000	0.79	0.0061	8.22	4084300	224.29	0.0055	1.3
2009	12600	1.056	0.0084	33.67	3967500	340.82	0.0086	51.96
2010	13400	1.45	0.0108	37.31	4581400	506.8	0.0111	48.7
2011	13500	1.44	0.0107	－0.69	4846400	448.23	0.0092	－11.56
2012	13200	1.3931	0.0106	－3.26	5002800	405.16	0.0081	－9.61
2013	12900	1.8352	0.0142	31.73	5166400	874.51	0.0169	115.84
2014	12800	2.5734	0.0201	40.22	10538000	1400.15	0.0133	60.11
2015	13400	2.7117	0.0202	5.37	11365000	1514.36	0.0133	8.16
2016	13800	1.8509	0.0134	－31.74	12000000	1993	0.0166	31.61

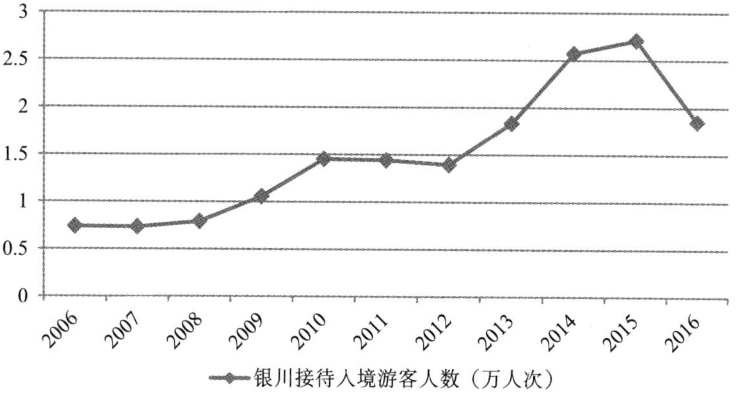

图 3－7　2006－2016 年银川接待入境游客人数走势图

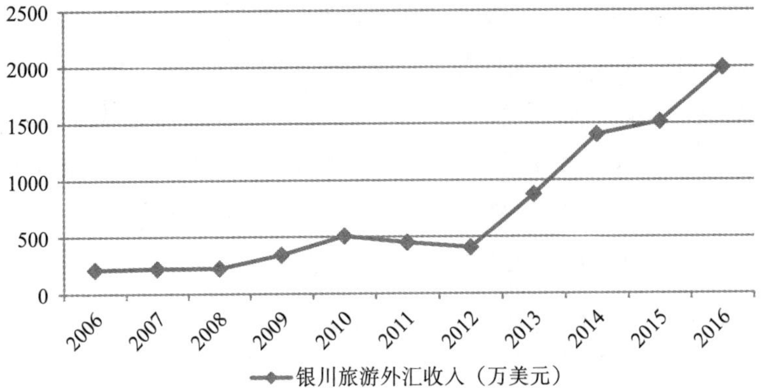

图 3-8　2006-2016 年银川旅游外汇收入走势图

（五）乌鲁木齐旅游流流量演变

数据显示，乌鲁木齐入境旅游流流量变化呈现出两大特征：第一，2016 年与 2006 年相比，接待入境旅游人数和旅游外汇收入都有所增长，但变化幅度较小。2006 年接待入境游客人数达到 19 万人次，增长率为 7.41%，占全国入境游客接待量的 0.152%；2011 年突破 30 万人次，达到 39.6 万人次；2016 年为 31.79 万人次，比上年增长 1.6%，占全国入境游客接待量的 0.2304%。旅游外汇收入方面，2006 年为 7.41 万美元，增长率为 8.36%；2011 年突破 10000 万美元，达到 17031.03 万美元；2016 年达到 18081.09 万美元，增长率为 -4.16%。第二，呈现为倒“V”形，但接待入境游客人数和旅游外汇收入出现顶点的年份不同。2006-2011 年，乌鲁木齐接待入境游客人数呈持续增长态势，2011 年达到所研究区间内的最高值；之后，呈现小幅下降趋势；旅游外汇收入方面，2006-2013 年呈现增长态势，其中 2011 年增长幅度较大，随后出现小幅下降趋势。表 3-5 所示为 2006-2016 年乌鲁木齐入境旅游流流量走势分析表，图 3-9 所示为 2006-2016 年乌鲁木齐接待入境游客人数走势图，图 3-10 所示为 2006-2016 年乌鲁木齐旅游外汇收入走势图。

表 3－5　　2006－2016 年乌鲁木齐入境旅游流流量走势分析表

年份	全国入境游客（万人次）	乌鲁木齐接待入境游客人数（万人次）	乌鲁木齐接待入境游客人次占全国比重（%）	乌鲁木齐接待入境游客人数增长率（%）	全国旅游外汇收入（万美元）	乌鲁木齐旅游外汇收入（万美元）	乌鲁木齐旅游外汇收入占全国比重（%）	乌鲁木齐旅游外汇收入增长率（%）
2006	12500	19	0.152	7.41	3394900	5607.27	0.1652	8.36
2007	13200	19.5	0.1477	2.63	4191900	5983.69	0.1427	6.71
2008	13000	20.04	0.1542	2.77	4084300	6824.96	0.1671	14.06
2009	12600	21.15	0.1679	5.54	3967500	7202.46	0.1815	5.53
2010	13400	26.42	0.1972	24.92	4581400	9114.41	0.1989	26.55
2011	13500	39.6	0.2933	49.89	4846400	17031.03	0.3514	86.86
2012	13200	36.56	0.277	－7.68	5002800	20562.38	0.411	20.73
2013	12900	35.23	0.2731	－3.64	5166400	21798.1	0.4219	6.01
2014	12800	31.57	0.2466	－10.39	10538000	19274.6	0.1829	－11.58
2015	13400	31.29	0.2335	－0.89	11365000	18865.2	0.166	－2.12
2016	13800	31.79	0.2304	1.6	12000000	18081.09	0.1507	－4.16

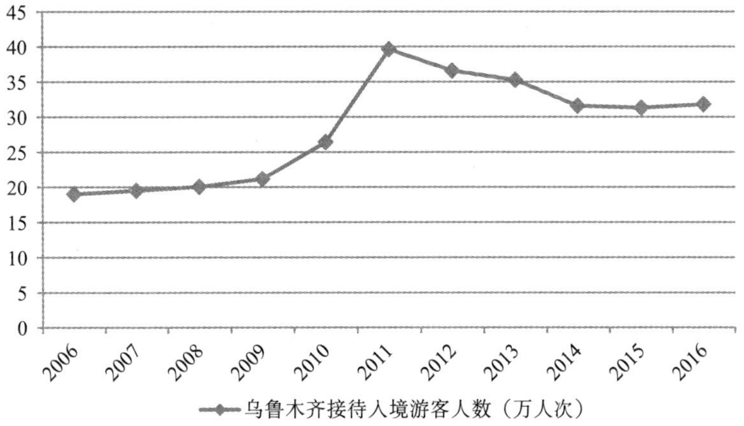

图 3－9　2006－2016 年乌鲁木齐接待入境游客人数走势图

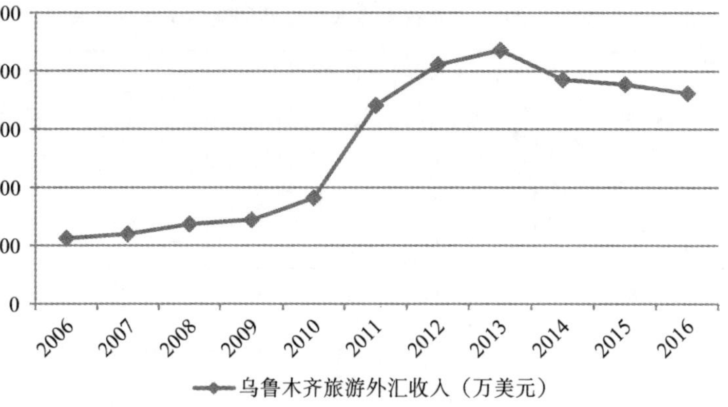

图 3－10　2006－2016 年乌鲁木齐旅游外汇收入走势图

二、丝路旅游流流量演变

第一，比较分析丝路沿线五省省会城市流量演变特点。2006 年，西安接待入境旅游人数为 86.73 万人次，同期兰州为 5.8 万人次，西宁为 2.87 万人次，银川为 0.7359 万人次，乌鲁木齐为 19 万人次，西安占据绝对规模优势；2016 年，西安接待入境游客人数为 133.88 万人次，兰州为 4.4 万人次，西宁为 3.5 万人次，银川为 1.8509 万人次，乌鲁木齐为 31.79 万人次，西安依旧位居第一，接待入境游客人数比 2006 年增加将近 50 万人次，兰州下降 1.4 万人次，西宁增加 0.63 万人次，银川增加 1.115 万人次，乌鲁木齐增加 12.79 万人次。可见，乌鲁木齐增长态势非常显著，兰州下滑趋势明显，西安规模优势暂时无法撼动，西宁和银川增长走势看好。表 3－6 所示为 2006－2016 年丝路沿线五省省会城市入境游客接待量（万人次）及全国占比（%）分析表，图 3－11 所示为 2006－2016 年丝路沿线五省省会城市入境旅游接待人数走势图，表 3－7 所示为 2006－2016 年丝路沿线五省省会城市旅游外汇收入（万美元）及全国占比（%）分析表，图 3－12 所示为 2006－2016 年丝路沿线五省省会城市入境旅游外汇收入走势图，表 3－8 所示为丝路沿线五省省会城市旅游流流量位序排列表，图 3－13 所示为丝路沿线五省省会城市旅游流流量位序演变示意图。

表 3-6　　2006-2016 年丝路沿线五省省会城市入境游客接待量（万人次）及全国占比（%）分析表

年份	全国	西安		兰州		西宁		银川		乌鲁木齐	
		入境人数	占全国比	入境人数	占全国比	入境人数	占全国比	入境人数	占全国比	入境人数	占全国比
2006	12500	86.73	0.6938	5.8	0.0464	2.87	0.023	0.7359	0.0059	19	0.152
2007	13200	100.01	0.7577	6.53	0.0495	3.34	0.0253	0.73	0.0055	19.5	0.1477
2008	13000	63.2	0.4862	4.6	0.0354	2.26	0.0174	0.79	0.0061	20.04	0.1542
2009	12600	67.29	0.534	3.2	0.0254	2.57	0.0204	1.056	0.0084	21.15	0.1679
2010	13400	84.18	0.6282	3.1	0.0231	3.03	0.0226	1.45	0.0108	26.42	0.1972
2011	13500	100.23	0.7424	3.8	0.0281	3.41	0.0253	1.44	0.0107	39.6	0.2933
2012	13200	115.35	0.8739	3.9	0.0295	3.32	0.0252	1.3931	0.0106	36.56	0.277
2013	12900	121.11	0.9388	3.48	0.027	3.32	0.0257	1.8352	0.0142	35.23	0.2731
2014	12800	124.23	0.9705	2.71	0.0212	2.88	0.0225	2.5734	0.0201	31.57	0.2466
2015	13400	110.72	0.8263	3.57	0.0266	3.4	0.0254	2.7117	0.0202	31.29	0.2335
2016	13800	133.88	0.9701	4.4	0.0319	3.5	0.0254	1.8509	0.0134	31.79	0.2304

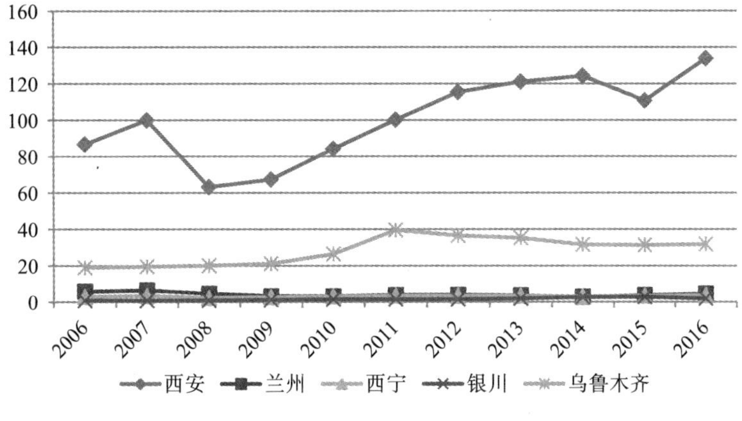

图 3-11　2006-2016 年丝路沿线五省省会城市入境旅游接待人数走势图

表 3-7　　2006-2016 年丝路沿线五省省会城市旅游外汇收入（万美元）及全国占比（%）分析表

年份	全国	西安		兰州		西宁		银川		乌鲁木齐	
		外汇收入	占全国比	外汇收入	占全国比	外汇收入	占全国比	外汇收入	占全国比	外汇收入	占全国比
2006	3394900	47454.78	1.3978	1480.42	0.0436	814.9	0.024	211.79	0.0062	5607.27	0.1652
2007	4191900	55799.58	1.3311	1502.29	0.0358	1012.5	0.0242	221.41	0.0053	5983.69	0.1427
2008	4084300	41352.9	1.0125	359.51	0.0088	674.84	0.0165	224.29	0.0055	6824.96	0.1671
2009	3967500	45454.55	1.1457	288.61	0.0073	886.34	0.0223	340.82	0.0086	7202.46	0.1815
2010	4581400	62633.87	1.3671	412.2	0.009	1289.54	0.0281	506.8	0.0111	9114.41	0.1989
2011	4846400	79395.55	1.6382	278.07	0.0057	1500.31	0.031	448.23	0.0092	17031.03	0.3514
2012	5002800	94875.25	1.8964	529.33	0.0106	2409.43	0.0482	405.16	0.0081	20562.38	0.411
2013	5166400	103597.49	2.0052	560.91	0.0109	1683	0.0326	874.51	0.0169	21798.1	0.4219
2014	10538000	*	*	226.63	0.0022	1515.03	0.0144	1400.15	0.0133	19274.6	0.1829
2015	11365000	80341.66	0.7069	446.1	0.0039	1619.57	0.0143	1514.36	0.0133	18865.2	0.166
2016	12000000	90706.53	0.7559	584.69	0.0049	2158.59	0.018	1993	0.0166	18081.09	0.1507

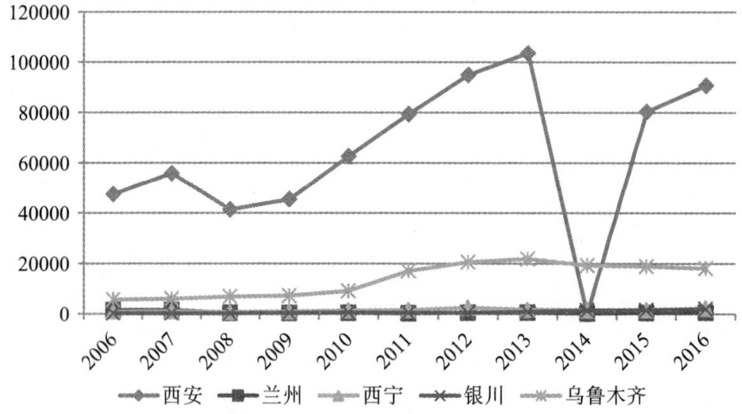

图 3-12　2006-2016 年丝路沿线五省省会城市入境旅游外汇收入走势图

表 3-8　　丝路沿线五省省会城市旅游流流量位序排列表

年份	西安	兰州	西宁	银川	乌鲁木齐
2006	2	3	4	5	1
2007	1	3	4	5	2

续表

年份	西安	兰州	西宁	银川	乌鲁木齐
2008	1	4	3	5	2
2009	1	5	3	4	2
2010	1	5	3	4	2
2011	1	5	3	4	2
2012	1	4	3	5	2
2013	1	5	3	4	2
2014	*	5	3	4	2
2015	1	5	3	4	2
2016	1	5	3	4	2

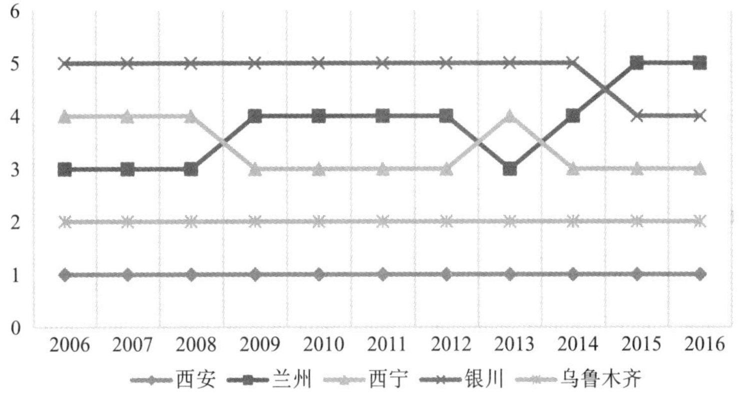

图 3－13　丝路沿线五省省会城市旅游流流量位序演变示意图

第二，整体分析入境旅游流流量演变特点。2006 年西北五省省会城市接待入境游客总数为 115.1359 万人次，2007 年首次突破 130 万人次，但 2008 年出现短暂下滑，此后又恢复增长趋势，并在 2012 年突破 160 万人次，2014 和 2015 年出现小幅下降，2016 年突破 175 万人次。旅游外汇收入变化和接待入境游客人数变化趋势相似，2006 年西北五省省会城市旅游外汇收入为 55569.16 万美元，2007 年首次突破 60000 万美元，2008 年出现短暂下滑，此后恢复增长趋势，并在 2012 年突破 100000 万美元；2015 年出现小幅下降，2016 年再次达到 100000 万美元以上。接待入境游客人数和旅游外汇收入整体变化态势呈现“W”形，在 2006－2007 年、2008－2013 年和 2015－2016 年出现三次增长小高峰，在 2008 年和 2014 年出现两次下滑。表 3－9

所示为2006－2016年西北五省省会城市接待入境游客人数和旅游外汇收入走势表，图3－14所示为2006－2016年西北五省省会城市接待入境游客人数走势图，图3－15所示为2006－2016年西北五省省会城市旅游外汇收入走势图。

表3－9　2006－2016年西北五省省会城市入境游客人数和旅游外汇收入走势表

年份	接待入境游客人数（万人次）	旅游外汇收入（万美元）
2006	115.1359	55569.16
2007	130.11	64519.47
2008	90.89	49436.5
2009	95.266	54172.78
2010	118.18	73956.82
2011	148.48	98653.19
2012	160.5231	118781.55
2013	164.9752	128514.01
2014	163.9634	*
2015	151.6917	102786.89
2016	175.4209	113523.9

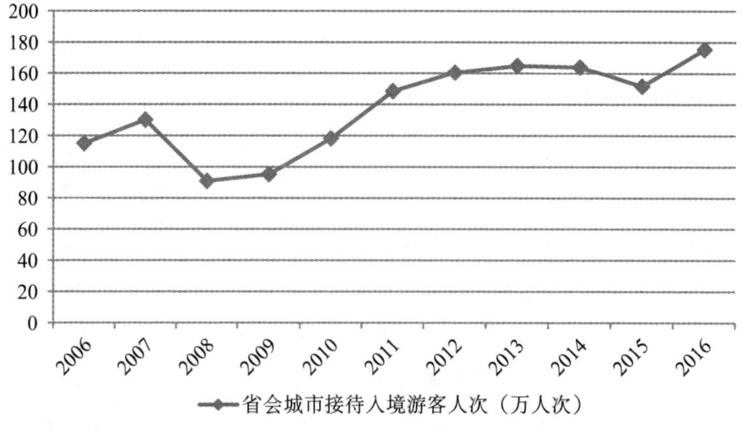

图3－14　2006－2016年西北五省省会城市接待入境游客人数走势图

图 3 -15　2006 -2016 年西北五省省会城市旅游外汇收入走势图

第二节　流质演变

查阅 2006 -2016 年西北五省省会城市统计年鉴、国民经济和社会发展统计公报，检索获得 2006 -2016 年五省省会城市接待入境游客量、旅游外汇收入以及全国接待入境游客总数和全国旅游外汇收入，计算得到流质指数 Q（Q = A/B，其中，A 表示某旅游目的地旅游外汇收入占全国旅游外汇收入比重，B 表示某目的地接待入境游客数量占全国入境游客数量的比重）。

一、省会城市入境旅游流流质演变

（一）西安旅游流流质演变

数据显示，西安入境旅游流流质变化呈现出两大特征：第一，2014 -2016 年出现较大下滑。2013 年西安旅游外汇收入市场份额为 1.3978%（2014 年西安市旅游外汇收入未公布），2015 年西安旅游外汇收入市场份额为 0.7069%，年均增长率为 -32.37%；2013 年西安入境游客市场份额为

0.9388%，2014 年西安入境游客市场份额为 0.9705%，2015 年西安入境游客市场份额为 0.8263%，年均增长率为 -0.057%。2013 年西安入境旅游流流质指数为 2.1359，2015 年西安入境旅游流流质指数为 0.8555，年均降低 0.6402。第二，呈现为“W”形，具有“先稳增后猛降”特点。2006 - 2013 年基本处于缓慢增长趋势，2007 - 2008 年出现一次降低，2007 年西安旅游外汇收入市场份额为 1.3978%，入境游客市场份额为 0.6938%，略有增长，流质指数为 1.7568，低于 2006 年的数值；2008 年西安旅游外汇收入市场份额为 1.0125%，入境游客市场份额为 0.4862%，流质指数为 2.0825，均低于 2009 年数值。2014 年出现猛烈下降，2015 年和 2016 年流质指数分别为 0.8555 和 0.7792，处于研究时段的最低值。表 3 - 10 所示为 2006 - 2016 年西安入境旅游流流质走势分析表，图 3 - 16 所示为 2006 - 2016 年西安旅游外汇收入市场份额走势图，图 3 - 17 所示为 2006 - 2016 年西安接待入境游客人数市场份额走势图，图 3 - 18 所示为 2006 - 2016 年西安入境旅游流流质走势图。

表 3 - 10　2006 - 2016 年西安入境旅游流流质走势分析表

指标	2006 年	2007 年	2008 年	2009 年	2010 年	2011 年	2012 年	2013 年	2014 年	2015 年	2016 年
旅游外汇收入市场份额（%）	1.3978	1.3311	1.0125	1.1457	1.3671	1.6382	1.8964	2.0052	*	0.7069	0.7559
入境游客市场份额（%）	0.6938	0.7577	0.4862	0.534	0.6282	0.7424	0.8739	0.9388	0.9705	0.8263	0.9701
流质指数	2.0147	1.7568	2.0825	2.1455	2.1762	2.2066	2.17	2.1359	*	0.8555	0.7792

（二）兰州入境旅游流流质演变

数据显示，兰州入境旅游流流质变化呈现出两大特征：第一，2014 年出现较大波动。2013 年兰州旅游外汇收入市场份额为 0.0109%，2014 年兰州旅游外汇收入市场份额为 0.0022%，增长率为 -79.82%；2013 年兰州入境游客市场份额为 0.027%；2014 年兰州入境游客市场份额为 0.0212%，增长

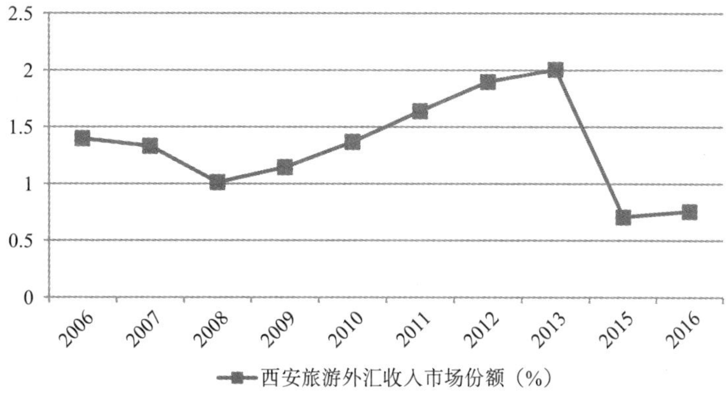

图 3－16　2006－2016 年西安旅游外汇收入市场份额走势图

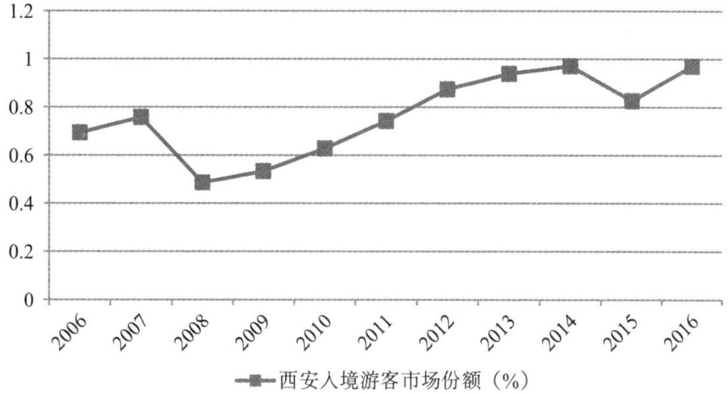

图 3－17　2006－2016 年西安接待入境游客人数市场份额走势图

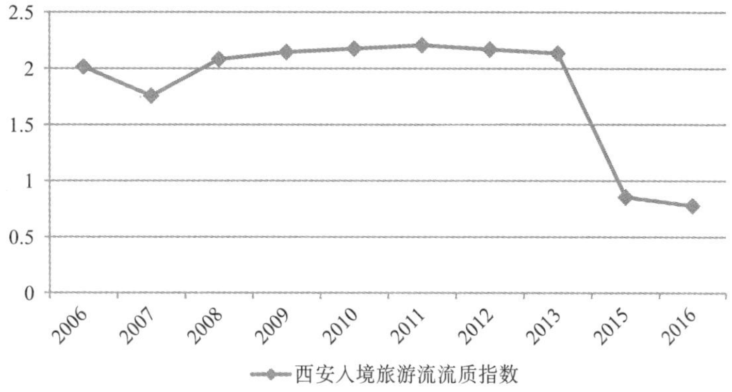

图 3－18　2006－2016 年西安入境旅游流流质走势图

率为 -21.48%。2013 年兰州入境旅游流流质指数为 0.4037，2014 年为 0.1038，增长率为 -74.26%。第二，呈现为“W”形，具有“三起三落趋于平”的特点。第一次“落”即降低态势是 2008 年，主要是受到拉萨“3·14”暴力犯罪事件影响，接待量和外汇收入大幅下滑。第二次“落”是 2011 年，入境旅游流质指数再次下降，但 2012 年旅游外汇收入份额和入境游客市场份额均有所增加，入境旅游流质指数得到缓慢恢复。2014 年又出现“落”的态势，2015 -2016 年逐渐增加趋于平稳。表 3 -11 所示为兰州入境旅游流流质走势分析表，图 3 -19 所示为 2006 -2016 年兰州旅游外汇收入市场份额走势图，图 3 -20 所示为 2006 -2016 年兰州接待入境游客人数市场份额走势图，图 3 -21 所示为 2006 -2016 年兰州入境旅游流流质走势图。

表 3 -11　　兰州入境旅游流流质走势分析表

指标	2006 年	2007 年	2008 年	2009 年	2010 年	2011 年	2012 年	2013 年	2014 年	2015 年	2016 年
旅游外汇收入市场份额(%)	0.0436	0.0358	0.0088	0.0073	0.009	0.0057	0.0106	0.0109	0.0022	0.0039	0.0049
入境游客市场份额(%)	0.0464	0.0495	0.0354	0.0254	0.0231	0.0281	0.0295	0.027	0.0212	0.0266	0.0319
流质指数	0.9397	0.7232	0.2486	0.2874	0.3896	0.2028	0.3593	0.4037	0.1038	0.1466	0.1536

（三）西宁旅游流流质演变

数据显示，西宁入境旅游流流质变化呈现出两大特征：第一，2014 年出现较大下滑。2013 年西宁旅游外汇收入市场份额为 0.0326%，2014 年西宁旅游外汇收入市场份额为 0.0144%，增长率为 -55.83%；2013 年西宁入境游客市场份额为 0.0257%；2014 年西宁入境游客市场份额为 0.0225%，增长率为 -12.45%。2013 年西宁入境旅游流流质指数为 1.2658，2014 年西宁

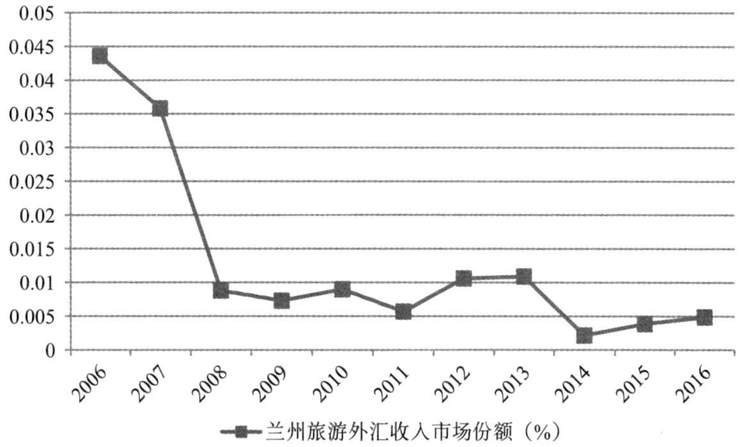

图 3－19　2006－2016 年兰州旅游外汇收入市场份额走势

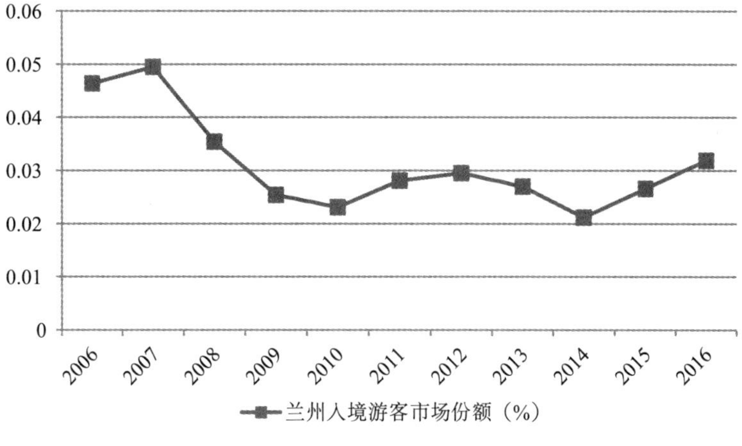

图 3－20　2006－2016 年兰州接待入境游客人数市场份额走势图

入境旅游流流质指数为 0.64，下降了 49.44%。第二，呈现为“蛇”形，具有“正态分布趋于平”的特点。2012 年出现大幅度增长，2012 年西宁旅游外汇收入市场份额为 0.0482%，高于 2008 年的数值；入境游客市场份额为 0.0252%，基本处于平稳状态；入境旅游流流质指数为 1.9127，处于研究时段的最高值。2014 年后基本处于平稳状态，无明显增长或降低。表 3－12 所示为 2006－2016 年西宁入境旅游流流质走势分析表，图 3－22 所示为西宁旅游外汇收入市场份额走势图，图 3－23 所示为 2006－2016 年西宁接待

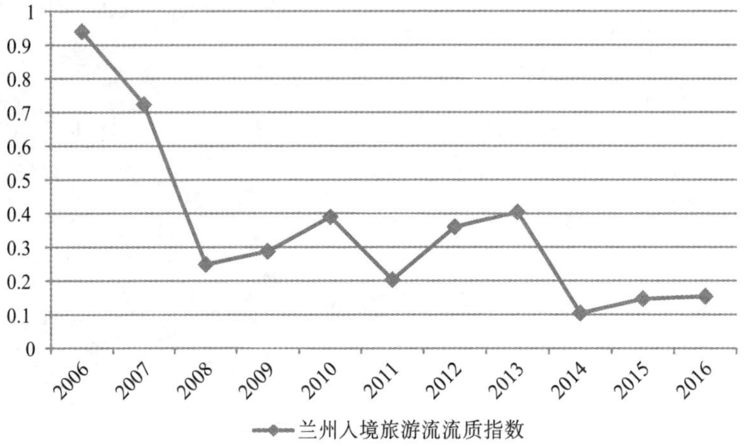

图 3－21　2006－2016 年兰州入境旅游流流质走势图

入境游客人数市场份额走势图，图 3－24 所示为 2006－2016 年西宁入境旅游流流质走势图。

表 3－12　　　2006－2016 年西宁入境旅游流流质走势分析表

指标	2006 年	2007 年	2008 年	2009 年	2010 年	2011 年	2012 年	2013 年	2014 年	2015 年	2016 年
旅游外汇收入市场份额(％)	0.024	0.0242	0.0165	0.0223	0.0281	0.031	0.0482	0.0326	0.0144	0.0143	0.018
入境游客市场份额(％)	0.023	0.0253	0.0174	0.0204	0.0226	0.0253	0.0252	0.0257	0.0225	0.0254	0.0254
流质指数	1.0435	0.9565	0.9483	1.0931	1.2434	1.2253	1.9127	1.2685	0.64	0.563	0.7087

（四）银川旅游流流质演变

数据显示，银川入境旅游流流质变化呈现出两大特征：第一，2013 年出现较大变化。2012 年银川旅游外汇收入市场份额为 0.0081％，2013 年银川

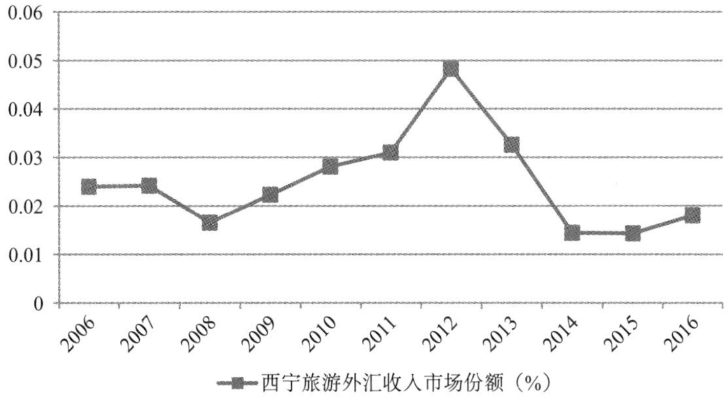

图 3－22　2006－2016 年西宁旅游外汇收入市场份额走势图

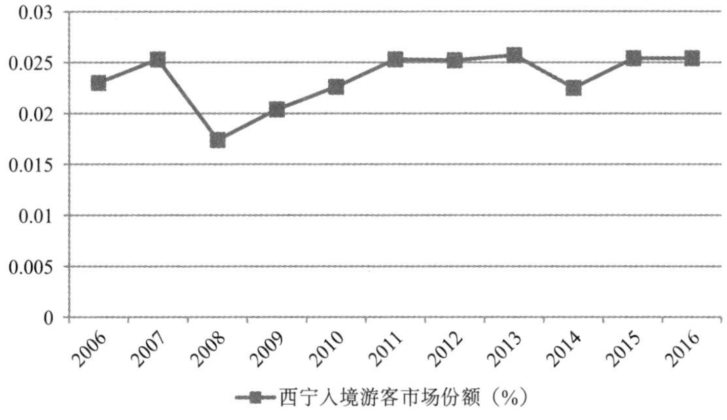

图 3－23　2006－2016 年西宁接待入境游客人数市场份额走势图

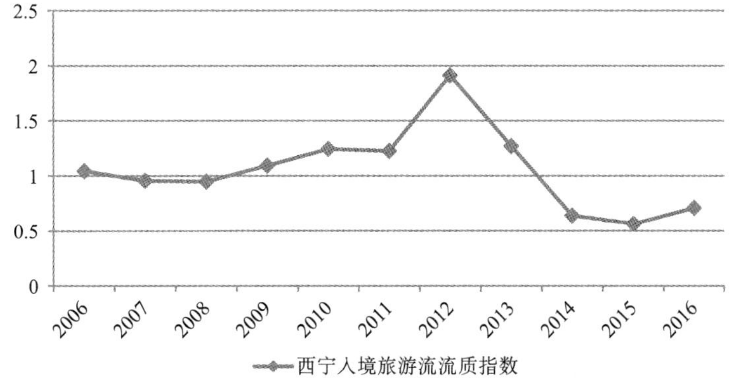

图 3－24　2006－2016 年西宁入境旅游流流质走势图

旅游外汇收入市场份额为0.0133%，2014年银川旅游外汇收入市场份额为0.0133%；2012年银川入境游客市场份额为0.0106%，2013年银川入境游客市场份额为0.0142%；2014年银川入境游客市场份额为0.0201%；2012年银川入境旅游流流质指数为0.7642，2013年银川入境旅游流流质指数为1.1901，2014年银川入境旅游流质质数为0.6617。2013年旅游外汇收入市场份额和流质指数数值均高于2012年和2014年的数值，出现一个顶点。第二，呈现为“蛇”形，具有“三涨三跌”的特点。2009－2010年、2013年和2016出现三次小幅增长，2009和2010年银川旅游外汇收入市场份额分别为0.0086%、0.0111%，入境游客市场份额分别为0.0084%、0.0108%，均高于2008年的数值；2013年银川旅游外汇收入市场份额为0.0169%，入境游客市场份额为0.0142%，流质指数为1.1901，均高于2012年和2014年的数值。2014－2015年出现连续下降，2016年出现大幅增长。表3－13所示为银川入境旅游流流质走势分析表，图3－25所示为2006－2016年银川旅游外汇收入市场份额走势图，图3－26所示为2006－2016年银川接待入境游客人数市场份额走势图，图3－27所示为银川入境旅游流流质走势图。

表3－13　　2006－2016年银川入境旅游流流质走势分析表

指标	2006年	2007年	2008年	2009年	2010年	2011年	2012年	2013年	2014年	2015年	2016年
旅游外汇收入市场份额(%)	0.0062	0.0053	0.0055	0.0086	0.0111	0.0092	0.0081	0.0169	0.0133	0.0133	0.0166
入境游客市场份额(%)	0.0059	0.0055	0.0061	0.0084	0.0108	0.0107	0.0106	0.0142	0.0201	0.0202	0.0134
流质指数	1.0508	0.9636	0.9016	1.0238	1.0278	0.8598	0.7642	1.1901	0.6617	0.6584	1.2388

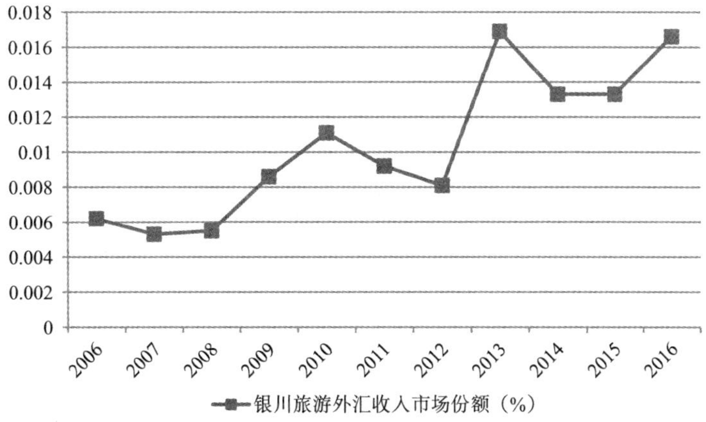

图 3－25　2006－2016 年银川旅游外汇收入市场份额走势图

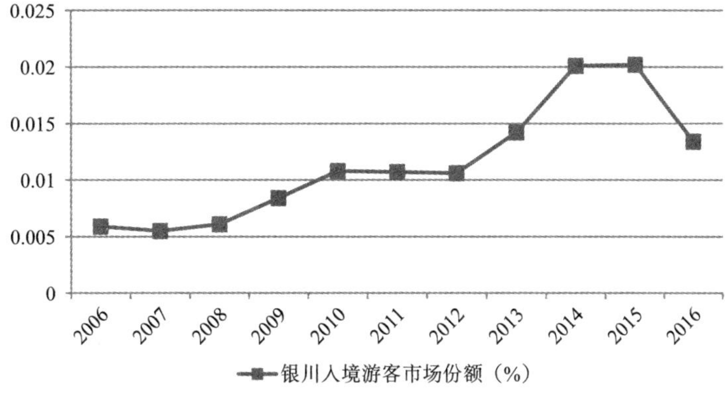

图 3－26　2006－2016 年银川接待入境游客人数市场份额走势图

图 3－27　2006－2016 年银川入境旅游流流质走势图

（五）乌鲁木齐旅游流流质演变

数据显示，乌鲁木齐入境旅游流流质变化呈现出两大特征：第一，2013年出现显著上升。2012年乌鲁木齐旅游外汇收入市场份额为0.411%，2013年乌鲁木齐旅游外汇收入市场份额为0.4219%，增加了2.65%；2012年乌鲁木齐入境游客市场份额为0.277%，2013年乌鲁木齐入境游客市场份额为0.2731%，下降了1.41%；2012年乌鲁木齐入境旅游流流质指数为1.4838，2013年乌鲁木齐入境旅游流流质指数为1.5449。第二，呈现为“蛇”形，具有“两升三降”的特点。2007年出现小幅降低，2007年乌鲁木齐旅游外汇收入市场份额为0.1427%，入境游客市场份额为0.1477%，低于2006年和2008年的数值；2010年再次出现小幅下降，2010年乌鲁木齐旅游外汇收入市场份额为0.1989%，入境游客市场份额为0.1972%，流质指数低于2009年和2011年的数值；2014年出现第三次下降趋势，并且此后几年一直处于下降状态。表3-14所示为2006-2016年乌鲁木齐入境旅游流流质走势分析表，图3-28所示为2006-2016年乌鲁木齐旅游外汇收入市场份额走势图，图3-29所示为乌鲁木齐接待入境游客人数市场份额走势图，图3-30所示为2006-2016年乌鲁木齐入境旅游流流质走势图。

表3-14　2006-2016年乌鲁木齐入境旅游流流质走势分析表

指标	2006年	2007年	2008年	2009年	2010年	2011年	2012年	2013年	2014年	2015年	2016年
旅游外汇收入市场份额(%)	0.1652	0.1427	0.1671	0.1815	0.1989	0.3514	0.411	0.4219	0.1829	0.166	0.1507
入境游客市场份额(%)	0.152	0.1477	0.1542	0.1679	0.1972	0.2933	0.277	0.2731	0.2466	0.2335	0.2304
流质指数	1.0868	0.9661	1.0837	1.081	1.0086	1.1981	1.4838	1.5449	0.7417	0.7109	0.6541

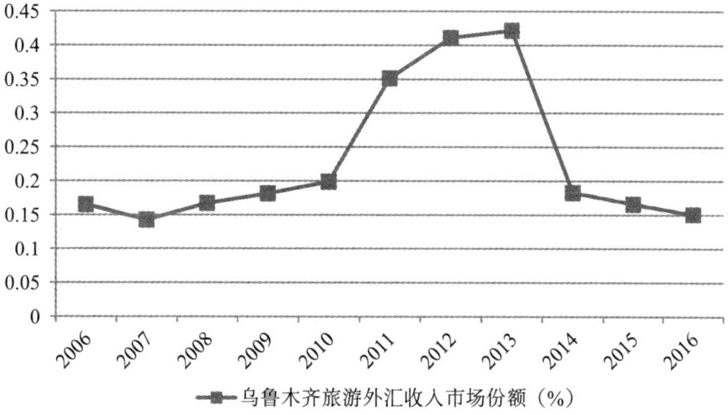

图 3－28　2006－2016 年乌鲁木齐旅游外汇收入市场份额走势图

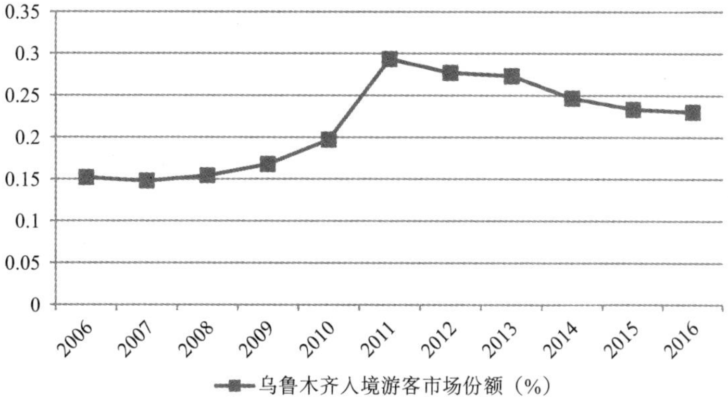

图 3－29　2006－2016 年乌鲁木齐接待入境游客人数市场份额走势图

图 3－30　2006－2016 年乌鲁木齐入境旅游流流质走势图

二、丝路旅游流流质演变

首先，比较分析丝路沿线五省省会城市旅游外汇收入市场份额演变特点。如表3－15所示。2006年，西安旅游外汇收入市场份额为1.3978%，兰州为0.0436%，西宁为0.024%，银川为0.0062%，乌鲁木齐为0.1652%，西安占据绝对规模优势；2016年，西安旅游外汇收入市场份额为0.7559%，兰州为0.0049%，西宁为0.018%，银川为0.0166%，乌鲁木齐为0.1507%，西安依旧位居第一，西安旅游外汇收入市场份额比2006年下降了0.6419%，兰州下降了0.0387%，西宁下降了0.006%，银川增加了0.0104%，乌鲁木齐下降了0.0145%。可见，西安下滑趋势非常明显，西宁和乌鲁木齐稍有下滑，西安规模优势暂时无人撼动，银川增长走势看好。值得注意的是，2013年除兰州和西宁外，其他3个城市的旅游外汇收入份额均为研究时段的最大值。

表3－15　2006－2016年丝路沿线五省省会城市入境旅游市场份额及接待入境游客人数表

城市份额		2006年	2007年	2008年	2009年	2010年	2011年	2012年	2013年	2014年	2015年	2016年
旅游外汇收入份额（%）	西安	1.3978	1.3311	1.0125	1.1457	1.3671	1.6382	1.8964	2.0052	*	0.7069	0.7559
	兰州	0.0436	0.0358	0.0088	0.0073	0.009	0.0057	0.0106	0.0109	0.0022	0.0039	0.0049
	西宁	0.024	0.0242	0.0165	0.0223	0.0281	0.031	0.0482	0.0326	0.0144	0.0143	0.018
	银川	0.0062	0.0053	0.0055	0.0086	0.0111	0.0092	0.0081	0.0169	0.0133	0.0133	0.0166
	乌鲁木齐	0.1652	0.1427	0.1671	0.1815	0.1989	0.3514	0.411	0.4219	0.1829	0.166	0.1507
接待入境游客人数市场份额（%）	西安	0.6938	0.7577	0.4862	0.534	0.6282	0.7424	0.8739	0.9388	0.9705	0.8263	0.9701
	兰州	0.0464	0.0495	0.0354	0.0254	0.0231	0.0281	0.0295	0.027	0.0212	0.0266	0.0319
	西宁	0.023	0.0253	0.0174	0.0204	0.0226	0.0253	0.0252	0.0257	0.0225	0.0254	0.0254
	银川	0.0059	0.0055	0.0061	0.0084	0.0108	0.0107	0.0106	0.0142	0.0201	0.0202	0.0134
	乌鲁木齐	0.152	0.1477	0.1542	0.1679	0.1972	0.2933	0.277	0.2731	0.2466	0.2335	0.2304

其次，比较分析丝路沿线五省区省会城市接待入境游客人数市场份额演变特点。如表3－15所示。2006年，西安接待入境游客人数市场份额为0.6938%，兰州为0.0464%，西宁为0.023%，银川为0.0059%，乌鲁木齐为0.152%，西安占据绝对规模优势；2016年，西安接待入境游客人数市场

份额为 0.9701%，兰州为 0.0319%，西宁为 0.0254%，银川为 0.0134%，乌鲁木齐为 0.2304%，西安依旧位居第一，西安接待入境游客人数市场份额比 2006 年增加了 0.2763%，兰州下降了 0.0145%，西宁增加了 0.0024%，银川增加了 0.0075%，乌鲁木齐增加了 0.0784%。可见，西安规模优势暂时无人撼动，乌鲁木齐、西宁和银川增长走势看好，兰州稍有下滑。

最后，整体分析丝路沿线五省省会城市入境旅游流流质演变特点。如表 3 – 16 所示。2006 – 2016 年，西安入境旅游流流质一直处于均值水平之上，兰州入境旅游流流质一直低于均值水平，西宁、银川和乌鲁木齐一直在均值上下变动；2006 – 2013 年各省会城市入境旅游流流质指数一直相对保持平稳变化态势。兰州市入境旅游流流质在 2008 年出现显著下降，之后一直处于稳定态势；从 2014 年始，各省会城市入境旅游流流质出现下滑趋势，但 2015 年后处于平稳增长态势。如图 3 – 31 所示。

表 3 – 16　2006 – 2016 年丝路沿线五省区省会城市入境旅游流流质指数表

年份	2006 年	2007 年	2008 年	2009 年	2010 年	2011 年	2012 年	2013 年	2014 年	2015 年	2016 年
西安	2.0147	1.7568	2.0825	2.1455	2.1762	2.2066	2.17	2.1359	*	0.8555	0.7792
兰州	0.9397	0.7232	0.2486	0.2874	0.3896	0.2028	0.3593	0.4037	0.1038	0.1466	0.1536
西宁	1.0435	0.9565	0.9483	1.0931	1.2434	1.2253	1.9127	1.2685	0.64	0.563	0.7087
银川	1.0508	0.9636	0.9016	1.0238	1.0278	0.8598	0.7642	1.1901	0.6617	0.6584	1.2388
乌鲁木齐	1.0868	0.9661	1.0837	1.081	1.0086	1.1981	1.4838	1.5449	0.7417	0.7109	0.6541
均值	1.2271	1.07324	1.05294	1.12616	1.16912	1.13852	1.338	1.30862	0.5368	0.58688	0.70688

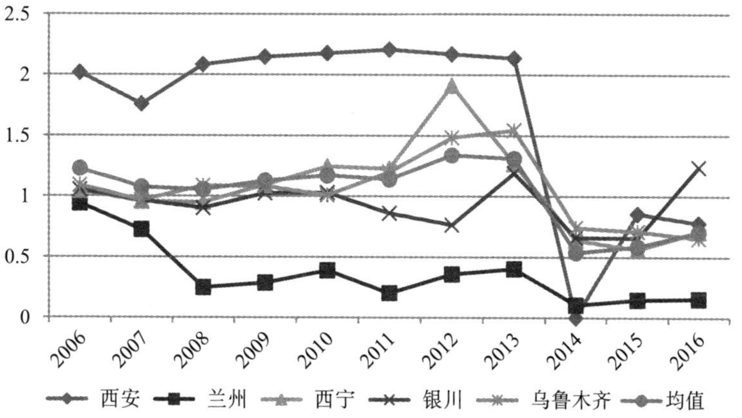

图 3 – 31　各省区省会城市入境旅游流流质演变图

第三节　流质流量匹配模式演变

优势指数是研究竞争力时常用的指标之一，其计算公式为：

优势指数=某商品出口额占其总出口总值比重/世界出口总额中该类商品出口额所占比重

我们借鉴优势指数模型，分析城市入境旅游流流量发展层次及态势。具体计算方法是：

流质指数=城市入境旅游人次占城市旅游总人次份额/全国入境旅游人次占全国旅游总人次份额

指数表示城市入境旅游流流量发展的优势度，所占比重越大，表示旅游流的规模越大。入境旅游流发展质量高低用流质指数表示，流质指数越高，质量越高。指数大于1，属于优质旅游流；流质指数为1时，属于良质旅游流；流质指数小于1时，属于低质旅游流。基于流量—流质的匹配，以流质和流量均值作为坐标交叉点，可将入境旅游流划分为四种类型，即高流量—高流质、高流量—低流质、低流量—低流质、低流量—高流质。

一、省区入境旅游流流质流量匹配模式演变

（一）西安入境旅游流流质流量匹配模式演变

数据显示，西安入境旅游流流质流量匹配模式具有以下特点：

第一，单项指标分析。基于优势指数，由表3-17可以发现，2006-2016年该指数有一定波动，但整体趋于稳健；尤其是2008年后，该指数基本低于均值，除2012年和2013年外，指数较低，说明西安旅游流中，入境旅游客流人数比重较低，和全国其他城市相比不占优势，甚至存在很大差距，客流市场的国际化水平提升与结构优化压力很大。流质指数层面看，该

指数波动起伏，具体态势是先增后降，2006－2011 年波动上升，2012 年以后持续下降，除 2007 年、2015 和 2016 年外，属于良质旅游流或优质旅游流。这说明西安相同规模的入境客流所带来的外汇收入高于全国平均水平，但优势正在持续下滑。

表 3－17　　　　西安入境旅游流流质流量匹配模式演变表

年份	优势指数	流质指数
2006	0.3852	2.0147
2007	0.424	1.7568
2008	0.2776	2.0825
2009	0.274	2.1455
2010	0.2659	2.1762
2011	0.3094	2.2066
2012	0.338	2.17
2013	0.315	2.1359
2014	0.3014	*
2015	0.25	0.8555
2016	0.2957	0.7792
均值	0.3124	1.8323

第二，复合指标分析。基于优势指数—流质指数二维矩阵模型，可以发现其态势演在是 11 年间有不同特征。如图 3－32 所示。其中，2006－2013 年，有 3 个年份（2006 年、2012 年和 2013 年）优势指数和流质指数皆优，属于“高流量—高流质”模式归入第Ⅰ象限；4 个年份（2008 年、2009 年、2010 年、2011 年）流质指数高于均值，优势指数低于均值，归属于“量弱质强”模式，归入第Ⅱ象限；1 个年份（2007 年）在第Ⅳ象限，归属于“量优质弱”发展模式。2014－2016 年，3 个年份的流质指数都较低，优势指数也较低，归入第Ⅲ象限，为“量质皆弱”模式。由此可以发现，11 年间的入境旅游流态势堪忧，客流减少，规模萎缩，优势指数下降，流质指数下降，从最初的“量弱质强模式”演化为“量质均弱模式”模式。

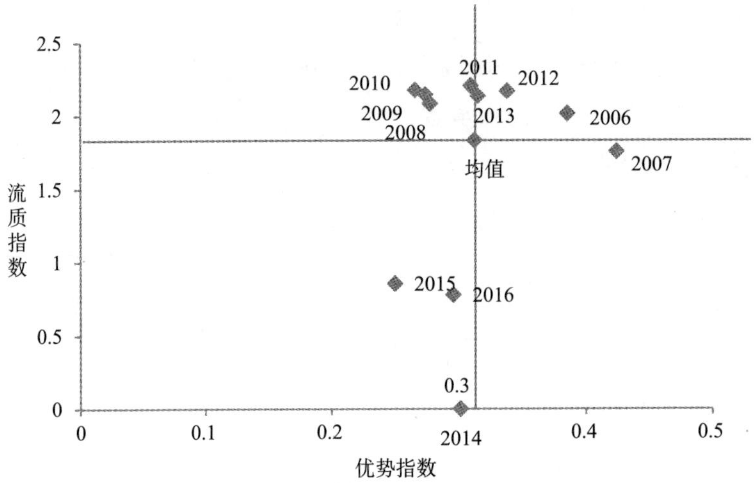

图 3-32　西安入境旅游优势指数—流量指数二维矩阵态势演变

（二）兰州旅游流流质流量匹配模式演变

数据显示，兰州入境旅游流流质流量匹配模式具有以下特点：

第一，单项指标分析。基于优势指数，由表 3-18 可以发现，2006-2016 年，兰州入境旅游优势指数在不断波动，并且出现连续下降走势；2008 年以后，优势指数数值基本低于均值，说明兰州入境旅游客流规模区域缩小，在整体接待人数中的比重不断下降，较全国其他旅游城市差距较大。流质指数层面看，2006-2016 年，流质指数也在不断波动，并呈下降趋势；除 2010 年和 2013 年外，其他年份流质指数数值均低于均值，且其数值都小于 0.5，属于低质旅游流。

表 3-18　　兰州入境旅游流流质流量匹配模式演变表

年份	优势指数	流质指数
2006	0.1993	0.9397
2007	0.2100	0.7232
2008	0.1232	0.2486
2009	0.0737	0.2874
2010	0.0585	0.3896
2011	0.0553	0.2028
2012	0.0443	0.3593
2013	0.0341	0.4037

续表

年份	优势指数	流质指数
2014	0. 0261	0. 1038
2015	0. 0309	0. 1466
2016	0. 0266	0. 1536
均值	0. 0802	0. 3598

第二，复合指标分析。基于优势指数—流质指数二维矩阵模型，11 年间阶段性特点突出。如图 3 – 33 所示。具体是：2006 – 2008 年，有 2 个年份（2006 年与 2007 年）的流质指数高于均值，优势指数也高于均值，属于典型的“高流质—高流量”模式，归入第Ⅰ象限；1 个年份（2008 年）流量指数低于均值，优势指数高于均值，归入第Ⅳ象限，为典型的“量强—质弱”或者“低流质—高流量”模式。2009 – 2016 年，有 2 个年份（2010 年与 2013 年）流质指数高于均值，优势指数低于均值，归入第Ⅱ象限，为典型的“量弱—质强”发展模式；6 个年份（2009 年、2011 年、2012 年、2014 年、2015 年与 2016 年）流量指数低于均值，优势指数也低于均值，归入第Ⅲ象限，为“量质皆弱”或者“低流质—低流量”模式，说明这个时段的优势指数和流质指数都低，属于量质皆弱型发展态势。可见，11 年间的优势指数—流质指数二维矩阵发生显著变化，从“量强—质弱”模式演化为“量弱—质弱”模式。

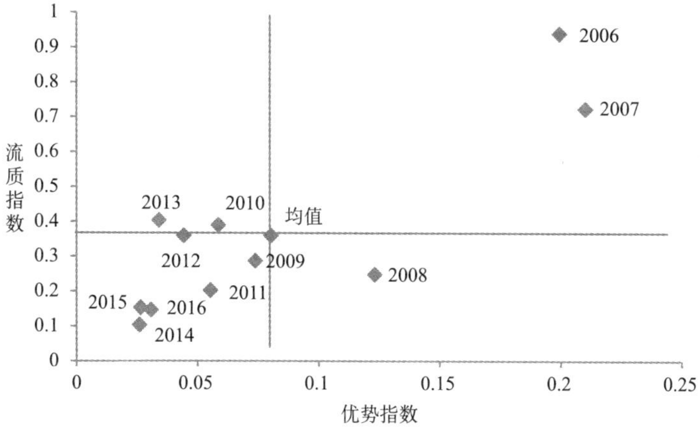

图 3 – 33　兰州入境旅游优势指数—流质指数二维矩阵态势演变

（三）西宁旅游流流质流量匹配模式演变

数据显示，西宁入境旅游流流质流量匹配模式具有以下特点：

第一，单项层面分析。优势指数层面看，2006－2016年该指数波动整体趋于平稳。如表3－19所示。其中，2008年以后有4个年份（2008年、2009年、2010年与2014年）指数数值处于均值以下，有5个年份（2006年、2007年、2011年、2012年、2013年、2015年与2016年）指数数值处于均值以上，说明西宁入境旅游客流人数规模不是很大。流质指数层面看，该指数先增加，后降低，并多次波动起伏，但整体呈下降态势，其中2014年以后指数数值均处于均值以下，且其指数数值都小于1.0，属于低质旅游流。

表3－19　　西宁入境旅游流流质流量匹配模式演变表

年份	优势指数	流质指数
2006	0.0693	1.0435
2007	0.0647	0.9565
2008	0.0496	0.9483
2009	0.0513	1.0931
2010	0.0569	1.2434
2011	0.0717	1.2253
2012	0.0676	1.9127
2013	0.0656	1.2685
2014	0.0580	0.6400
2015	0.0648	0.5630
2016	0.0631	0.7087
均值	0.0621	1.0548

第二，复合指标分析。基于优势指数—流质指数二维矩阵模型，可以发现其态势演变。如图3－34所示。具体是：2006－2010年，有2个年份

（2009 年与 2010 年）归入第Ⅱ象限，因为此阶段的流质指数高于均值，优势指数低于均值，为“量弱质强”模式；2 个年份（2008 年与 2014 年）归入第Ⅲ象限，因为流质指数与优势指数都低于均值，为典型的“量弱—质弱”模式；2 个年份（2006 年与 2007 年），流质指数低于均值，优势指数高于均值，归入第Ⅳ象限，属于典型的“量优质弱”或“高流量—低流质”发展模式。2010 - 2016 年，有 3 个年份（2011 年、2012 年与 2013 年）归入第Ⅰ象限，此阶段的流质指数与优势指数高于均值，为典型的“量优—质优”模式。2 个年份（2015 年与 2016 年）也归入第Ⅳ象限，因为此阶段的流质指数较低，而优势指数高于均值，为“量优质弱”或者“高流量—低流质”模式。11 年间优势指数—流质指数二维矩阵的演变态势非常显著，流量—流质指数都发生降低。

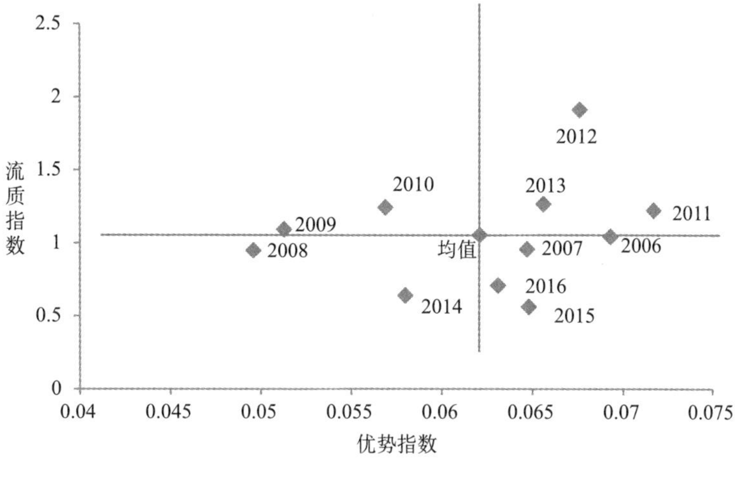

图 3 - 34　西宁省入境旅游优势指数—流质指数二维矩阵态势演变

（四）银川旅游流流质流量匹配模式演变

数据显示，银川入境旅游流流质流量匹配模式具有以下特点：

第一，单项指标分析。优势指数层面看，该指数在 2006 - 2016 年波动起伏，不过逐渐趋于平稳。如表 3 - 20 所示。其中，2006 - 2013 年，优势指数均低于均值，而 2014 年和 2015 年则高于均值，说明入境游客有所增多。

流质指数层面看，该指数也波动起伏，但逐渐趋于稳健，其中，2006－2016年，有5个年份（2008年、2011年、2012年、2014年与2015年）的流质指数低于均值，6个年份（2006年、2007年、2009年、2010年、2013年、2016年）的流质指数高于均值，且其数值均接近1.0，在优质旅游流、良质旅游流和低质旅游流类别之间来回变动。

表3－20　　银川入境旅游流流质流量匹配模式演变表

年份	优势指数	流质指数
2006	0.0462	1.0508
2007	0.0383	0.9636
2008	0.0397	0.9016
2009	0.0513	1.0238
2010	0.0619	1.0278
2011	0.0635	0.8598
2012	0.0606	0.7642
2013	0.0604	1.1901
2014	0.1101	0.6617
2015	0.1111	0.6584
2016	0.0565	1.2388
均值	0.0636	0.9401

第二，复合指标分析。基于优势指数—流质指数二维矩阵模型，可以清晰地反映其演变的态势。如图3－35所示。具体看，11年间的阶段性变化比较明显，其中，2006－2012年，有3个年份（2008年、2011年与2012年）的流质指数低于均值，优势指数低于均值，归入第Ⅲ象限，为典型的“量弱质弱”或者“低流量—低流质”模式。2013－2016年，有2个年份（2014年与2015年）优势指数高于均值，流质指数也低于均值，归入第Ⅳ象限，属于“量弱质强”或者“低流质—高流量”模式；6个年份（2016年等）

的流质指数高于均值，优势指数低于均值，为“量弱质强”或者“高流质—低流量”模式，归入第Ⅱ象限。整体看，11 年间的优势指数增加，流质指数增加，但二维矩阵保持“量弱—质强”模式不变。

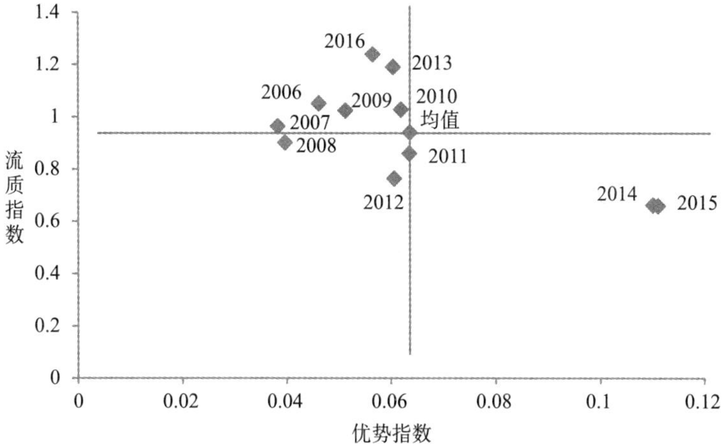

图 3-35　银川入境旅游优势指数—流质指数二维矩阵态势演变图

（五）乌鲁木齐旅游流流质流量匹配模式演变

数据显示，乌鲁木齐入境旅游流流质流量匹配模式有以下特点：

第一，单项指标分析。优势指数侧面看，2006-2016 年乌鲁木齐入境旅游优势指数有多次波动，但趋势看好，出现增加态势。如表 3-21 所示。其中，2006-2010 年均处于增长态势，从 0.2965 增加到了 0.5553，2010 年达到最大值 0.5652，但 2012 年有所下降，2013 年继续下降，2016 年为最小值。这说明乌鲁木齐入境旅游客流人数规模较少并且不断减少，在全国旅游客流总人数中所占比重不大。流质指数层面看，流质指数波动起伏幅度有增大态势，2006-2011 年均围绕均值波动，2011 年后流质指数数值与均值差异增大，且 2006-2013 年（除 2007 年）其数值均大于 1.0，属于优质旅游流，2014 年后流质指数数值均小于 1.0，属于低质旅游流。

表 3-21　　乌鲁木齐入境旅游流流质流量匹配模式演变表

年份	优势指数	流质指数
2006	0.2965	1.0868
2007	0.2959	0.9661
2008	0.3258	1.0837
2009	0.4984	1.0810
2010	0.5652	1.0086
2011	0.5553	1.1981
2012	0.4872	1.4838
2013	0.4724	1.5449
2014	0.4351	0.7417
2015	0.4353	0.7109
2016	0.4153	0.6541
均值	0.4369	1.0509

第二，复合指标分析。基于优势指数—流质指数二维矩阵模型，可以发现演变态势的阶段性规律很明显。如图 3-36 所示。其中，2006-2008 年，有 2 个年份（2006 年与 2008 年）的优势指数低于均值，流质指数高于均值，归入第Ⅱ象限，属于“量弱—质强”或者“低流量—高流质”模式；1 个年份（2007 年）归入第Ⅲ象限，因为流质指数与优势指数均小于均值，为“低流质—低流量”或者“量弱—质弱”模式。2009-2016 年，有 4 个年份（2009 年、2011 年、2012 年、2013 年）优势指数高于均值，流质指数也高于均值，归入第Ⅰ象限，属于“高流量—高流质”或者“量质同优“模式；其他 3 个年份（2014 年、2015 年、2016 年）优势指数和流质指数都低于均值，归入第Ⅲ象限，属于“低流质—低流量”或者“量质皆弱”模式；1 个年份（2010 年）优势指数高于均值，流质指数低于均值，归入第Ⅳ象限，为“低流量—高流质”或“量弱优质”模式。11 年间优势指数增大，流质指数减小，二维矩阵从“量弱质强”模式转化为“量优同弱”模式。

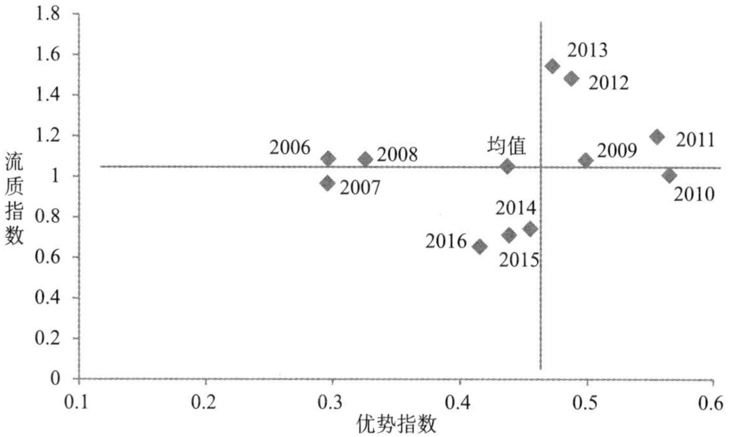

图 3－36　乌鲁木齐入境旅游优势指数—流质指数二维矩阵态势演变图

二、丝路城市旅游流流质流量匹配模式演变

数据显示，丝路城市入境旅游流流质流量匹配模式具有以下特点：

第一，单项指标分析。基于优势指数侧面看，该指数在 2006－2016 年波动起伏，并且呈现下降态势。如表 3－22 所示。其中，2008－2011 年处于增长态势，之后基本处于下降态势。2010 年后有 2 个年份（2011 年与 2012 年）高于均值，4 个年份（2013 年、2014 年、2015 年、2016 年）低于均值。基于流质指数侧面看，流质指数也多次波动起伏，并且幅度很大，还出现降低趋势，其中，2008－2013 年指数高于均值，均大于 1.0，2014 年出现较大幅度下降，但 2015 年增加，2016 年持续增加，出现缓慢增大趋势，但效果不太理想，数值仍小于 1.0。可见，整个丝路旅游城市入境旅游流由优质旅游流演化为低质旅游流。

表 3－22　　　丝路城市入境旅游流流质流量匹配模式演变表

年份	优势指数	流质指数
2006	0. 19930	1. 22710
2007	0. 20658	1. 07324
2008	0. 16318	1. 05294
2009	0. 18974	1. 12616

续表

年份	优势指数	流质指数
2010	0.20168	1.16912
2011	0.21104	1.13852
2012	0.19954	1.33800
2013	0.18950	1.30862
2014	0.19014	0.53680
2015	0.17902	0.58688
2016	0.17144	0.70688
均值	0.19104	1.04758

第二，复合指标分析。基于优势指数—流质指数二维矩阵模型，可发现具体演化特征。如图 3－37 所示。其中，2006－2013 年，有 5 个年份（2006 年、2007 年、2010 年、2011 年、2012 年）的优势指数高于均值，流质指数也高于均值，归入第Ⅰ象限，属于“高流质—高流”或者“量质皆强”模式；3 个年份（2008 年、2009 年与 2013 年）的优势指数低于均值，流质指数却高于均值，归入第Ⅱ象限，为“低流量—高优质”或者“量弱质强”模式。2014－2016 年，3 个年份的优势指数低于均值，流量指数也低于均值，为典型的“低流质—低流量”模式，归入第Ⅲ象限。整体看，11 年间优势指数—流质指数二维矩阵从最初的“量弱质强”模式转化为最后的“量质双弱”模式，指数都在下降。

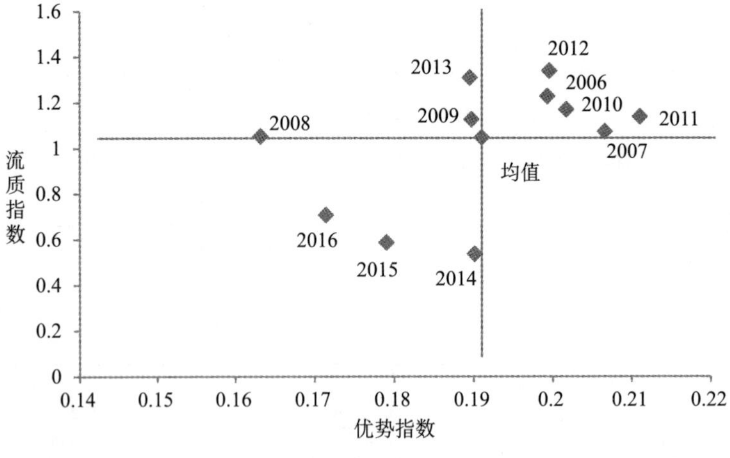

图 3－37　丝路城市入境旅游优势指数—流质指数二维矩阵态势演变图

第三，从研究时段分析城市整体入境旅游流发展态势。2006 年，西安属于“高流质—高流量”城市，为“量质皆强”模式；西宁与银川为“低流质—低流量”城市，属于“量质皆弱”模式；兰州与乌鲁木齐为“高流量—低流质”城市，属于“量强质弱”模式。2016 年，西安依旧属于“高流质—高流量”城市，保持了“量质皆强”模式；兰州与银川为“低流质—低流量”城市，属于“量质皆弱”模式；西宁与乌鲁木齐为“高流量—低流质”城市，属于“量强质弱”模式。如表 3 – 23 所示为丝路城市2006 – 2016 年旅游流流质流量指数数据表，图 3 – 38 所示为研究时段丝路城市入境旅游优势指数—流质指数二维矩阵图。

表 3 – 23　　丝路城市 2006 – 2016 年流质流量指数数据表

城市	西安		兰州		西宁		银川		乌鲁木齐		城市平均	
年份	优势指数	流质指数	优势指数	流质指数	优势指数	流质指数	优势指数	流质指数	优势指数	流质指数	优势指数	流质指数
2006	0. 3852	2. 0147	0. 1993	0. 9397	0. 0693	1. 0435	0. 0462	1. 0508	0. 2965	1. 0868	0. 1993	1. 2271
2007	0. 424	1. 7568	0. 21	0. 7232	0. 0647	0. 9565	0. 0383	0. 9636	0. 2959	0. 9661	0. 20658	1. 07324
2008	0. 2776	2. 0825	0. 1232	0. 2486	0. 0496	0. 9483	0. 0397	0. 9016	0. 3258	1. 0837	0. 16318	1. 05294
2009	0. 274	2. 1455	0. 0737	0. 2874	0. 0513	1. 0931	0. 0513	1. 0238	0. 4984	1. 081	0. 18974	1. 12616
2010	0. 2659	2. 1762	0. 0585	0. 3896	0. 0569	1. 2434	0. 0619	1. 0278	0. 5652	1. 0086	0. 20168	1. 16912
2011	0. 3094	2. 2066	0. 0553	0. 2028	0. 0717	1. 2253	0. 0635	0. 8598	0. 5553	1. 1981	0. 21104	1. 13852
2012	0. 338	2. 17	0. 0443	0. 3593	0. 0676	1. 9127	0. 0606	0. 7642	0. 4872	1. 4838	0. 19954	1. 338
2013	0. 315	2. 1359	0. 0341	0. 4037	0. 0656	1. 2685	0. 0604	1. 1901	0. 4724	1. 5449	0. 1895	1. 30862
2014	0. 3014	*	0. 0261	0. 1038	0. 058	0. 64	0. 1101	0. 6617	0. 4551	0. 7417	0. 19014	0. 5368
2015	0. 25	0. 8555	0. 0309	0. 1466	0. 0648	0. 563	0. 1111	0. 6584	0. 4383	0. 7109	0. 17902	0. 58688
2016	0. 2957	0. 7792	0. 0266	0. 1536	0. 0631	0. 7087	0. 0565	1. 2388	0. 4153	0. 6541	0. 17144	0. 70688
均值	0. 3124	1. 8323	0. 0802	0. 3598	0. 0621	1. 0548	0. 0636	0. 9401	0. 4369	1. 0509	0. 19104	1. 04758

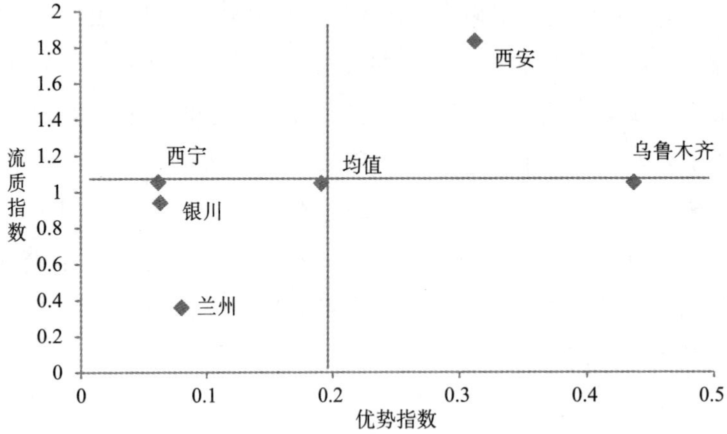

图 3－38　研究时段丝路城市入境旅游优势指数—流质指数二维矩阵图

第四章 丝路城市旅游发展问题及对策

第一节 问题分析

一、旅游品牌：老土气有余，量少人不知

品牌指的是可以给拥有者带来巨大增值空间的一种无形资产，具体表现为名称、象征、记号、术语等。旅游品牌指的是公众或旅游者对旅游目的地所有产品、服务、设施、环境等方面的总体认识、印象以及评价。丝路沿线城市在旅游品牌方面的突出问题有三个：

一是品牌意识淡漠。在经济利益刺激下，许多产品开发者急功近利，只求短期效应，忽视长远发展，没有品牌意识。一些政府管理者为了追求政绩，更多关注的是基础设施、招商引资、景区数量，对品牌建设关注度不高。

二是品牌创新能力不强。在景区建设中，很多城市十几年没有进展和新花样，老调长谈，老面孔不改，难以形成长远的吸引力，游客自然不会前来。如兰州市还停留在五泉山、北塔山拉动城市旅游经济的阶段。购物方

面，各个城市虽推出了不少旅游商品，兰州有刻葫芦、白兰瓜、百合，银川有枸杞，乌鲁木齐有巴旦木等，但包装简陋，粗制滥造，直接降低了附加值；另外，很多包装同质化严重，缺少创新，特色不强，导致旅游购物的满意度大打折扣。

三是品牌营销不足。沿线城市除西安、敦煌稍好之外，其他城市对旅游品牌的营销投入不足，与其他知名旅游城市相比差距较大。宣传经费的短缺势必会影响效果，导致知名度难以提升。此外，长期以来形成一种思维惯性或定势，对城市文化资源偏爱有加，大部分宣传方式还停留在丝路历史文化上，对秀美的山水景观、文化遗址、民俗风情、自然风光、美食娱乐等方面的宣传力度不够，无法给人留下深刻印象。例如，天水是甘肃省历史文化名城，宣传多侧重人文始祖伏羲文化，但天水自然风景、民风民俗也很有吸引力，却鲜为人知；武威是中国旅游标志“铜奔马”故里，其宣传讲述的也多是厚重历史，侧重推介汉墓、诗词、文庙等这些传统内容，其实武威市也有很多新鲜事物或新型资源可以推介，如科举文化、驿站文化、红色文化；敦煌宣传多侧重石窟、自然奇观，缺少对敦煌饮食文化的宣传。世界不是缺少美，而是缺少发现美的眼光。另外，城市和景区旅游形象模糊，缺少震撼人心、使人心动的口号，与成都（口号为“来了就不想走的城市”）等城市形象不能相提并论。

二、旅游文化：夸夸其谈者多，脚踏实地者少

文化是旅游活动的出发点和落脚点，是旅游业发展的灵魂。伴随社会经济的发展，各国居民文化教育程度提高，以及交通的便捷，使得文化旅游活动越来越受到重视和青睐，有针对性地开发利用旅游文化已成为各地旅游开发者和决策者的共识。丝路沿线城市在旅游文化开发和利用方面也存在一些问题。由于旅游文化包括目的地文化、中介企业文化和旅游者行为文化三个层面，因此，相关问题表现在三个方面。

一是目的地文化研究保护和利用不够。作为后发展地区，城市化进程需要加快，以促进社会发展，但对传统文化的认识却不到位，有的认为没有价

值，有的甚至主动摧毁，对具有较高历史、文化和经济价值的非遗旅游资源利用较少，缺少效应方面的深度分析；对已有旅游文化未能进行深入研究，仍停留在粗放单一宣讲阶段；对旅游资源深度开发意识薄弱，未能将文化内涵外化，地方文化特色未得到彰显，缺少清晰独特、引人入胜的主题，开发仍停留在表面上，高起点规划、高标准建设、大手笔投入、全方位理念亦亟待提高；片面追逐眼前的蝇头小利，侧重经济利益，忽视了长远的社会利益，不看重更为主要的文化效益，对一些宝贵文物遗址缺乏“保护与开发并重”意识，缺少保护措施，有的遭到严重毁坏，旅游价值削弱甚至丧失；有的将旅游开发利用和遗产保护对立起来，一谈旅游发展就不顾条件地反对，一味强调保护，使得遗产失去发展动力和创新保护机遇。

二是对中介企业文化研究利用不够。为促进发展，酒店、饭店、景点景区等企业得到快速发展，但在现有背景下，其多关注目的地旅游文化，很少关注企业文化建设；即使对企业发展给予重视，也多是侧重经济利益，重视接待人次、创收情况，对内部文化建设与可持续发展涉及较少。

三是对旅游者行为文化关注不够。开发城市旅游产品的最终目的是刺激消费者消费，但现实状况是只重视旅游者满意度，对具体行为心理特征缺少研究，往往产品供需脱节，营销不力，市场拓展难度加大。

三、产业实力：基础很薄弱，效应不如意

随着国民经济的发展，大众旅游时代到来，政府对旅游业发展日益重视，加之经过多年探索和经验积累，丝路沿线城市旅游竞争力不断增强，但相比其他典型城市，旅游业整体实力不强，带动效应不足。具体表现在四个方面。

一是产业规模小。企业数量多，但有影响力的企业不多；住宿、餐饮、交通和旅行社等相关企业小、弱、散、差等现象突出；高级别景点景区少，游客接待规模不大，旅游经济规模较小，企业运作能力较差，整体效益偏低，致使现有旅游文化和资源优势无法转化为旅游产业优势。

二是产业链条小。个别城市偏好景点景区建设，对项目实施很有兴趣，

但对住宿、餐饮、娱乐、购物等要素的重视度较小；旅游产品体系不完整，延伸产品较少，吃、住、行、游、购、娱六大要素不能有机结合，游客来到景区以后只能做短暂的浏览观光，无法长时间游玩，更没有深度体验与休闲娱乐项目，不少景区景点甚至有名无实，难以提供基本的餐饮服务，产业链条缺失，导致旅游消费不足，旅游创收能力不强。

三是基础设施差。城市旅游的相关基础设施建设普遍滞后，公路、铁路、航空等交通运输设施不够发达，国际航空口岸、国际国内航线及航班稀少，省内外旅游专列少，城市通往景区以及景区之间的交通网线不够畅通，路况不佳，行车颠簸，没有建成立体、便捷的出游网络体系，旅游者基于多方位考量，觉得花费与所得不成比例，不愿意在出游时选择丝路沿线城市为目的地。部分景观区域在网络通信、垃圾处理等方面也需加大投入。

四是服务质量低。一些城市旅游建设处于规模扩张阶段，内涵建设不足，没有形成有效的组织管理，旅游服务效率、服务标准和服务质量缺乏有效的监督和管理；旅游产品雷同现象常见，公园、游乐园、滑雪场、娱乐场、农家乐、动植物园、度假区等高度雷同，旅游目的地节会活动缺少特色，重复建设现象较明显，致使产品没有独特之处，缺乏吸引力；政府监管不到位，市场混乱，无序竞争现象多见，个别城市旅行社之间大打价格战，结果是陷入恶性竞争怪圈，旅游消费者权益得不到保障，严重打击旅游者热情和信心。

四、旅游合作：会议说头多，实质联系少

随着城市经济的不断发展、外部条件的改善、认识观念的深化，“一带一路”沿线城市旅游合作关系构建得到关注。合作可以带来新的机遇，符合长远发展利益。丝路沿线城市先后多次探索合作问题，取得了一定成绩，如“一带一路”旅游城市市长峰会在郑州举办；2017 年联合国世界旅游组织会议在成都举行；“梦回丝路”双西（西安—西宁）旅游合作交流沙龙在西安举办，缔结了合作协议，探讨了旅游可持续发展目标与伙伴关系缔结问题，提升了认识。但整体看，城市之间旅游业合作也存在不足。具体表现在三个

方面。

一是合作意识小。许多经济利益主体从自身市场利益考量，害怕合作会导致利益流失；一些人对合作认识不到位，认为竞争才能获得最大化利益。

二是合作举措不到位。个别城市先后提出旅游合作联盟意愿，表示要在市场、产品、信息、人才等方面实现共享，但内容空洞，实际效果不佳。在推介城市旅游产品的同时，不妨走出去，推出旅游优惠奖励措施，通过景区门票折扣优惠、自驾游奖励政策、返还现金等措施刺激市场。这样的举措看似简单，却非常实用。

三是合作方式单一。一些城市旅游经营者或管理者往往认为合作就是景点景区的事情，致使合作模式多样性不足。实际上，城市旅游合作涉及多个领域，需要在规划编制、基础设施完善、形象塑造、举办展会、文化研究、城市安全维护、遗产保护、人才培养、社区治理、宣传推广等各个方面加强沟通联系，需要社区、政府、企业、民间机构、学术界互相联系。狭隘的认识势必影响合作绩效，也不利于扩大城市对外开放水平。

第二节　根源探究

一、经济实力根源：财小气短，发展受限

旅游业并不是不需要投入就可以发展的产业，实际上，旅游业发展所需投入巨大，并且也不一定在短期内立竿见影。经济发展相对落后，财政收入有限，致使丝路沿线城市在景区开发、旅游配套服务设施等方面投入不足。城市经济在旅游经济支撑方面的短板有两个：

一是城市产业实力不强。近年国内一些城市迅速崛起，带动了旅游发展。最典型的是西南地区的贵阳，其依靠大数据产业、会展产业使城市知名度和美誉度急剧上升。丝路沿线城市传统产业结构布局中，钢铁、资源、能

源、房地产产业过大，目前新型的文化创意、金融保险、仓储、物流、电子信息、生物医药、装备制造等产业发展不足，资源节约型、环境友好型产业不足；城市产业结构调整难度大，缺少新动力。

二是城市缺少外部动力。在国民经济或产业规划布局中，整体地位不高，规划布局项目不多，难以获得更多的资本支持；此外，城市之间合作不足，缺少外部援助。

二、旅游人才根源：队伍不强，结构不优

人才对城市旅游的重要性表现在三个方面：一是人才尤其是服务人才是旅游的窗口和形象，人才质量不优直接影响城市形象；二是人才是最主要的要素和资本，没有人才的城市缺少创新创意动力；三是人才可以发挥引领带动作用。在旅游发展大潮流大趋势下，管理者开始重视旅游人才队伍建设，并取得很大成效，但整体看存在如下问题：

第一，结构不合理。年龄方面，多为 40 岁以下年轻人，有经验资历者较少，有些非遗传承人年龄偏大，而新一代尚未出现，面临断代危险；性别方面，女性多于男性；初级人才多，但景区开发管理、规划策划、市场营销、高级导游等中高级管理服务人才不足；学历方面，许多中小城市大专以上学历者人数较少，个别地方高中、中专学历人数较多。

第二，需要提升人才整体素质。以导游为例，许多导游游而不导，只想赚钱，不想服务，态度蛮横恶劣；而有些新手解说不到位，服务意识不强。其后果是游览满意度极大降低，游客难以获得美好而难忘的旅游体验，城市旅游形象被毁坏。

第三，人才建设举措不到位。许多城市没有对人才建设开展专题研究和分析，对人才强旅战略认识不到位；没有形成人才建设制度，对落实绩效的监督考核不到位；对人才培养项目没用开展常态化运作；许多人才收入低，创新创业动力小；人才建设缺乏敏感性，以最近的“抢人”大战为例，可谓招才引才聚才的力度越来越大，门槛越来越低，购房补贴、户口等福利越来越多，有一些城市或景区发布了旅游人才招聘广告，安家费、科研补助、购

房补贴、搬家补助等待遇优厚，对高层次优秀人才的吸引力很强。但这些城市都主要集中在发达地区，丝路沿线城市在旅游发展所需相关人才的争夺中主动性、积极性不强。

三、制度和机制根源：缺少竞争，动力难有

制度和机制在经济发展中的作用不可低估，制度经济学家已有专门分析。制度和机制是配置资源的各类规则的集合。制度和机制约束效应主要表现在三个方面。

一是激励机制不够。没有抓住市场经济发展中的“经济人”特征，没有从物质和非物质方面对经济主体进行强力刺激，缺少奖励等举措，致使许多人安于现状，不求上进，干好干坏一个样。

二是缺少处罚机制。对混日子的工作人员没有强有力的约束，对没完成基本任务或预期要求者缺少必要的处罚，使相关人员逐渐形成懒惰作风，效率低下。

三是缺少竞争机制。没有出台能者上、庸者下、勇者干的制度，无法形成有效的竞争环境。

四、自然条件根源：适游期短，荒凉感强

丝路沿线地区夏季凉爽、冬季寒冷，一些城市夏季较短，导致适合游客出游的季节相对较短，旺季主要集中在夏季，无法像南方城市那样开展全年旅游接待。

此外，西北地区整体属于旱半干旱地区，缺水，植被覆盖率较低；由于受水资源制约，城市生态建设难度极大。因此，尽管丝路历史文物和民俗等资源在全世界享有很高的声誉，但过于荒凉，游客乏味疲累。

第三节　经验借鉴

一、国外城市旅游经验借鉴

（一）美国纽约经验

纽约，超大型城市，世界知名旅游城市。由于联合国总部位于纽约，纽约又称“世界之都”。旅游业不但刺激了纽约经济，也传播了美国文化。以就业为例，美国侨报网曾经报道，旅游业为餐饮业和其他行业创造了成千上万个就业岗位，尤其是食品和酒水消费增长加快，餐厅和酒吧行业出现了爆炸式增长态势。

自身经济发达是吸引力之一。纽约在服装、出版、艺术、金融、证券、建筑、科学研究等方面走在世界前列，加之交通和服务业发达，集聚了全世界各类客商和公务出差者，旅游业不发展都难。

纽约旅游吸引力之二是博物馆建设较好。第一，数量极多，有人用“不计其数”来形容；第二，级别高，代表性的有大都会艺术博物馆（Metropolitan Museum of Art）、布碌仑博物馆（Brooklyn Museum），在世界上有很大影响力；第三，藏品多。雕塑、美术、绘画应有尽有；第四，藏品价值高。有很多精品、绝品。以绘画艺术为例，莫奈、梵高、毕加索等名人作品很多，对艺术研究者吸引力可想而知。

景观美、项目多是纽约吸引游客的第三个影响力。图书馆、公园、博物馆、学校、商厦、雕塑遍布全城，受欢迎标志景点很多，代表性的有帝国大厦（Empire State Building）、自由女神像（Statue of Liberty）、中央车站（Grand Central Terminal）、洛克菲勒中心（Rockefeller Center）、华尔街（Wall Street）、泰登岛渡轮（Staten Island Ferry）、美国自然历史博物馆（American

Museum of Natural History）、布鲁克林大桥（Brooklyn Bridge）、纽约大都会博物馆（Metropolitan Museum of Art）、时代广场（Times Square），整个城市富有活力。夜生活和娱乐项目很丰富，游客到此绝对不会感到乏味单调。

（二）韩国首尔经验

首尔，韩国首都，韩国第一大城市，是国际性旅游城市之一。数据显示，赴首尔的入境游客数量不断增加，其中中国游客数量最为庞大。首尔城市旅游发展模式也非常成功。

首尔对文化旅游资源的利用挖掘值得借鉴。首尔作为世界知名城市，拥有独特而深厚的历史底蕴，文化气息浓厚。首先，首尔保护和保留了历史文化遗产，知名的有昌德宫、宗庙等，目前已经成为世界文化遗产。其次，首尔开发建设了很多专题馆、艺术馆、历史馆、文化馆、博物馆、陈列馆，在展示文化的基础上，针对旅游者偏好，大胆引用高科技技术，将声、光、电展示手段介入其中，使旅游者可以愉悦地感受历史文化。最后，首尔积极举办多种文化陈列与展览活动。最有名和最受好评的莫过于王宫守门军换岗仪式。开发者依据文献记载，在德寿宫大汉门再现了当时负责开关宫门、守卫及巡逻任务的守门将士的换岗仪式，吸引了众多旅游者，旅游者在感到新奇的同时也了解了韩国文化，有一举两得之妙。

影视旅游发展较好。第一，拍摄了大量家庭主题类电视剧，以细腻和细致打动全球观看者，获得知名度和美誉度；第二，针对市场，将《来自星星的你》等影视剧本转化为旅游项目；第三，政策支持。韩国政府不断放宽旅游签证政策，吸引外国旅游者来韩旅游；还举办韩国购物优惠季活动，设置大量免税购物区，拓展了旅游市场；第四，拉长产业链条。没有局限在观光层面，而是在影视取景地建设新型景点，打造旅游线路，推出“啤酒＋炸鸡”等特色餐饮，使韩剧文化以新的模式与游客见面。

大力发展医疗整形旅游。韩国医疗技术发达，尤其是具有众多医疗整形医院，这些医院医疗水平较高，经验比较丰富。第一，针对全球需求，充分利用医疗资源，强化整形技术，使其得到游客的认可；第二，组成医疗旅游协会，使其具体参与市场推广；第三；细化旅游服务。在项目宣传、手术质量、服务咨询、患者接送等方面做到了人性化、精细化，受到好评；第四，开展规划。在江南区专门建设“整容一条街”，增强了医疗旅游竞争力。

非常重视休闲旅游。一是在汉江与有“一条改变首尔命运的河流”美称的清溪川上推出特色水上项目，满足居民休闲需求。二是建设主题公园。其中，首尔乐天世界以规模之大在全球获得很高的知名度，并打破了吉尼斯世界纪录，同时避免了冬季寒冷、夏季炎热而引发的季节不均衡问题，吸引大量旅游者前来游玩。

二、国内经验

1. 海口

海口市，海南省省会，由于以椰树闻名，也被称为“椰城”。海口发展旅游的条件很好：一是位置优越。毗邻港澳台、东南亚，处于华南经济开发带前沿位置，地理区位优势明显。二是气候优势。海口三面环海，夏季凉风习习，冬季温暖如春。三是环境优势。海口空气质量好，水质优，拥有适合旅游的阳光、海水、沙滩、绿色、空气、温泉等要素。生态指标指数较高，适合开展养生旅游。四是海口旅游资源丰富度高。不但有海洋、蓝天、植被，还有历史人文积淀、现代建筑与国际活动，特色旅游商品琳琅满目。五是交通便捷。海口美兰机场已开通国内国际航线 70 多条，是国内十大航空港之一。海上交通发达，有 40 多艘客轮往返于大陆沿海和港澳台。

海口市政府联合琼海等市县共建“7 + 1”大琼北旅游联合体，共同打造大琼北旅游经济圈，尤其是信息共享方面很有实效。另外，海南被定位为国际旅游岛，在落地签证等方面有具体优惠，使境外旅游得到快速发展。

2. 贵阳

贵阳市，贵州省省会，地处高原欠发达地区，但近年来贵阳经济发展势头强劲，旅游业发展风生水起。作为新崛起的旅游城市，贵阳的有些做法值得西北丝路沿线城市学习借鉴。

第一，宣传口号响亮。和北京、上海、广州等城市相比，贵阳没有拿得出手的经济建设成就；和西安相比，没有历史优势；和苏州、杭州相比，没有山水景观优势。但贵阳巧妙地利用了气候特征，塑造了“爽爽的贵阳”形象，吸引了无数游客。

第二，会展和赛事旅游较好。2012 年修建了中国一流的贵阳国际会展中心，使城市成为会展之城。先后举办生态文明贵阳国际论坛、中国（贵州）国际酒类博览会、亚洲青年动漫大赛等展会，影响不凡。贵阳对体育赛事举办特别热衷，成功举办过拳击大赛、足球赛、围棋赛、山地自行车赛、越野锦标赛等赛事。这些活动吸引了全世界知名政要、经济学家、科学家、企业家、新闻记者前往，节会、赛事举办期间宾客云集，带动了住宿和餐饮业，拉动了城市经济的发展。

第三，大数据产业带动旅游。贵阳找到了城市崛起点——大数据产业，通过园区建设和大数据公共平台经营塑造了城市品牌。

第四节　对策建议

一、加强旅游人才队伍建设

第一，提升人才建设理念。人才是决定事业成败的最重要因素之一。城市发展离不开人才，城市旅游发展中的一切环节，包括旅游资源普查分析、规划策划、景区建设、形象传播、产品营销等，都离不开高素质的专业人才，尤其离不开会干事、能干事和想干事的人才。各级各类领导和管理者一定要转变观念，改变认识，对人才建设给予高度重视。

第二，制订人才队伍建设规划与方案。城市相关职能部门需要开展实实在在的调查研究，对人才数量状况、结构特征进行深入分析，找出存在的突出问题，进而形成具体应对方案和策略，否则对策就会脱离现实，流于形式。

第三，培养人才，用好人才。针对人才不足的现实，加大资本投入，通过项目或者其他形式，与相关大学、旅游学院、职业技术学校、企业等开展合作，加快培育人才队伍；通过对外招聘人才，吸纳一批经验丰富、学历高、年富力强、有创业创新能力的人才，促进产业发展。同时，加大对乡村旅游人才的培训力度，使其掌握基本的法律法规、服务礼仪，提升标准化水平；对非遗传承人才、民间艺术传人、乡土艺术家等，千方百计提高待遇。对管理人才，要做好选拔与培养，做到走出去学习与请进来提升相结合，提升管理的专业化水平。只有形成一批总量充足、结构合理、业务过硬的旅游人才队伍，才能提升城市旅游品位。

第四，对人才建设成效进行具体评估考核。年度考核中要设置专题，具体分析进展，对工作态度不端正、举措不力、绩效不达标者，坚决予以处罚，以制度促进人才建设，切实提高旅游从业人员整体素质，为旅游发展提供坚实有力的人才支撑。

二、改善基础设施和生态环境

针对基础设施不完善以及生态条件不佳等状况，应采取如下举措加以解决：

第一，加快发展城市经济。在现有基础上，优化产业结构，发展特色经济，提升城市经济实力，为旅游发展提供保障。

第二，提高交通建设质量。将城市旅游开发与城市基础建设相结合，加快地铁建设进程，加强乡村公路建设，加开国际航线航班，在河西走廊、南疆地区等规划建设高铁，做好旅游硬件配套设施建设，扩大自驾车营地建设，确保旅游者“进得来、散得开、出得去”，使丝路旅游成为名副其实的自驾游天堂和户外体验新高地。

第三，提升区域旅游环境承载力。落实国家生态环保红线，做好环保评价，对生态有破坏的项目坚决下马；在旅游旺季，提前做好遗产型景区承载力测算，采取多重方式有效缓解景区接待压力，实现景区生态效益、经济效益和景观效益相结合。

三、强化旅游宣传营销

第一，增强宣传营销意识。酒香也害怕巷子深，好酒也需要吆喝，企业或政府不但要实干，也要学会吆喝，为自己喝彩，增强城市知名度。

第二，制订城市旅游宣传营销规划与方案。目前规划编制多倾向于塑造城市形象，对具体方案重视度不够，因此需要对丝路沿线各城市整体形象进行研究策划。

第三，开展多样营销。利用专项资金，借助事件营销、项目营销，充分利用传统媒体与新型媒体手段开展营销；必要时聘请专业营销策划公司开展营销。

第四，采取国际化营销。“一带一路”倡议下，应加强对丝路沿线国家的营销，由此需要企业深度研究入境市场特征、规律与趋势，了解其市场诉求与旅游偏好，对满意度进行调研分析，然后结合需求，因人而异，推出旅游产品。建立健全旅游市场宣传促销体系，坚持以政府主导、企业主体、市场为导向，提高丝路沿线城市旅游的国际市场吸引力和竞争力。

第五，注意国内省内市场。城市客源市场包括国内市场、国外市场、出境市场等，海外市场要力求拓展，国内省内市场也亟待促销与开发，可以推出“本地人游本地”活动，制订相应旅游营销策略，如借鉴敦煌做法，出台各项优惠政策，实施“套票赠游客”“学子免票游”“全市景区优惠游”“宾馆饭店半价住”“百万陇人看文博”“千家社团组客游”等特色活动，逐步拓宽城市旅游客源市场。

四、挖掘文化内涵培养产品特色

第一，塑造特色。没有“特色”，没有吸引游客的吸引物，旅游就会失去灵魂。在城市旅游资源开发中，要从现代旅游心理学发展趋势切入，寻找城市区别于其他城市的亮点所在，并淋漓尽致地加以展现。目前丝路沿线旅游城市都推出了历史文化、民俗文化旅游，但由于可模仿性强，雷同度高，主题不够突出，游客到访和重游率较低，且游客美誉度不高。化解之道无非两个：寻找差异；放大自我特点。形象模糊的城市要力求凸显其特色，如兰州城市旅游资源具有多样性特点，但和周边城市相比，在红色文化、乡村文化、山水文化、宗教文化、工业文化等方面不具备优势，特色应该体现在丝路历史文化、黄河文化、拉面文化等方面，同时体现出娱乐性和时代感。老牌旅游城市要力求梳理新亮点，如敦煌在推出壁画展览的同时，要创新发展体验、休闲、运动、康体产品，打造饮食、服装等品牌，丰富城市旅游产品种类，吸引各类群体游客。

第二，强化旅游产业与其他产业的融合发展。旅游业涉及多个行业、产业和部门，要利用产业特性放大这一优势，如采用“互联网 +”的思维方式，做好大数据平台建设，策划、组织、推广和运营城市，扩大受众面和影响力，同时提供在线参与、虚拟体验、线下预定等服务；推出社区旅游，打造旅游社区，将城市社区建设和旅游融合发展。

第三，对文化做细腻展示。避免粗放利用，在系列化、规模化上有所突破。如丝绸之路出现过很多历史名人，目前的开发利用多是雕塑模式，但往往小而零散，无法获得整体感知，如兰州市在五泉山建设了霍去病雕塑，虽有新意，但对丝路文化挖掘不够，建议在黄河沿岸推出大型名人群雕，其效应不言而喻。

第五章 丝路城市旅游发展专题分析

第一节 医疗旅游发展态势及模式

一、背景分析

在 2012 年，有两条关于旅游的信息引起了世人的关注。第一条是 2012 年 11 月 14 日《法制晚报》的报道（作者：王进雨、黎史翔），消息称：今晨，总部在巴黎的全球领先的市场研究集团益普索在全球 24 个国家对 18731 人进行了调查，结果发现：约 1/3 的人欣然接受医疗旅游，愿意到国外享受便宜的医疗服务；18% 的人完全会考虑到其他国家接受医疗诊断，36% 的人表示可能会考虑，对医疗完全说不的人只占 16%。第二条是韩联社报道，消息称：到韩国进行医疗旅游的中国人剧增，2011 年为中国人发放的医疗旅游签证达 107 万份，比 2010 年激增 386%。

上述两条新闻直接涉及旅游经济发展中的一个新现象——医疗旅游，即根据旅游者健康和病情需求，在游览区推出健康管家服务，进行有效的健康管理，是将旅游和健康管理服务结合起来的一种形式。按照世界旅游组织的定义，医疗旅游是以医疗护理、疾病与健康、康复与休养为主题的旅游服务。从广义上讲，医疗旅游是指一切能为旅游者健康做出贡献的旅游活动，具体包括疾病治疗类医疗旅游、整形美容类医疗旅游、养生保健类医疗旅游，这类旅游是以延年益寿、强身健体、修身养性、修复保健为主要目的，以生态养生环境和养生民俗文化为依托，以观赏、康体娱乐、生活体验等活动为主要方式的休闲旅游活动。

目前，我国医疗旅游还处于起步阶段，仍然是一个不被人熟知的“冷门”，由于“健康、长寿”是人们永恒的话题，所以其开发前景十分广阔、诱人。2011 年，《博鳌亚洲论坛亚洲经济一体化进程 2011 年度报告》指出，亚洲已成为全球最富有潜力的医疗旅游服务市场。专家预计，中国有望成为下一拨医疗旅游的热门国家。受一系列因素影响，我国医疗旅游市场发展具有动态不稳定性。这里主要分析四个因素。

一是人们消费观念与旅游偏好转变。现在的旅游者已不满足那种“下车看庙，上车睡觉”的观光旅游，这样的旅游不仅没有达到放松身心的目的，反而让人劳累不已。在“花钱买健康”观念得到认可的时代，追求健康与快乐的医疗旅游逐渐成为“买健康”的一种方式。二是费用问题。据悉，心脏手术在美国需要约 3 万美元，在新加坡需要约 1.7 万美元，在印度则少至 1 万美元。出国医疗旅游，花一样钱，享受“治疗 + 旅游 + 其他”多种体验，充分体现了医疗旅游的经济实用性。三是医疗水平问题。韩国的整容、匈牙利的牙科都有自己的特色之处，比如，韩国整形“微创”概念深入人心，手术更安全，整形致伤亡的案例在韩国较少发生。一些韩国影星就是活生生的例子。爱美是女性的天性，这就不难解释很多人对此项目趋之若鹜。四是替代品数量。人们对健康的诉求在某种程度上是独特的，是无法替代的，相比于人们对健康的强烈诉求，健康的旅游产品供应不足，我国在这方面的供给短缺问题尤为严重。

总体上看，中国发展医疗旅游充满了机遇，我们可以使用旅游经济学相关理论进行分析。需求函数模型认为，决定医疗旅游需求的主要因素是收入、人口、价格、偏好和预期。从收入看，1978 年以来，中国经济以 GDP 年均增长 8% 的速度持续高速发展，时间达 30 年之久，居民用于旅游消费的收入持续增加。从人口看，中国拥有 14 亿人口，是世界上最大的旅游客源国，也是世界上最主要的入境旅游接待国，市场规模巨大；从全球范围看，人们对医疗旅游的呼声越来越强烈，全球约有 1/3 的人有医疗旅游需求。从价格看，中国消费品价格相对较低，具有可接受性。从偏好看，中国的自然疗法、针灸、推拿、足浴及中药美容疗法在发达国家备受青睐，越来越多的国外游客在安排旅游计划时，对尝试以中医药保健为目的的“健康游”十分感兴趣，想在游玩后接受中医康复治疗，或在旅途中学习中医保健知识。从旅游需求函数模型看，决定旅游消费需求的主要因素是收入、闲暇时间、动机、健康等，通俗点说就是“有钱、有闲、有欲、有身体”。收入因素前面进行了分析，不再赘述。闲暇方面看，我国假日制度不断改革，居民休闲时间越来越多；旅游动机看，现代人竞争压力大，无论是精力还是体力都很疲惫，渴望得到休闲放松。所以“医疗旅游”这种新兴旅游方式很受推崇。根据市场原理，这种供求矛盾会逐渐趋于缓和。

中国养生文化悠久独特，医疗旅游前景相当广阔。比如，雪域高原的藏医藏药、蒙古高原的蒙医蒙药、长江流域的三峡土医药、塞上江南的回医回药、维医维药、苗医苗药等，都很著名，自成体系。中医推拿、经络按摩、拔罐、耳疗、排毒、熏蒸、芳香理疗、中医药美容等项目，也能颐心养性，改善人体健康状况。

说到医疗旅游，就不得不谈及辨证论治、阴阳五行、脏腑经络等中医学文化。辨证论治通过望、闻、问、切收集辨证素材，以判别疾病，探求病因，确定病位，预测疾病发展趋势。中医有几千年的实践经验，有万种以上中医古籍，有数千种自然药物可以使用，有数万种药物配方可供参考选择。中国养生文化的特点可概括为：形神兼顾，养神为先；虚静养神，凝神益智；顺乎自然，物我合一；强调中和，注重节制；中国传统养生法的途径包括调畅神志、运动躯体、适应环境、调理饮食、气功修炼等；儒释道三家皆对养生各有所长，道家提倡人的养生要像世间万物一样适应和遵循大自然规律，儒家提倡靠个人修养来调节自我，佛家养生强调心气舒畅、神情安泰、身心健康，从而获得静虑解脱的大智慧。这些传统养生方法及理念与医疗旅游极其吻合，西医对此望尘莫及。

二、发展态势及建议

丝路沿线城市在发展医疗旅游方面具有一定优势：一是地域广阔，多样地理空间催生多样养生文化和项目。二是特色性很强。如新疆多沙漠，尤其是吐鲁番号称中国火炉，夏季气温很高，白天地表温度可达 70－80℃，这样的环境有利于开展沙疗，治疗关节炎等疾病；新疆地区有一家医院擅长治疗白癜风等疑难杂症；甘肃出产厥麻、党参、黄芪等特色养生保健佳品，兰州重离子加速器治疗癌症技术在全球处于领先地位；甘肃省中医院老中医李少波总结传承的“真气运行法”是道家养生文化之精华，使许多人在绝望中获得新生；维吾尔医药学中的《福乐智慧》《突厥语大辞典》等是珍贵民族文化遗产。三是医疗旅游与历史文化、民族文化、宗教文化等紧密结合。如甘南藏传佛教，陕西、甘肃道教文化中的武术、音乐等元素，便于转化为项目，有助于拉长消费链条。

医疗旅游取得很大的成绩：一是发展医药康体旅游的理念初步形成。原来偏好历史文化旅游，现在开始适应新需求，规划建设新业态、新品牌，医药康体旅游进入视野。二是形成一批示范基地。2018 年国家文化和旅游部、国家中医药管理局公布了第一批国家中医药健康旅游示范基地创建单位，入选单位与机构有甘肃灵台县皇甫谧文化园、庆阳岐黄中医药文化博物馆、陕西秦岭药王茶文化产业园、中国秦岭乾坤抗衰老中医药养生小镇、青海祁连鹿场和青海省藏医院等。三是知名度得到提升。沿线藏医藏药、维吾尔医药等被外界所认知，和瑶医瑶药、蒙医蒙药齐名。

丝路沿线城市具备发展此类旅游的条件，有的城市还具有先天优势，医疗文化博大精深，极具开发价值。但目前还处于起步阶段，存在一些问题：一是人们观念的影响。一些本土医药技艺得不到外界或国际认可，尤其是“西方中心主义”观点持有者或海归派持不信任及怀疑态度。以甘肃兰州“真气运行法”为例，已经有很多患者通过锻炼使身体素质得到提升，有关部门也做了大量实验，但受传统观念以及 20 世纪 80 年代“气功热”等影响，其认可度不高。二是宣传推广不够深入。对武术、推拿、针灸、按摩、医药等项目宣传不够，对具体功效缺乏真实披露，医药项目难以被外界接受。三是配套设施不够健全。由于缺少外界支持，配套设施不能满足医疗旅游大军需求。四是发展比较散乱。目前没有开展具体的规划，无法进行有效整合。五是专业人才不足，相关学校、机构、景区不足。

从医疗旅游发展趋势可以看出，丝路沿线城市有望在医疗旅游方面有所发展，但应解放思想，在产品、技术、人才等方面予以重视，立足市场需求和地方特色，推出专项组合医疗旅游产品。

第一，将多种医疗方式与独特民族风情、特色文化、娱乐活动相结合。比如，在开展藏医藏药旅游时，可把医药治疗活动与学藏语、跳藏舞，穿藏服等民间节庆活动结合起来，使旅游项目更加丰富多彩。

第二，凸显医药健身文化。以传统中医药文化为载体，以追求“健康、长寿”为宗旨，传达医学理论思想和生命价值观，将医药文化与旅游融会贯通，彰显当代养生内涵。

第三，开发多样化养生项目。在医疗条件尚未有太大改观的条件下，不妨先从养生做起，比如，开发养生植物园，在园内设计游步道，让游客在游园过程中，在大自然中吐故纳新，提神醒脑，消除疲劳，愉悦身心，防病保健；开展膳食美容、太极强身、气功疗养等项目；借鉴北京的做法，建立医药旅游医院；借鉴咸阳模式举办国际旅游保健节等。

第四，联动发展。政府、医疗机构平台、旅行社、各大医院等开展联动，整合资源、人才、技术等核心要素，形成集团化优势。

第二节　房车旅游发展态势及模式

一、背景分析

早在2012年就有房车旅游信息吸引了学术界和产业界的关注。

新华网报道：2012 年 11 月 9 日，长三角旅游合作联席会议召开，上海旅游局代表三省一市发布《长三角房车旅游发展大纲》，初步设计了长三角房车旅游的 5 条主干线，组合了苏浙沪皖范围内极富特色和代表性的精品景区、景点。5 条主干线分别是：杭州湾历史文化旅游线、古运河风情文化旅游线、环太湖水乡风情旅游线、滨海海韵渔情旅游线和名山名水生态旅游线。先推行 2 条试点线路：一是上海经杭州、临安、黄山、上饶至景德镇，沿线有杭州大清谷房车营地、香茗自驾车营地、谭家桥自驾车营地等；二是上海经苏州、无锡、镇江、扬州、南京、芜湖、宣城、湖州、嘉兴，最后返回上海，沿线有苏州凯普房车（自驾车）营地、周庄自驾游基地、无锡灵山胜境自驾游基地、无锡马山太湖国家旅游度假区等营地。

21 世纪房车网报道：2012 年 8 月 9 日，第五届北京国际房车露营展览会在北京房山房车展览中心隆重召开，展会为期 4 天，开展了中国房车露营旅游发展论坛、中国房车露营大会车友沙龙、中国房车露营大会多彩之夜、“加油奥运”房车北京巡游等活动。此外为配合活动，让更多人参与其中，组委会还举行了不周山休闲钓鱼大赛，并设立了中国房车达人、房车旅游宣传大使等奖项。展览会参展商近 200 家，400 款房车联袂上阵，全国各地媒体 500 家，观众 40000 人，成交额近 3 亿元，并有多位省市领导莅临参观考察。

通过这两则新闻可以看到，房车旅游在中国已经兴起并逐渐发展壮大，但是房车旅游在丝路沿线城市到底发展如何呢？

房车可以理解为汽车上的“家”，是当前兴起的一种旅游产品，房车既是车也是房，虽小却包含了日常所需的家用设备，有厨房、卧室、休息室、浴室、会议室，配备有空调、彩电、VCD、冰箱、微波炉、煤气灶、沐浴器、双人床、沙发、天然气、自来水、供电系统，是集吃住行游娱为一体的汽车，具有灵活、方便、舒适、体验性强等特点，适合短途城郊游和中长途自然体验游。房车主要有自行式房车、拖挂式房车等类型。房车营地是满足房车生活补给和供人休闲娱乐的场所，设有停车位、饮用水、照明电补给、排污和安全防卫等服务，是房车长时间运行后的停靠点和服务站，它的功能分区包括停车区、生活区、娱乐区、商务区、运动休闲区等，分为山地型房车营地、海岛型房车营地、湖畔型房车营地、海滨型房车营地、乡村型房车营地、森林型房车营地。房车旅游则是房、车和旅游三者的集合，以房车为载体，具有个性化特征。

丝路沿线地域发展房车旅游有一定的可行性：一是经济可行。一项调查显示，与其他旅游方式相比，相对于一个四口之家来说，驾驶房车旅行比小汽车旅行要节省 50% 的费用，比乘飞机要节省 75% 的费用，如果是 6 人座的房车坐满后则比住酒店更划算；中国富裕阶层兴起，这类旅游产品的消费前景变得广阔；房车的替代品有游艇、私人飞机等高端产品，但相对而言，房车的体验性更高且更实惠。二是自然环境和资源可行。丝路沿线地区旅游资源丰富，民族文化的多样性和可参与性强，自然景观类别多，旅游体验性更加优越。三是市场条件可行。在中国经济发展的浪潮下，中产阶级成为这类产品消费的潜在主力军。据统计，到 2020 年中国的中产阶级将占人口总数的 40%，这是一个巨大的潜在客源市场。同时，中国已进入老龄化社会，“银发”市场所向往的休闲慢生活方式也正是房车旅游的巨大客源。四是社会环境可行。休闲旅游和体验性产品已经成为新时期旅游发展的趋势，崇尚个性化和自由舒适是现在与未来的发展轨迹，房车旅游实质上就是放松生活，是体验小团体乐趣的一种很好的表现形式。此外，2012 年全国两会上，时任全国政协委员、上海市副市长赵雯向全国政协第十一届五次会议提交了《关于促进我国房车旅游发展建议》的提案，建议编制房车旅游发展总体规划，规范房车营地建设，完善房车租赁体系和房车旅游信息服务平台。“十三五”旅游业发展规划也专门谈到房车旅游。房车旅游的发展环境已经具备。五是有经验借鉴。2012 年，国内旅行社组织的“行走川藏大北线房车团队游”，把我国最美的景观大道 317 国道精华段川藏线设计为团队行程，全国仅售 12 席，产品报价约 16000 元，产品一上线迅速售完。其经验可供学习。六是具有特殊品质。游客驾驶房车可以彻底走向田野，走向大自然，体验大漠雄浑、高原壮美的风景。

二、发展态势及建议

存在的制约如下：一是理念因素。西方人偏重于休闲旅游行为过程，国人则侧重“苦旅”之后对旅游景点的游览，这使得房车旅游的观念还没有被广大消费群体接受。房车旅游的宣传推广工作还不够深入，没有引起中国中产阶级群体的注意。对房车旅游究竟是怎么一回事了解的人不多，大众观念仅仅停留在高消费这一层次上，而房车旅游实质上是亲近自然、放松身心、休闲度假、享受自我生活这一理念却没有得到宣传。房车旅游这一休闲化产品的市场营销宣传力度不够，轰动性、大手笔的宣传造势推广活动几乎没有，巨大的房车旅游潜力市场没有得到引导和挖掘。二是配套法规和服务不健全因素。房车分为自行式房车和拖挂式房车，目前拖挂式房车不予上牌、不允许上高速；按现行机动车准驾车型分类，只有具备 A2 驾驶证的驾驶人员才能驾驶牵引车，而持有这一驾驶证的人很少，且这一类驾驶证申领条件非常高；安全救援和保险等方面尚不完善，专门针对房车旅游的保险产品较少。此外，房车的养路费、高速公路费如何缴纳，可以行驶哪些道路，都还没有明确的规定。这些都给消费者购买房车及参与房车旅游造成了困惑，影响了房车旅游的大众化普及。另外，我国国内房车生产商对进口技术和零部件的依赖度高，导致房车购买及维护价格居高不下，房车企业大多被纳入到专用车的管理范畴，使生产商务和家用房车企业在经营资质、技术标准、销售体系等环节面临很大局限。房车租赁审批手续不便捷，业内没有统一的租车标准。一些地方还存在对车辆保有量、房车营地土地使用、特种车运营方面的限制等。三是房车营地建设滞后因素。房车是移动的家，房车营地是移动之家的停靠点。房车旅游是自驾车旅游的重要形式，房车的外形、内部功能以及停靠不便的特点，决定了房车旅游比一般自驾游更依赖于营地服务。目前国内营地建设处在初级阶段，数量少，规模小，只提供简单服务，缺少信息网络服务系统、医疗等安全保障。此外，异地还车的缺失使得房车旅游的灵活性有所减弱。同时，发展不平衡，营地主要集中在环渤海地区和西安等地，不具规模又不呈网络，很难真正发挥作用；缺乏成熟的市场运作经验，许多营地设计都不够专业，这些都影响了房车旅游质量，进而造成了房车旅游发展缓慢。四是房车旅游对消费者收入有较高要求。目前，相对于国内消费者可自由支配收入水平，房车价格仍然过高，属于“奢侈品”范畴，多数是投资性购买，主要用于商务接待、影视剧组拍摄等。房车租赁价格很高，与自己驾车入住宾馆相比，多数消费者还是选择了后者，消费能力不足使房车难以进入大众消费市场。五是道路状况因素。目前，大多数景区的道路状况不太适合房车通行。

发展建议：第一，提高公众对房车的认知度，形成房车旅游理念。一是依托游走草原、沙漠、丝绸之路等旅游线路进行宣传。二是依托城郊休闲游开展房车试驾形式的宣传体验活动。三是依托房车俱乐部、车友会等开展宣传推广活动，以此来强化社会公众对房车的认知，扩大房车旅游的正面效益。旅游部门也可以适时把“房车旅游年”或者“自驾旅游年”作为主题，通过丰富多样的宣传营销手段和主题活动，把房车旅游进一步推向社会。第二，完善政策法规和房车租赁体系。进一步完善、简化房车营地建设审批手续，在配套设施、排污、电讯、供水等方面给予支持，在用地上给予优惠，加强安全管理；大力发展房车租赁业，通过国家政策扶持、生产商与旅游企业合作降低房车租赁价格。第三，合理规划房车旅游目的地。要先规划后开发，不可盲目建设营地，以免浪费资源。首先，需要邀请专业团队，编制房车旅游发展规划，科学布局，合理建设；其次，保障质量，要按照质量标准和规范有序推进，尤其要解决道路通畅性、设施完善性、服务优质性等问题，重点配备配套设施。最后，要量力而行，不可好大求全，同时要形成符合市场需求与具有地方特色的旅游发展模式。

第六章 个案分析

第一节 兰州个案分析

一、兰州旅游发展历程概述

兰州，简称“兰”，也被称为“金城”，为甘肃省会城市。回顾兰州旅游业发展，可将其大致总结为五个阶段。

（一）早期萌芽阶段

考古结果显示，早在5000年前兰州就有人类居住生活，繁衍生息。西汉正式设立县治，隋初改置兰州总管府。伴随丝绸之路开拓发展，来兰州从事军事商贸、科考交流者络绎不绝。这为今日大规模旅游产业发展奠定了基础。

（二）初步发展阶段

1949－1978年，由于特殊的国际国内环境限制，中国旅游业虽有起步，但局限于国际友好往来和事业单位接待，严格来说不完全属于产业。兰州市旅游业发展也是如此。

（三）产业发展阶段

1978－1998年，伴随国际形势缓和，国家将工作重点转移到经济建设方面，旅游业具备了发展环境。兰州市顺应局势，开始宣传旅游，力求将旅游事业转型为旅游产业。与此适应，城市旅游业开始成为国民经济和社会发展的基本内容，旅游业经济地位有所提升。

（四）大力发展阶段

1998年以后，国家开始将旅游业作为国民经济新增长点加以培育。在此背景下，兰州市对旅游业的支持力度有所加大，景点景区建设增多，宣传投入加大，但相比其他城市，兰州市依旧属于后发展城市，旅游业实力较弱。

（五）快速发展阶段

2012年以后，兰州市旅游发展迎来了新的机遇：一是国务院批复设立兰州新区，城市发展空间得到极大拓展，国家投资增多，城市旅游业发展有了新的机遇。二是城市地铁的规划建设，有助于缓解城市交通拥堵。三是兰州市空气污染治理取得很大成绩，旅游环境得到优化，对外形象提升。四是《金城兰州》纪录片在央视播放，提升了兰州知名度；五是宝兰高铁贯通，兰州交通格局发生大变化，旅游发展可加入性极大提升；六是甘肃省人民政府对旅游业发展高度重视，规划建设文化旅游先行发展示范区，兰州市对城市文化旅游投入加大；七是兰州申报国家级历史文化名城工作进入新阶段。这些机遇叠加在一起，使得城市旅游发展呈现强劲上升趋势：一是产品类型不断丰富，观光游览、休闲、商贸、科考研学、乡村民俗等专项旅游产品体系逐步具备雏形。二是经济效益提高，旅游接待人数、旅游总收入逐年增加。三是兰州新区陆续推出民俗街、影视城等一批新项目，空间结构优化。四是行业规模不断扩大。景区景点、自然保护区、森林公园、A级旅游景区、星级旅游饭店、旅行社、旅游车船公司、旅游购物商店、旅游餐馆等旅游企业增多，旅游直接或间接从业人员增多，旅游线路增多。五是旅游美誉度、知名度有所提高。兰州被评为“中国旅游品牌魅力城市”“中国十佳避暑旅游城市”“丝路夏宫”。

二、兰州旅游发展条件

（一）优势分析

优势之一：丝路大节点，甘肃之省会。

兰州为中国大陆几何中心城市、丝绸之路重要节点城市，地理位置优势显著，可西去新疆，东去中原地区，南下四川，北上内蒙古、宁夏；兰州是甘肃省会城市，是甘肃政治、经济和文化中心；城市人口众多，将近400万；高校林立，有兰州大学、西北师范大学、兰州交通大学、兰州理工大学、甘肃农业大学、西北民族大学、兰州财经大学等高校，大学生市场规模较大。这些为发展探亲旅游、研学旅游、商贸购物奠定了基础。

优势之二：黄河穿城过，滨水景观好。

兰州是中国境内黄河唯一穿城而过的城市，在丝路沿线城市中独一无二。兰州可依托黄河，挖掘黄河文化资源，打造旅游品牌。兰州推出了黄河母亲雕像、黄河铁桥、水车园等景点景区，极具知名度。这有助于塑造城市形象和提升市民休闲游憩生活质量。

优势之三：夏季好凉爽，避暑好胜地。

由于位于高原地区，黄河穿城而过，兰州夏季气温不高，与气温较高的城市如三亚（31℃）、南京（32℃）、武汉（33℃）、重庆（34℃）相比天气温和，冬季与气温较低的城市如哈尔滨（－24℃）、长春（－20℃）、银川（－14℃）、呼和浩特（－17℃）相比冬无严寒，夏季温度在14℃－27℃之间，非常适合避暑，可与贵阳、西宁、拉萨媲美。如图6－1所示。

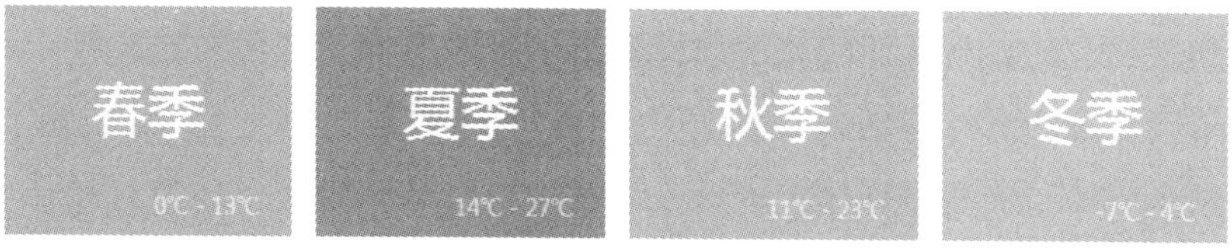

全年平均气温	一月	二月	三月	四月	五月	六月	七月	八月	九月	十月	十一月	十二月
日均最高气温(℃)	1℃	6℃	13℃	19℃	24℃	28℃	29℃	28℃	23℃	17℃	9℃	3℃
日均最低气温(℃)	-11℃	-7℃	0℃	6℃	11℃	14℃	17℃	16℃	11℃	5℃	-2℃	-9℃
平均降水总量(mm)	2	2	8	17	37	41	61	78	45	24	4	1
平均降水天数(天)												

四季天气	春季	夏季	秋季	冬季
日均最高气温	13℃	27℃	23℃	4℃
日均最低气温	0℃	14℃	11℃	-7℃
平均降水总量	9mm	46mm	43mm	2mm
平均降水天数				

图 6－1　兰州四季天气和气温

（二）劣势分析

劣势之一：腐败大案多，软环境不好。

近年来，甘肃腐败大案要案不断，苏荣、王三运、陆武成、虞海燕等一批曾在兰州担任要职者相继落马。这些人在兰州工作时间长，社会影响极其恶劣，对兰州投资、创业、发展环境造成极大破坏。

劣势之二：周边大发展，面临边缘化。

兰州具有重要的地理位置优势，本应依托交通优势、地理优势，成为重要旅游目的地，但受多方面要素制约，兰州没有发展成为重要旅游集散地；虽然推出了“中国西北游、相约在兰州”的旅游宣传口号，但现实却极其尴尬：永靖和甘南以刘家峡水库、拉卜楞寺、桑科草原、冶力关等景区闻名；东边景泰县黄河石林、天水麦积山、平凉崆峒山知名度很大；河西走廊内，嘉峪关长城、酒泉航天城、方特主题公园、敦煌莫高窟、鸣沙山—月牙泉游客云集；青海有青海湖、塔尔寺，宁夏的沙坡头、沙湖、水洞沟、西部影视城、西夏王陵早已西北知名；陕西西安更以兵马俑、华清池、骊山等景区景点世界知名。可以说，周边城市、县域及地区拥有独特景观优势，而这恰恰是兰州所没有的，给兰州的旅游发展带来很大的压力，甚至构成威胁。

劣势之三：资源类别多，级别不太高。

城市旅游发展离不开旅游资源。兰州历史悠久，有多个少数民族居住生活，黄河穿城而过，虽然“听头说头”很多，但实际上都是传说或故事，资源载体少。民族文化视角看，兰州有多个少数民族，但毕竟不是民族自治区，文化特色无法与宁夏、广西、新疆少数民族文化相比；民俗文化视角看，黄河沿岸居住人口数量多，但黄河民俗在现代化进程中保留传承并不好，不如周边永靖县、景泰县；山水景观方面，虽然拥有五泉山、北塔山、兴隆山等景点，但无法与三山五岳相提并论。资源级别不高直接影响了城市旅游形象的构建。表 6－1 所示为兰州旅游资源一览表。

表 6－1　　兰州旅游资源一览表

基本类型	代表性资源
遗址遗迹	红谷古生物化石遗址、鲁土司衙门旧址、兰州八路军办事处旧址、兰州战役遗址等
历史名人	霍去病、左宗棠、林则徐、周恩来、彭德怀等
文化艺术	《读者》《四库全书》、碑林等
非遗资源	兰州太平鼓、苦水高跷、社火、兰州鼓子、牛肉面、黄河水车制作技艺等
自然景观	丹霞、仁寿山、兴隆山、徐家山、白塔山、五泉山、黄河、吐鲁沟国家森林公园等
现代人文景观	白云观、西关清真寺、甘肃省博物馆、黄河奇石馆、兰州水车博览园、西部欢乐园、雁滩公园、城隍庙等

劣势之四：污染虽好转，但生态环境不佳。

兰州作为西北重要的工业城市，为国家经济建设做出了重要贡献，但负效应也不可忽视，一段时期内空气污染严重，被称为全球污染指数最高的城市，后经多方治理，生态好转，雾霾、沙尘暴减少，出现了久违的“兰州蓝”，但兰州处于西北干旱区，加之“两山夹一河”的河谷型城市特征，干旱缺水，植被覆盖率较低，绿色发展的难度很大。这势必加大兰州生态环境质量改善成本，发展生态旅游的基础条件较差，很大程度上造成了旅游形象不佳。

劣势之五：全年大修路，城市变堵城。

兰州基础设施建设不尽人意。为了改善内部交通和便于居民出行，兰州下大力气修建公路、地铁，但项目进展缓慢，私家车不断增多，堵车严重，不利于出游出行，与旅游发展需求极不适应，很难促进旅游业快速发展。

三、兰州旅游基本模式

（一）“三会”模式

兰州在节会活动方面的打造有一定力度。“三会”即兰洽会、兰州国际马拉松赛、环青海湖国际自行车赛。兰洽会全称为“中国兰州投资贸易洽谈会”，自 1993 年开始举办，属于国家级节会，其专业化、多元化、品牌化水平不断提升，在商务投资、旅游带动、文化科技交流等方面具有较大影响；兰州国际马拉松赛自 2011 年开始举办，属于国际性体育赛事，具有广泛影响，有助于加大兰州和世界的交流；兰州和青海合作举办环青海湖国际自行车赛，提升了城市知名度。

（二）“黄河”模式

黄河穿城而过，兰州视黄河资源为优势，一直致力于发展黄河旅游，代表作如黄河主题雕塑群，包括绿色希望、筏客搏浪、丝路古道、平沙落雁、黄河母亲等，其中黄河母亲雕像最为知名，由甘肃本土雕塑家何鄂设计，母亲怀抱小孩，小孩俯卧，想象奇特，设计简约但富有内涵，获得国际大奖，成为城市名片；黄河铁桥，20 世纪初由德国建造，现为人行通道，是兰州市内标志性建筑之一；水车园便于游客体验黄河水车文化。

（三）“乡村”模式

兰州周边区县依托乡村景观和民俗文化积极发展乡村旅游。其中，玉泉山庄位于榆中县定远镇，为国家AAA级旅游景区，多次举办大型接待活动，在甘肃有一定影响力；皋兰县什川古梨园景区，依托“中国第一古梨园”发展乡村旅游，受到市民好评；永登县依托玫瑰优势，着力发展采摘、养殖种植业和农产品加工业。以上乡村旅游产品使得城市产业链趋于延长，城市旅游格局得到优化。

四、兰州旅游发展问题及对策

（一）典型问题

问题之一：概念多，载体少。

黄河风情线是兰州全力建设的品牌，但多年来推进效果不突出，缺少亮点产品，大多依旧属于概念性项目，运作不够，文化挖掘不够，游客认可度不高。

问题之二：历史久，名气小。

一是城市知名度低。城市建设虽然早在汉初就纳入国家郡县治理体系，但对外知名度不高，境外许多人甚至不知兰州在何地，不如敦煌知名度大，甚至无法与河南洛阳竞争。二是形象模糊。长期以来对外宣传是“黄河之城”“山水之城”“丝路名城”“水车之都”“避暑之都”，但由于没有品牌景区无法吸引游客。三是宣传力度不够。从近年情况看，兰州旅游宣传投入加大，但也仅靠少有的几次活动和节会进行推介，这与周边城市相比，无疑力度很弱；宣传渠道也比较单调，具有特色的旅游宣传营销活动较少，旅游宣传力度有待进一步加强。

问题之三：规划大，落实难。

近年来为促进旅游产业大发展，兰州编制了不少规划文本，召开了多次会议论证，在思路、视野上得到了拓展提升，但落实较少，没有大手笔，导致打造出来的景区规模小，很难发挥城市旅游增长极应有的功能。

（二）对策建议

对策之一：敢于善于宣传。

一是敢于说。不要害怕自己不如别人，不要担心说出去会被别人批评，要敢于展示城市文化和景观，尤其要敢于和知名城市竞争，不甘为人后。

二是善于说。不可盲目宣传，要把钱花在刀刃上。例如，兰州是许多中央电视台主持人、国家知名科研人员的出生地或工作地，完全可以借助“明星”或“名人”效应，利用名人资源进行宣传。例如，快乐男声魏晨，在《天天向上》综艺节目上宣传兰州的软儿梨、糟肉等美食；《甄嬛传》里的兰州女孩孙茜在访谈节目里对兰州文化、兰州民俗和兰州美食进行了宣传介绍，此类活动提高了兰州的知名度。也可以借助兰州牛肉面的知名度，宣传兰州文化旅游，加强兰州旅游在国内外的竞争力。

对策之二：实干苦干做出来。

不但要善于宣传，也要有实实在在的干劲、闯劲，不达目的决不罢休。应做好两件事：一是整肃官场，转变风气，提拔任命一批想干事能干事的干部，从机制上形成激励。二是加大检查，通过考核机制促进项目落实，对夸大其词、推诿扯皮、混日子者给予免职、降职等处理。

对策之三：视野手笔大起来。

改变保守思想，转变求稳心态，项目运作上出奇制胜，景区建设上敢于求大，不再或杜绝原来“小布丁”式推进开发模式。尤其是兰州新区旅游发展，要站在新的起点上高规划，一定要有新思维，不可“小气”“老气”“土气”，要有大手笔大创意，敢于对标追赶和超越，成为兰州发展新增长极。

第二节　敦煌个案分析

一、敦煌旅游发展历程概述

敦煌，地处河西走廊，是国际知名旅游城市，旅游发展先后经历三个阶段。

一是早期积累酝酿阶段。作为现代产业意义上的旅游，敦煌起步较迟。但作为一种社会文化现象，旅游在敦煌出现的时间较早，最有代表性的旅游方式是军事旅游、商贸旅游、宗教旅游和科考修学旅游。军事旅游方面，敦煌城市的兴起建设和战争有关，汉元狩二年（公元前121年），骠骑将军霍去病在河西走廊打败匈奴，匈奴浑邪王部投降汉朝，为治理河西走廊，汉朝设置敦煌郡，这是敦煌城市发展的起步。《史记·卫将军·骠骑传》和《汉书·武帝纪》均记载："汉以其地置酒泉郡，敦煌属之"。在此后的演化中，由于国家实力消长、边疆格局变化，敦煌成为边疆前沿阵地，周边修筑有长城、烽燧，设置了阳关、玉门关，士卒颇众，边塞风光和军事生活独具特色，成边将士和各国使者来往不断。商贸旅游方面，伴随西北丝绸之路的开通，东西方商业贸易在这里交流频繁，瓷器、茶叶、丝绸、玉器、玛瑙、奇禽异兽、农作物等成为交换对象，敦煌成为丝路要道和商业重地，被称为"华戎所交易大都会"。宗教旅游方面，十六国时期，中原内乱，战争不断，敦煌地区局势相对稳定，文化教育和经济得到发展，佛教得到传播，逐渐兴盛，玄奘、法显、鸠摩罗什等高僧大德在此驻留讲经，各地信徒前来朝觐，开窟造佛，莫高窟得以修建。科考修学旅游方面，进入近现代社会以后，由于当时政府腐败，敦煌衰败，莫高窟文化遗产遭到破坏或掠夺，西方列强或"探险家"从藏经洞掠走大量文物；但客观上讲，这也使敦煌在国际上具有了较高知名度。

二是现代化接待事业与产业发展阶段。中华人民共和国成立以后，国际国内局势发生深刻变化，对内对外交流增多，敦煌作为知名文化遗产地，成为国内外政要、文化艺术名人向往之地。此时期，文化遗产保护传承工作取得一定成就，如敦煌莫高窟被国务院列为全国重点文物保护单位（1961年），被联合国教科文组织列入世界文化遗产保护项目（1987年）。但由于不具备旅游业产业化发展的经济基础、思想基础、理论研究基础、交通基础，敦煌旅游发展受到制约。

三是大规模发展阶段。1998年以后，国家提出要大力发展旅游业，敦煌旅游业发展获得新的契机，基础设施不断完善，高级别旅游节会如文博会在此举办，大型演艺业态出现，旅游景区建设投资力度加大，遗产保护管理手段趋于多样，旅游经济发展质量和规模均有大幅提升，敦煌旅游获得好评，先后成为“国家旅游名片”城市、“2008中国魅力中小城市”“中国最佳生态旅游目的地”“感动世界品牌城市”，在中国乃至世界上的影响力日益增加。

二、敦煌城市旅游基本模式

一是演艺模式。在国内，带动景区以及城市旅游发展的成功旅游演艺项目，一般认为是张艺谋推出的大型演艺节目《印象刘三姐》。其实，在《印象刘三姐》之前，20世纪70年代敦煌就有《丝路花雨》演出项目，并且国际知名。此后，敦煌又结合市场需求和时代演艺技术变化，相继推出《敦煌盛典》《又见敦煌》，拉长了游客消费链条。其中，《丝路花雨》是情景舞剧，舞蹈展现了古丝绸之路商贸往来和人文交流，展示了敦煌的博大厚重和敦煌文化的璀璨夺目，融合了人类永恒的爱情主题，演员表演技艺精湛，舞台设计精美，舞蹈动作源自敦煌壁画，久享美誉，堪称经典。《又见敦煌》是西北首部室内情景体验剧，也是“一带一路”倡议提出后国家首个落地项目，是《又见平遥》《又见五台山》等“又见”系列项目之一，投资总额达6亿元。《敦煌盛典》和前两部演艺项目不同，是沙漠实景演出，借助爱情故事，展示了敦煌历史人文和丝路文明，该剧总投资1.8亿元，使用了现代高科技声光电技术、360 度舞台旋转技术、3D 墙体结构投影及水幕影像技术，演出视觉冲击力强，是“丝绸之路盛典系列”继《吐鲁番盛典》《喀纳斯盛典》之后的第三个产品。这三个项目各有特色，从不同视角展示了敦煌及丝路文化，极大提升了敦煌旅游品位。

二是列车模式。敦煌地处西北腹地，如何进入敦煌，是城市旅游的关键。除开通航线外，面对井喷式的市场需求，国家建设开通高铁，游客可直达柳园，再转车前往，极大节约了成本。同时，兰州铁路局开通了兰州—敦煌 Y667/8 次“敦煌号”品牌旅游列车，便于客流进出。

三是文博会模式。中国举办的知名国际级旅游节会主要有世界园艺博览会、奥运会、亚运会、世界博览会，举办地大多在北京、上海、广州等发达地区，敦煌虽作为丝路沿线不发达城市，但也举办过高规格高级别的展览会，并且获得各界好评。此节会就是丝绸之路（敦煌）国际文化博览会（敦煌文博会）。“一带一路”倡议提出后，中国需要打造国际合作交流平台和窗口，展示丝路文化，推动中华文化走出去，敦煌由于独特的知名度优势、旅游发展成就、文化历史地位进入决策者视野。目前，丝绸之路（敦煌）国际文化博览会成功举办两届，获得好评。“文博会模式”充分发挥了创新引领和辐射带动效益，促进了丝路文化交流和城市产业发展，极大助推了敦煌国际历史文化名城建设。

四是遗产保护模式。特殊的气候、地理环境和巨大的游客规模，对敦煌文化遗产保护形成了巨大压力。如何正确应对？敦煌探索出了一条成功之路。主要举措包括：出台《甘肃省敦煌莫高窟保护条例》等法规，通过法律制度保护遗产；成立敦煌石窟文物保护研究陈列中心，通过复制洞窟、陈列文物等方式缓解压力；针对游客参观导致窟内温度湿度变化问题，开通网络售票，限制和科学疏导客流，合理安排窟内参观游览时间，禁止拍照，消除潜在风险；对莫高窟、玉门关、悬泉置、汉长城等文物保护单位启动保护工程；整修文物古迹，增修接待设施。多举措齐头并进，为遗产旅游可持续发展奠定了基础。

三、敦煌旅游发展条件分析

（一）优势分析

优势之一：四大文明交流地，世界遗产所在地。

丝绸之路，汇聚了人类四大文明体系，具体体现在两个地方：西域和敦煌，因此敦煌在人类文化交流史中的地位是其他城市无法相比的；敦煌拥有世界遗产莫高窟、月牙泉—鸣沙山，这使得敦煌举世闻名。

优势之二：文博展会举办地，国家倡议响应地。

“一带一路”倡议提出后，国家决定举办文博会，全面展示丝路文明和历史繁荣，敦煌以绝对优势承办此盛会，并获得极大成功，在世界上形成了很高的影响力。

优势之三：世界知名旅游地，入境客流目的地。

在入境游客选择的目的地城市中，敦煌位居其一，是和桂林、北京、西安、上海、广州等并驾齐驱的热点城市。敦煌发展起步早，经验多，知名度大，后续发展具有良好的基础性优势。

优势之四：甘肃重点打造地，河西走廊之高地。

基于华夏文明传承创新区建设目标，以及对外开放需要，甘肃省人民政府对敦煌旅游发展高度重视，规划建设目标定位为“国际文化旅游名城”、国际一流的旅游目的地、中西方文化合作交流的战略平台。为落实规划项目、实现战略目标，政府在投资力度、监督检查等方面加大政策倾斜力度，这使得敦煌旅游项目建设稳步推进。

优势之五：知名学科大源头，敦煌学者向往地。

敦煌文化成就了敦煌学，敦煌学离不开敦煌，敦煌对世界各地文物考古、宗教历史、民族学研究具有极强吸引力。不到敦煌，不知道敦煌学之魅力。

优势之六：甘青新交汇地，旅游流聚散地。

敦煌为甘肃、青海、新疆三省区交汇之地，连接西藏旅游区、河西走廊旅游区，可谓天然枢纽、丝绸重镇，是发展旅游的好地方。

优势之七：历史沧桑久远地，历史名城名气大。

“敦煌”一词最早见于《史记·大宛列传》，敦煌成为郡县的历史较早，伴随丝路沧桑，盛衰起伏，被国家列入历史文化名城，在国内外因自身历史积淀深厚而知名度很高，为旅游发展提供了历史素材。

（二）劣势分析

劣势之一：礼佛朝觐修石窟，游客云集临破坏。

修建莫高窟的初衷不是为了发展旅游，而是宗教朝觐，加之受壁画特有的技艺、材质和环境的限制，无法大规模接待游客。因此，保护与发展之间的矛盾突出，遗产的保护性旅游开发压力很大。

劣势之二：极度干旱缺水地，城市化中水更缺。

敦煌虽然属于世界级文化和自然遗产资源拥有地，但地处沙漠戈壁，生态环境恶劣，水资源极度短缺，加之城市化加快，人口用水、工业用水量增加，月牙泉一度水位下降，不得不人工补给。这无疑对旅游发展形成极大不利影响，如何可持续发展是敦煌不得不认真考虑之事。

劣势之三：地处西北落后地，财小制约大发展。

由于地处西北，本身属于经济欠发达地区，城市经济总量小，财力不足，旅游投资实力小，限制了基础设施、旅游宣传、人才培训等项目质量和规模，制约了城市旅游发展。

劣势之四：高铁不直达，转车费事多。

虽然有高铁，但不直达敦煌，需要从柳园转乘其他客车，这无疑消耗游客体力，对旅游形象有负面影响。

四、发展问题及对策建议

（一）典型问题

问题之一：展会高级大众远，一会知名其他少。

主要表现是：敦煌文博会以高级别高知名度受到关注，但节会期间来的多是世界政要、新闻记者、各地机构代表，普通老百姓参会受到一定限制，票难求，会难参；虽然文博会高端大气，但其他节会数量不足，级别不高，难以发挥节会集群作用，难以像桂林那样“天天有节会”，无法带来更大的效果。

问题之二：敦煌一城客如云，周边不热人稀少。

主要表现是：敦煌被誉为“人类的殿堂、世界的敦煌”，各地游客云集，但周边县区没有很好地参与其中，旅游发展速度不快，效益不高，敦煌旅游如火如荼，但客人游玩之后立刻离开，致使敦煌旅游没有与周边城乡实现对接，旅游发展的“扩散效应”不强。

问题之三：历史积淀听头多，游客体验尚不足。

主要表现是：敦煌历史厚重，有说不完的故事，但这些故事没有完全转化为项目和产品；游客观赏活动多，体验活动少，对历史和民俗文化无法获得触摸聆听。

问题之四：经济产业大发展，教育事业对接少。

主要表现是：敦煌旅游促进了产业和经济发展，城市建设日新月异，但敦煌文化教育传播和旅游产业的耦合度不高，除敦煌学者外，中小学生以及大学生群体较少进入景区做实地感知，对敦煌和丝路文化历史的了解认知不够。

（二）对策建议

对策之一：突出一个“融”字。

一是产业和其他要素融合。旅游要和城市建设、生态保护、国民素质教育、外交、学术科研、会议商务相融合。二是空间融合。近距离要和酒泉、嘉峪关、张掖、武威、兰州、西宁及周边县区以及乡村融合，扩大客流辐射距离；远距离要和乌鲁木齐、吐鲁番、拉萨、西安、北京、上海、广州以及国际知名大都市做好融合对接，共享市场。

对策之二：落实一个“新”字。

一是业态新。推出游客需求量很大的佛教修禅、游学、华沙越野、沙漠疗养、商业贸易等产品，使得业态更为多样。二是内涵新。在凸显丝路历史基础上，重点突出变化及发展成就，展示立体多彩的丝路敦煌。三是模式新。在政府主导前提下，做好群众参与、社区参与；在现有博物馆、石窟、节会、商品等模式基础上，推出饮食、服饰、出版等模式，使旅游品牌多元化、集群化。

对策之三：做好一个“宣”字。

一是强化宣传意识。不可自大，不可认为敦煌知名度已经很高而无需再去宣传，须知和伦敦等城市比较，敦煌还不够“深入客心”。二是学会宣传自己。一定要防止无效宣传，要精打细算，做好精细化营销。

对策之四：确保一个“护”字。

一是坚持保护第一。发展的目的是为了高质量可持续的生活，遗产的价值不在于旅游游玩，而是给人类留下思考和记忆。因此，生态和文化安全红线坚决不可触碰。二是保护研究不可忽视。在加大敦煌历史文物研究力度的同时，对敦煌旅游给予关注，在学术研究方面强化科研质量。三是保护方式科学多样。可以借助智慧旅游趋势，通过虚拟、复制等模式，展示敦煌文化和景区，满足游客好奇心和体验心。

第三节　天水个案分析

一、旅游发展历程概述

（一）酝酿奠基阶段

伴随社会变革，大量居民或外来者依托天水气候、地理、交通便利优势开展军事、商贸等活动，这些活动后来又进一步发展转化为城市旅游资源，形成产业化发展的基本条件。

(二) 初步起步阶段

伴随国家政策变化，旅游业从接待事业转化为经济产业，推出了民间祭祀伏羲节会，天水发展成为国家级历史文化名城，麦积山成为国家5A级旅游景区，旅游效应初步显现。

(三) 跨越发展阶段

新时期，伴随国家对旅游业地位认识的提高，天水开始发展全域旅游，城市旅游条件改善，产品增多，形象得到优化，旅游业经济效益大幅提升。数据显示：2015年全年接待国内外游客2216.5万人次，旅游综合收入达到125.7亿元，较2014年分别增长33%和32.3%。天水曾荣获“中国最具魅力文化旅游城市”称号。

二、旅游发展基本模式

(一) 始祖文化旅游模式

一是伏羲文化旅游。伏羲是中华民族人文始祖，天水市是伏羲诞生地和伏羲文化发源地。1992年8月，江泽民亲笔题词“羲皇故里”，使得天水再次为世界所知。天水依托现存全国规模最大、保存最完整伏羲庙，举办公祭中华人文始祖伏羲大典，目前节会发展成为“中国最具发展潜力的十大节庆”之一，被列入国家首批非物质文化遗产保护名录。二是大地湾文化旅游。大地湾遗址位于天水市秦安县五营乡邵店村，6000年前华夏先民就在黄河流域一带生活繁衍。天水依托考古挖掘遗址，通过复原等方式再现了当年场景，具有很高的考古价值。三是秦祖文化旅游。秦人先祖嬴非子于公元前890年因牧马有功，被周孝王封邑于秦亭（今天水），1982－1983年，甘谷县磐安镇毛家坪遗址的发掘将秦文化的编年推进到西周时期。天水依托以上资源，规划发展始祖文化旅游项目，加大了历史文物街区保护修缮工程力度，丰富了城市旅游内容。

（二）石窟艺术旅游模式

天水境内有大小石窟 6 座，被称为丝绸之路东段的“石窟走廊”。其中最知名的为麦积山石窟，被称为中国四大石窟之一，其以泥塑、石雕、壁画知名，素有“东方雕像馆”之称。石窟旅游是天水最大的亮点和支撑。

（三）三国文化旅游模式

天水为兵家必争之地，三国时期蜀魏相争之要地，留有战场遗址，历史故事较多。近年天水开始规划实施三国文化旅游项目，增加了城市产品的丰富度。

三、旅游发展条件分析

（一）优势分析

优势之一：伏羲女娲故里，文化地位较高。

天水是人类始祖伏羲女娲诞生地，被称为“羲皇故里”“中华之源”；大地湾遗址研究显示：天水有 3000 多年文字记载史，近 3000 多年建城史。1994 年，天水市被列入中国历史文化名城名录，在丝路沿线城市中地位很高。

优势之二：交通沟通四方，便于客流集散。

天水地处甘肃东南部，为六盘山地、陇中黄土高原和秦岭山地交界之地，东邻陕西，南连巴蜀，西面直达兰州，北面连接平凉，可谓四通八达，便于客流集聚辐射。

优势之三：生态环境优越，游客舒适度高。

天水地处黄河与长江流域分界线，境内气候为温带半湿润气候，夏无酷暑，冬无严寒，四季分明，景色秀丽，被誉为“陇上江南”，环境之优美在甘肃少见。

优势之四：关天群内城市，国家支持发展。

天水自古以来和关中平原联系紧密，被国家纳入关中—天水经济区和城市群建设，这有助于开展合作发展，也具有了其他河西走廊城市难以具备的西安城市群市场优势。

（二）劣势分析

劣势之一：周边省内城市少，抱团发展受限制。

天水和西安、兰州、宝鸡、咸阳、陇南距离较近，但周边的省内城市较少，没有像河西走廊城市群那样形成合作的体系、交通和政策优势，毕竟与外省区城市开展旅游合作面临利益和管理方面的制约会更多更大。

劣势之二：科教实力不足，天然优势难发挥。

尽管城市经济发展实力在甘肃省内属于较强等级，但仅有天水师范学院一所高校，不具有像兰州、西安等高校科教优势，也不具备像敦煌学研究那样的学术优势，旅游专业人才匮乏，旅游研究实力不强，对城市旅游的支撑不足。

四、发展问题及对策建议

（一）典型问题

问题之一：新点不足形象老。

长期以来，主要宣传始祖文化，近年稍有好转，开始推广三国文化、秦文化，但在项目和产品方面缺少新意，仍停留在“一个石窟＋一个节会”层面，难以对市场形成较强感召力。

问题之二：优势不优效益低。

尽管在气候、地理位置、文化、政策方面有一定优势，但文化没有转化为项目，也没有转化为产品，如伏羲历史文化的演艺一直没有推出；和关中城市群互动不够，和兰州城市圈融合不够，优势没有得到发挥，城市之间的对接不强。

问题之三：辐射不大带动少。

虽然号称甘肃第二大城市，但对周边县市和乡村的辐射效果不佳，根源在于旅游线路设计不到位、合作举措不到位、优势发挥不到位。

（二）对策建议

对策之一：写好“合”字。

一是城市内部做好合作。通过规划编制、项目落地、政策推动，实现内部实质性合作。二是和兰州合作。利用兰州市场潜在优势，促进城市消费规模拓展。三是和西安、宝鸡、咸阳等城市合作，真正形成旅游经济圈。

对策之二：突出“乐”字。

改变传统形象，推出休闲度假和演艺项目，使游客不再单纯观赏风光，而是增强轻松感、刺激感，使城市旅游和景区焕发新活力，顺延游客消费链条。

对策之三：做出“美”字。

在城市建设、旅游管理方面拿出切实举措，改变城市面貌，提升服务质量，使游客感受到旅游之美、城市之美、文化之美、气候之美。

乡村部分

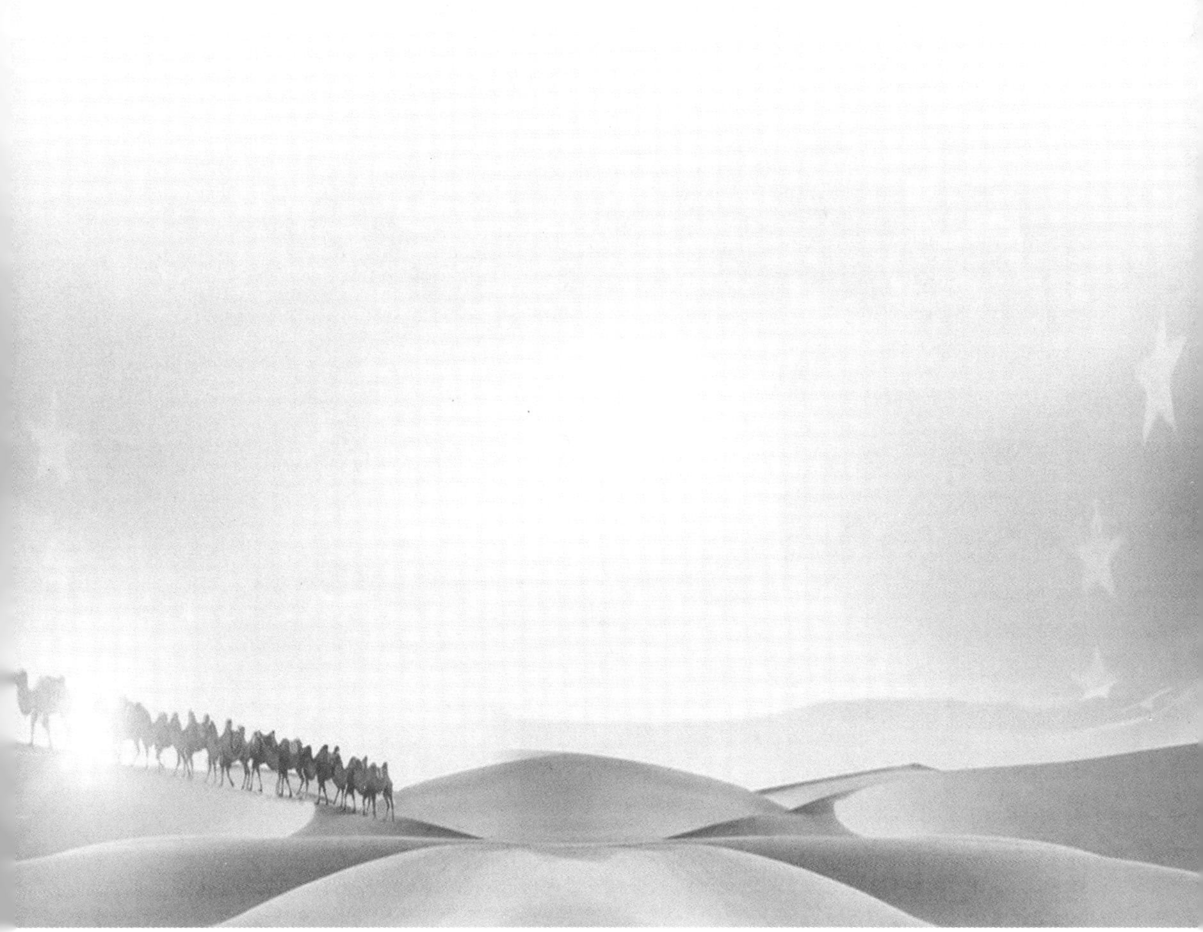

第七章 绪　论

第一节　选题背景

一、城市化推进背景下乡村衰败问题受到关注

乡村是人类在乡村地区居住活动的场所或区域。伴随社会的发展，乡村先后经历了不同形态和表现形式，最初为原始聚落，后期发展为传统乡村，目前处于加速演化变迁阶段。但不管发展阶段及形态如何，乡村有其自身本质和特点，具体体现在三个方面：一是“聚族而居”。围绕血缘、地缘和亲缘关系，人群聚居在一起，修建祠堂，修订家谱，依据“族—堂—房—家”结构体系，确定亲疏远近和辈分关系，同时形成“熟人”社会。二是以农业人口为主。几千年来，人们居住于土地之上，依靠土地、牧场、林场等为生。中国则形成精耕细作和男耕女织的生活模式。人口流动性差，许多人一辈子没有去过大城市。医疗条件有限，人口寿命不长；生活艰辛，一旦发生战争、饥饿、灾害，生活保障问题凸显。三是特殊的乡村治理模式。除国家行政权利外，有的村落形成特殊组织，诞生“乡”或“保”或“甲”或

“里”组织，或者由寨老、长老、乡绅或有威望者处理主要事务，调节内部纠纷。

工业化、市场化和现代化大幕开始以后，乡村面临前所未有的冲击，出现千古未有之变迁，表现如下：一是乡村人口减少。几千年来，我国是世界上典型的农民大国，绝大多数人口居住在农村。1949－1978 年，由于特殊的户籍制度，乡村人口比例很高；1978 年以后，户籍制度改革，农村居民数量减少，大量农村人口通过就学、参军、务工等途径进入城市，农民由身份向职业转换。二是农村出现“空巢”现象。大量青年劳动力不再待在乡村，而是进入城市从事非农产业；留在乡村的人口数量和比例明显减少，从事农耕的农民很少；伴随人口外流，村庄数量减少，土地荒芜，形成“空心化”现象；小孩、妇女、老人大量滞留乡下。三是传统伦理秩序和观念变化。受市场经济、对外开放冲击，一些传统乡村社会秩序不再存在，拜金主义思潮出现，传统文化传承受到挑战。乡村发展、和谐与繁荣关系城市繁荣、和谐与稳定，关系国家繁荣、和谐与稳定，农村衰败问题可谓关系到国计民生。

二、乡村振兴的提出与国家战略的实施

面对汹涌而来的现代化和城市化浪潮，乡村发展问题成为学术界关注话题。20 世纪 30 年代，中国共产党开展“土地革命”，建立农村革命根据地，实施农村包围城市战略；在其他地区，一些人也做了有益探索，例如，梁漱溟等人开展了“乡村建设运动”，后因抗日战争全面爆发被迫终止。1949 年以后，国家进行土地制度改革、脱贫扶贫等运动，使农村焕发活力，农民地位得到提升，农民生活质量得到改善，在世界上产生了巨大影响。

新时期，国家又提出了新战略——乡村振兴战略。2017 年，党的十九大报告提出实施乡村振兴战略，2017 年中央农村工作会议明确实施乡村振兴战略目标任务，要在 2050 年实现乡村全面振兴。乡村振兴战略涉及面较宽，对资本投入、治理体系、产业模式、文化传承、人才建设、制度创新、科技进步等都提出了新的要求，将对中国乡村发展产生深远影响。

三、乡村旅游的发展与旅游格局的变迁

乡村旅游是以乡村自然景观和人文历史景观为核心吸引物的旅游形式。在国外，乡村旅游出现在工业革命以后，一些城市居民开始走出都市，去乡村度假、探亲，或者放松身心，为农村地区发展注入了活力。在中国，农业文明源远流长，传统的乡村旅游出现时间较早，早在中国古代，每逢佳节期间，人们都喜欢去郊外踏青或者祭祖，在当时成为风气。这在典籍文献中有明确记载，如《史书》记载：春秋战国时期，“桓公放春三月观于野”。但这些仅仅属于社会现象。现代产业意义上的乡村旅游出现较晚，不过伴随中国快速推进的城市化，乡村旅游发展态势很好，规模不断扩大，先后经历了“农家乐”模式、民俗村模式、古镇旅游模式、乡村休闲度假模式。乡村旅游的快速发展，增加了农民收入，丰富了居民生活，提升了乡村发展质量，也改变了以往过度或单纯发展城市旅游的弊端，成为我国旅游产业新业态、新亮点，拓展了旅游空间，优化了旅游格局，对未来旅游业发展具有极其重要的作用。

第二节　研究述评

在国外，乡村旅游起步较早，有关乡村旅游的研究起步亦较早。在国内，乡村旅游虽然出现较早，但大产业化发展时间较短，学术研究亦滞后。目前，国际国内乡村旅游提质提速发展，学术研究可谓日趋丰富。纵观国内外研究，相关热点主要集中在概念、意义、发展问题及对策等方面。

一、研究热点

1. 内涵分析

第一类：“旅游休闲活动说”。具体包括四类观点：一是发生在乡村地区

的旅游活动。持此类观点的是一些知名国际组织，1994 年，欧洲联盟（EU）和世界经济合作与发展组织（OECD）提出此种说法，并认为乡村旅游（Rulal Tourism）的根本特征、独特卖点是乡村性（Rurality），即旅游活动发生地在乡村地区、规模不大、体现乡村传统文化性①；我国学者何景明、李立华（2002）对此观点持支持态度，认为乡村性（Rurality）是旅游活动是否是乡村旅游最重要的评价标准或标志，发生地在农村、具有乡土性两个特征缺一不可②。Ane Reichel 与 Oded Lowengart 和美国的 Ady Milman（1999）进一步指出，乡村旅游还具有区域开阔、可持续发展性的典型特点。二是发生在乡村的各类休闲活动形式。如 Gilbert 和 Tung（1990）提出乡村旅游（Rural Tourism）是农户为本地或外来旅游者提供产品的一种乡村休闲活动。三是旅游者与服务者在乡村发生的各类旅游活动。Bramwell and Lane（1994）认为乡村旅游不但包括农业旅游，实际涉及各个层面，旅游活动具有多样性和丰富性，还应该包括假日旅游、自然旅游、民俗旅游等活动。四是发生在非城市地域的各类旅游活动。如 Dernoi（1991）认为乡村旅游是发生在非城市地域的旅游经济活动，是与农业活动有关的旅游活动。

第二类："农业旅游说"。研究起步阶段，当时旅游活动主要是农业旅游，因此一些学者持此种观点。如杨旭（1992）认为乡村旅游是以农业资源（包括生物、经济、社会等资源）为对象的旅游活动③；王兵（1999）对乡村旅游资源对象有所扩大，认为还应包括农业文化、生态、农事活动、民俗④。整体看，他们强调的是农业资源这一主要吸引物。

第三类："经营活动说"。应瑞瑶、褚保金（2002）认为乡村旅游是满足前去乡村地区旅游者需要的各类旅游经营活动和服务⑤；郭焕成、韩非

---

① Bill Bramwell, Bernard Lane. Rural Tourism and Sustainable Rural Development [M]. UK: Channel View Publications, 1994.

② 何景明，李立华．关于“乡村旅游”概念的探讨［J］．西南师范大学学报（人文社会科学版），2002（5）：125－128.

③ 杨旭．开发“乡村旅游”势在必行［J］．旅游学刊，1992（2）：38－41＋61.

④ 王兵．从中外乡村旅游的现状对比看我国乡村旅游的未来［J］．旅游学刊，1999（2）：38－42＋79.

⑤ 应瑞瑶，褚保金．“旅游农业”及其相关概念辨析［J］．社会科学家，2002（5）：31－33.

(2010）提出所谓的“乡村旅游”实际上是一类经营活动，经营者或消费者都以乡村地区为空间，以乡村独特的自然景观、生产经营活动、民俗风情为主要资源，以满足旅游者各类旅游动机的新型旅游经营活动[①]。显然，乡村旅游内涵很广，不局限于农业旅游。

可见，乡村旅游的概念及其内涵是逐步演化的，从最初的农业观光旅游发展到各类休闲度假活动。至于吸引物，有的学者认为是乡村农业，有的学者认为是民俗风情，有的学者认为是田园风光，有的学者认为是自然和人文景观，无法做到统一。

2. 意义分析

对于乡村旅游的价值意义，学术界做了大量探索，主要围绕经济效益、社会文化效益、生态效益三个层面展开。

第一层面：经济效益分析。一是优化农户人力资本资源组合。如史玉丁、李建军（2018）认为通过乡村旅游，吸引农村精英回归乡村，以“回填”“重组”模式对人力资源进行新的配置使用[②]。二是增加经济机会以及增收。韩丽、段致辉（2000）认为乡村旅游可以成为农村经济发展的新增长点[③]；张文、安艳艳、李娜（2006）认为乡村旅游可以显著增加农民收入[④]；刘沛林、于海波（2012）认为乡村旅游可以通过就业创业促进农村经济发展[⑤]。王德刚（2017）则站在扶贫脱贫高度，认为旅游业应该在扶贫中发挥主力作用[⑥]。三是促进农村经济多元发展。Martin（1996）认为乡村旅游有助于改变和优化传统的农村经济结构[⑦]。王琴梅、方妮（2017）基于西安市

① 郭焕成，韩非．中国乡村旅游发展综述［J］．地理科学进展，2010（12）：1597－1605.

② 史玉丁，李建军．乡村旅游多功能发展与农村可持续生计协同研究［J］．旅游学刊，2018（2）：15－26.

③ 韩丽，段致辉．乡村旅游开发初探［J］．地域研究与开发，2000（4）：87－89.

④ 张文，安艳艳，李娜．我国乡村旅游发展的社会与经济效益、问题及对策［J］．北京第二外国语学院学报，2006（3）：17－24.

⑤ 刘沛林，于海波．旅游开发中的古村落乡村性传承评价——以北京市门头沟区爨底下村为例［J］．地理科学，2012（11）：1304－1310.

⑥ 王德刚．打赢脱贫攻坚战 旅游业要当生力军［J］．中国旅游报，2017－11－7.

⑦ Martin O. Rural tourism in Southern Germany［J］．Annals of Tourism research，1996（1）：115－131.

长安区乡村生态旅游个案分析，依据 2002 - 2014 年统计数据，在分析模型基础上认为乡村旅游有助于促进新型城镇化建设①。

第二层面：社会文化效益分析。一是促进城乡协调发展。范爱军（1993）认为乡村旅游可以改变城乡非均衡发展格局②。二是挖掘、保护、继承乡村传统文化。孙亚辉（2016）认为乡村旅游发展有助于外界了解传统文化③。三是促进乡村文明复兴。王德刚（2017）认为乡村旅游有助于提升乡村文化自信，增强地方自豪感，进而促进农村发展④。四是乡村旅游能满足旅游者乡愁需求。李伟、武友德（2002）基于乡村旅游者“回归自然”等动机，认为乡村旅游可以使城市居民实现乡村怀旧等心理需求⑤。

第三层面：生态效益分析。一是有利于激发当地生态环境保护意识。罗艳玲（2006）基于信阳茶文化旅游，认为乡村旅游发展会激发当地居民对自然生态环境的保护意识⑥。二是有助于乡村环境改善。如乡村旅游发展过程中，政府对基础设施建设比原来重视，绿化、美化有所加强。三是改善基础设施。张文、安艳艳、李娜（2006）认为乡村旅游发展对基础设施建设提出更高要求，政府对其投资力度有所加大，乡村旅游地基础设施建设水平显著改善⑦。

3. 发展模式分析

一是依托资源划分出不同模式。其中，刘德谦（2006）认为乡村旅游应包括传统乡村旅游和现代乡村旅游⑧。卢云亭（2006）对此进一步细化，认

① 王琴梅，方妮．乡村生态旅游促进新型城镇化的实证分析——以西安市长安区为例［J］．旅游学刊，2017（1）：77 - 88.

② 范爱军．农村旅游业发展的意义及对策分析［J］．山东大学学报（哲学社会科学版），1993（4）：52 - 55.

③ 孙亚辉．乡村旅游发展与传统文化保护的关系探析［J］．旅游纵览，2016（12）：290.

④ 王德刚．旅游是乡村振兴的产业基础［N］．中国旅游报，2017 - 11 - 20.

⑤ 李伟，武友德．乡村旅游的文化特性与开发研究［C］// 2002 海峡两岸观光休闲农业与乡村旅游发展学术研讨会，2002.

⑥ 罗艳玲．论开发信阳茶文化旅游的意义、优势及其策略［J］．高等函授学报（自然科学版），2006（6）：6 - 8.

⑦ 张文，安艳艳，李娜．我国乡村旅游发展的社会与经济效益、问题及对策［J］．北京第二外国语学院学报，2006（3）：17 - 24.

⑧ 刘德谦．关于乡村旅游、农业旅游与民俗旅游的几点辨析［J］．旅游学刊，2006（3）：12 - 19.

为传统型乡村旅游应包括乡村民俗模式、乡村传统农业模式、古村古镇模式、乡村风土模式、土特产模式等，现代型乡村旅游应包括新农村模式、高新科技农业模式、康体疗养模式等①。李宪宝、张思蒙（2018）认为乡村旅游应包括乡村酒店、文化民宿、休闲乡居和农业庄园四类模式②。

二是依据空间划分出不同模式。依据距离城市远近，王云才、许春霞、郭焕成（2005）认为乡村旅游应包括城郊模式型、近郊模式以及村寨模式③。林刚等（2006）对此持认可态度。

三是依据形态表现划分出不同模式。王云才、许春霞、郭焕成（2005）结合我国以及西方国家实际状况，认为乡村旅游应包括主题农园模式、主题博物馆模式、文化村模式等④。郭焕成、韩非（2010）认为乡村旅游应包括田园农业模式、民俗风情模式、村落乡镇模式等⑤。近年，很多学者提出综合性形态模式——田园综合体模式。

四是依托对象划分出不同模式。刘丽君（2008）认为乡村旅游应包括城市依托模式、自然生态景区模式、交通模式、历史文化模式、民俗文化模式等⑥。

五是基于利益相关者视角和参与主体划分出不同模式。郑群明（2004）等认为乡村旅游应该依据参与程度，划分出参与式模式等⑦。邹再进（2006）对不同地区应该采取哪类模式做了分析。王晨光（2018）基于山东中郝峪和陕西袁家村两个案例，提出乡村旅游集体化模式⑧。李宪宝、张思

---

① 卢云亭．两类乡村旅游地的分类模式及发展趋势［J］．旅游学刊，2006（4）：6－8.

② 李宪宝，张思蒙．我国乡村旅游及其发展模式分析［J］．青岛科技大学学报（社会科学版），2018（2）：49－54.

③ 王云才，许春霞，郭焕成．论中国乡村旅游发展的新趋势［J］．干旱区地理，2005（5）：862－868.

④ 王云才，许春霞，郭焕成．论中国乡村旅游发展的新趋势［J］．干旱区地理，2005（5）：862－868.

⑤ 郭焕成，韩非．中国乡村旅游发展综述［J］．地理科学进展，2010（12）：1597－1605.

⑥ 刘丽君．我国乡村旅游开发模式研究［J］．安徽农业科学，2008（6）：6907－6908.

⑦ 郑群明．参与式乡村旅游开发模式探讨［J］．旅游学刊，2004（7）：33－37.

⑧ 王晨光．集体化乡村旅游发展模式对乡村振兴战略的影响与启示［J］．山东社会科学，2018（5）：34－42.

蒙（2018）提出乡村旅游农户盈利、旅游合作社盈利和股份制盈利三类模式①。

六是基于资源开发利用视角划分出不同模式。陈薇（2018）基于巴马县自然养生旅游资源，提出气候养生、水源文化、长寿食品、田园观光、地质观光、果树种植、农家住宿等模式②。

七是对农家乐模式做了分析。刘伟、刘鹏、常征（2018）认为农家乐发展体现两类模式：景区依托模式以及城市休闲模式，同时认为国外的模式比较多样，有异于国内③。

八是基于旅游扶贫视角突划分出不同模式。银马华、王群、杨兴柱、司新新（2018）基于大别山个案，提出应该包括政企合作、战略联合、休闲农业与乡村旅游、联动发展等模式④。

4. 乡村旅游发展问题分析

学术界认为乡村旅游发展中存在问题很多，主要观点如下：

第一类："认知偏差说"。表现有二：一是不懂得"乡村性"的价值，没有对乡村性进行展示与挖掘；二是对乡村性重视不够。一些经营主体忽视了原本存在的自然资源和乡村特色，没有将其和旅游融合，导致乡村旅游吸引力降低，游客出游和重游率不高⑤。

第二类："规划不到位说"。郭焕成（2010）认为主要是缺乏资源优势分析，缺少对客源市场的调研论证，乡村旅游发展规划不合理，导致重复建设、资源浪费严重。

第三类："缺少品牌说"。葛晓虹（2014）认为由于农户自主经营、规划不到位、过度商业化等原因，乡村旅游产品多为简单复制，没有拿得出手

---

① 李宪宝，张思蒙．我国乡村旅游及其发展模式分析［J］．青岛科技大学学报（社会科学版），2018（2）：49－54.

② 陈薇．广西河池市巴马养生旅游开发模式比较研究［J］．全国流通经济，2018（3）：55－56.

③ 刘伟，刘鹏，常征．我国农家乐发展现状及其影响因素分析［J］．江苏农业科学，2018（11）：323－325.

④ 银马华，王群，杨兴柱，司新新．区域旅游扶贫类型与模式研究——以大别山集中连片特困区36个县（市）为例［J］．经济地理，2018（4）：215－224.

⑤ 张文瑞．河南省乡村旅游资源的开发与协同管理研究［J］．农业经济，2018（4）：45－47.

的旅游品牌[①]。

第四类："基础设施说"。吴云超（2011）认为有限投入使得道路、通信、卫生等基础设施建设滞后，无法满足游客的需求，导致游客满意度下降[②]。

第五类："管理经营说"。李巧玲（2016）认为人才缺乏制约了乡村旅游质量提升[③]；吴思（2009）等认为受缺少培训和人力资本积累等因素影响，经营者管理能力不足[④]；吴云超（2011）基于乡村旅游发展调研，认为道德缺失、漫天要价等问题缺少监管，导致旅游者利益受到侵害[⑤]。

第六类："其他问题说"。一些学者认为还存在其他问题，涉及文化内涵不足、缺少组织、资金投入不足、分配不均、特色不足等方面。

5. 乡村旅游发展对策探讨

学术界结合乡村旅游发展存在的问题，提出如下几类对策建议：

第一类："强化认知理解说"。针对经营者和乡村居民认识不足，龙茂兴、张河清（2006）认为应该对思想认识问题加以关注，具体是提高相关人员对乡村旅游的认识水平[⑥]；王露（2017）进一步指出，要对自然人文环境和传统乡土文化进行整体保护和适度利用[⑦]。

第二类："科学规划说"。王露（2017）提出应该高度关注游客心理需求和深度挖掘地域特色；林移刚（2017）认为应该强化规划，科学使用生产要素资源，提升旅游扶贫脱贫绩效和乡村旅游竞争力[⑧]。

第三类："创新驱动说"。以乡村旅游发展模式为例，葛晓虹（2014）

---

① 葛晓虹．我国乡村旅游发展的问题及对策［J］．河南科技学院学报，2014（9）：23－25.

② 吴云超．湘西乡村旅游发展研究［D］．北京林业大学学位论文，2011.

③ 李巧玲．基于自然景观背景的乡村旅游发展模式、问题及对策探析［J］．中国农业资源与区划，2016（9）：176－181.

④ 吴思．当前我国乡村旅游业开发：问题、机遇及其对策研究［J］．生态经济，2009（12）：82－85.

⑤ 吴云超．湘西乡村旅游发展研究［D］．北京林业大学学位论文，2011.

⑥ 龙茂兴，张河清．乡村旅游发展中存在问题的解析［J］．旅游学刊，2006（9）：75－79.

⑦ 王露．中外乡村旅游内涵及发展模式比较［J］．中国名城，2017（3）：71－79.

⑧ 林移刚．我国乡村旅游精准扶贫困境与破解研究：基于生产要素视角［J］．云南民族大学学报（哲学社会科学版），2017（3）：121－127.

认为可以在田园农业风光模式基础上，采取创意产业模式，使旅游开发和手工艺传承融合，促进乡村发展[①]。

第四类："政府扶持说"。张文、安艳艳、李娜（2006）认为乡村本来缺少资本，乡村旅游需要大量资本投入，因此应该加大政府指导和推动力度[②]。一些学者就如何扶持做了分析，提出要在规划编制、基础设施建设、旅游培训等方面给予大力扶持。柳百萍、胡文海等（2014）认为教育培训应突出重点，分类进行，培训内容应该明确具体，目的是通过培训培养新型农民，促进劳动力转移就业[③]。

第五类："强化管理说"。赵影、钟小东（2016）认为应该在旅游资源普查、人力资源组合使用、风险规避等方面加强管理[④]。黄胤源（2017）基于乡村旅游精准扶贫视角，通过对河南蔡庄村实证分析，认为应该在旅游精准扶贫的"精准"上下功夫，通过提升识别、帮扶、管理等方面的精准度来克服困境[⑤]。周霄（2018）基于旅游精准扶贫内涵分析，认为应该以确认对象、确定措施、确立机制三个方面为路径，实现乡村旅游和扶贫结合[⑥]。刘伟、刘鹏、常征（2018）认为应加大宏观规范化管理力度，尤其要避免千村一面，要突出乡村旅游的"农"味[⑦]。

综上所述，国内外学者在乡村旅游相关研究中取得很大进展，推出了一批研究成果，为旅游产业发展提供了理论指导，但相比之下，对丝路沿线地区乡村旅游的实证分析不足。为促进乡村旅游的进一步发展，需要开展整体性、系统性研究。

---

① 葛晓虹．我国乡村旅游发展的问题及对策［J］．河南科技学院学报，2014（9）：23－25.

② 张文，安艳艳，李娜．我国乡村旅游发展的社会与经济效益、问题及对策［J］．北京第二外国语学院学报，2006（3）：17－24.

③ 柳百萍，胡文海等．有效与困境：乡村旅游促进农村劳动力转移就业辨析［J］．农业经济问题，2014（5）：81－86.

④ 赵影，钟小东．基于旅游地生命周期理论的乡村旅游经济适应性管理策略研究［J］．农业经济报，2016（8）：38－40.

⑤ 黄胤源．乡村旅游精准扶贫实践困境与路径选择［D］．河南师范大学，2017.

⑥ 周霄．乡村旅游精准扶贫的内涵解读与路径安排［J］．江苏农业科学，2018（3）：329－332.

⑦ 刘伟，刘鹏，常征．我国农家乐发展现状及其影响因素分析［J］．江苏农业科学，2018（11）：323－325.

二、研究特点

（一）文献数量特征

1990－2004 年，发表的期刊文献较少，并且一直保持不变态势。2004 年以后，文献数量明显增加，呈现出台阶式、阶段式变化规律：2004－2006 年为第一阶段，文献增加；2006－2014 年为第二阶段，文献数量显著增加；2014 年至今为第三阶段，文献数量大幅度增加。这说明乡村旅游研究受到了学术界高度关注。

（二）关键词特征

关系网络显示，关键词有两个：乡村和对策。围绕这两个热词，出现了相关次级热词，包括社区参与、旅游开发、生态旅游、美丽乡村、农家乐、休闲农业、可持续发展等。

搜索发现，关键词汇主要集中在如下方面：乡村旅游、对策、休闲农业、新农村建设、美丽乡村、发展模式等。这和网络分析保持一致。

（三）机构来源特征

主要研究机构有福建农林大学、南京农业大学、华中师范大学、浙江大学、中南林业科技大学、广西大学、成都理工大学、浙江农林大学等。可见，林业农业类大学较多，西部高校较多，北上广地区大学相对较少。这说明乡村旅游研究尚需加强。

（四）主要作者特征

早期学者马致远、杨旭、舒象连、葛取兵、姚素英等主要分析了乡村旅游的必要性、重要性和资源开发利用对策。目前，研究学者数量增多，群体趋于多元化，其中具有代表性的学者有郭焕成、杨载田、杨振之、李星群、王秀忠、殷红梅、文军、陈秋华等，主要分布在西部地区。

（五）文献来源

乡村旅游研究的文献主要来自于报刊和杂志。报刊以《中国旅游报》《柳州日报》《贵州日报》《农民日报》《黄山日报》等为主，杂志以《安徽农业科学》《中国乡镇企业》《农林科技与经济》等为主。《旅游学刊》《经济地理》等高级别杂志上发表论文数量较少，这说明乡村旅游研究质量尚需提升。

（六）相关学科

乡村旅游主要涉及旅游、农业经济、建筑科学与工程、资源科学、宏观经济管理与可持续发展、经济体制改革、文化、贸易经济、服务业经济等学科，体现了多元性。

（七）前沿选题特征

基于2018年度国家社会科学基金项目立项名单，对选题进行总结分析，发现主要集中在乡村旅游的可持续发展、扶贫驱动机制、效应评价等方面。如表7-1所示。

表7-1　2018年国家社科基金项目立项名单中乡村旅游选题

作者	项目名称	关键词
周璐（遵义师范学院）	西部地区旅游扶贫进程中农民创业绩效评价与政策优化研究	旅游扶贫、绩效评价
王昕（重庆师范大学）	三峡库区旅游扶贫风险与返贫干预机制研究	旅游扶贫风险、干预机制
姚旻（贵州财经大学）	西南民族地区旅游乡村内生发展机制研究	内生机制
钟学进（广西师范学院）	滇桂黔石漠化片区旅游精准扶贫效果评价与提升路径研究	旅游精准扶贫效果、提升路径
赵志峰（重庆第二师范学院）	多元认同视角下乡村旅游社区地方性保持策略研究	地方性、社会文化认同

续表

作者	项目名称	关键词
陈伍香（桂林旅游学院）	乡村振兴战略下滇桂黔民族地区乡村旅游质效提升研究	绩效提升
王婉飞（浙江大学）	乡村振兴战略下我国乡村旅游可持续发展的村民参与研究	社区参与
马波（青岛大学）	乡村振兴中旅游经营组织转型升级研究	旅游经营组织
屈学书（运城学院）	乡村旅游促进乡村振兴研究	乡村振兴效益
王凯（湖南师范大学）	旅游扶贫绩效动态评估及稳定脱贫长效机制构建研究	脱贫机制
吴志才（华南理工大学）	贫困地区乡村旅游发展与农户可持续生计协同机制研究	农户生计可持续
薛华菊（青海师范大学）	青藏高原牧区旅游可持续发展动态效应评价及动力机制研究	评价、机制
秦兆祥（内蒙古师范大学）	历史社会学视野下草原旅游地牧民生计方式变迁与民族文化传承研究	旅游地生活变迁
陈娅玲（西藏民族大学）	援藏制度背景下西藏乡村旅游发展对农牧民可持续生计影响机理研究	影响机理
饶远（云南师范大学）	乡村振兴战略下民族村寨体育旅游发展研究	体育旅游
胡芬（湖北大学）	乡村旅游益贫性增长的机制调适及行为范式研究	机制调适
陈颖（成都学院）	高原藏区旅游扶贫有效途径与贫困人口受益模式研究	贫困人口收益模式
陈觉（浙江工商大学）	前后台结构视角下乡村旅游绿色供应链及其协调机制研究	绿色供应链、协调机制

第三节　概念及影响因素分析

一、基本概念

（一）乡村旅游

所谓乡村旅游，指的是以乡村为场所，以乡村环境、人文活动为核心吸引物的旅游形式。乡村旅游的基本特征如下：一是发生地在乡村、乡下，而不是在都市或者城市。二是主要消费者是城市居民，以市民为服务对象。三是以乡村“人事物”为资源。四是内容、模式以及形式多元。不局限于农业观光和乡村美景欣赏，美食、节会、宗教祭祀、民俗等都是其基本内容。

（二）相关概念

相关的概念主要有农业旅游、“农家乐”。其中，农业旅游是以农业为基础、把农业和旅游结合起来的一类农业发展形式；“农家乐”则是一类旅游休闲形式，是农民通过特色农产品供给来满足城市居民休闲娱乐的一类服务方式，一般以乡村美食为主要消费产品，是乡村旅游发展的初级阶段或表现形式。

二、影响因素

影响乡村旅游发展的因素有很多，主要包括道路水电等基础设施、资源禀赋、规划文本、旅游客源市场、知名度、投资经营管理水平等。

（一）基础设施

一是交通建设。有的乡村有公交车直达，客流可直接从城市进入乡村，而有的乡村没有通行客车，游客进入很不方便，出游受到制约。二是通信能力。信息化社会背景下，智慧旅游建设成为必然，乡村旅游地如果在信息化方面抢先一步，无疑会占据高位；反之，如果没有网络覆盖，游客无疑不会选择此地为目的地。三是公共设施。宿营地、停车场等基础设施应健全，否则自驾游将难以开展。四是民俗客栈以及饭店。乡村旅游必须首先解决游客吃饭和住宿问题，然后才是休闲娱乐。

（二）旅游资源

一是自然景观资源。有的乡村景色优美，山水景观奇特，植被和物种丰富，吸引了大量游客；有的乡村山不美、水不美，自然景观资源稀缺，游客作为首选地的难度很大。二是人文资源。有的乡村历史悠久，有的乡村以人文积淀受到游客青睐。三是社会旅游资源。有的乡村依靠特色产品或美食等资源成为旅游目的地，游客对这些资源评价较高。

（三）旅游规划

在乡村旅游发展初期，规划编制尚未受到重视，许多乡村没有规划无序发展，但在旅游产业成为战略产业与全域旅游背景下，政府、管理部门和开发经营者应先规划后开发，任何项目实施都必须以规划为依据。同时，乡村旅游开发规划要体现可操作性、科学性，不可随意修编，也不可随意废弃。

（四）政府支持力度

欠发达地区旅游开发离不开政府支持。一是政策支持，通过特殊的税收、财政等政策给予补助扶持；二是基础设施建设。通过项目形式，落实道路等建设项目，改善发展条件。三是对乡村旅游的支持。有的地区决策者喜欢支持城市或景区旅游，这势必使缺少资本的乡村旅游难以进入“快车道”。反之，有的地区决策者占位高，能深刻领会乡村振兴战略的内涵，对乡村旅游的重大意义认识到位，支持力度自然到位，乡村旅游发展态势自然较好。

（五）客源市场

一是客源市场距离。如果距离城市较近，则会占据地理优势，成为城市居民的后花园，如果距离城市较远，在成为城市居民出游首选地方面将大打折扣。二是客源市场规模。如果市场人口数量大，具备消费能力的群体庞大，则前景看好。如果客源稀少，则发展起步会遇到很大障碍。三是市场偏好。有的乡村旅游迎合了城市居民偏好，发展态势良好，若乡村旅游产品和城市居民需求难以对接，或者吻合度不高，则发展将困难重重，可持续性将成为问题。

（六）知名度

有的乡村以资源、交通或其他要素被外界所知，有的则默默无闻，需要开展营销以提高知晓率。当然，知名度不等于美誉度，有的旅游目的地由于服务质量差或者网络事件，知名度虽然很大，但美誉度却不佳，旅游发展势必受到影响。

（七）经营管理水平

同样的旅游目的地，同样的旅游资源禀赋，同样的基础设施条件，不同的管理理念和举措形成的效应大不相同。为提高管理效益，乡村旅游地需要健全管理机构，强化管理制度，对从业者、经营者、管理者以及相关群体开展相关教育培训，提高基本服务技能、管理能力，以此提升形象，吸引客源。

第四节　研究内容、方法和创新点

一、研究内容

一是文献述评。通过对各类文本文献以及网站信息的搜集整理，对乡村旅游研究热点问题进行归纳分析；基于关键词、主要作者群体特征、文献数量、代表性文献等视角，了解研究特点。

二是国内外发展回顾。通过文献分析和专家访谈，总结国际国内乡村旅游发展史，分析典型国家发展特征，解读国内典型模式，为乡村旅游研究提供实践方面的依据。

三是乡村旅游者行为分析，通过实地调查和问卷分析，对乡村旅游者动机、满意度进行具体调研，分析乡村旅游发展中存在的实际问题。

四是乡村旅游形象分析。选择典型旅游地，基于网络文本信息挖掘，对乡村旅游形象进行分析，研究乡村旅游发展的经济、社会和文化效应，了解其对扶贫脱贫、美丽乡村建设和传统文化保护传承以及乡村振兴的效果。

五是对策建议。基于发现的问题，以问题为导向，提出对策。

二、研究方法

一是文献分析。通过图书馆借阅、网络搜寻等方式获得文献信息，并对其加以使用。

二是深度访谈法。通过对专家、企业家、管理人员、游客等的访谈，深度了解乡村旅游发展的现状。

三是问卷调查法。设计问卷，获得第一手信息，为现状分析提供依据。

四是网络文本分析法。使用软件搜集大数据，对其加以整理，获得必要信息，了解实际发展态势。

五是社区分析法。解读典型社区，形成个案模式。

三、创新点和特殊之处

一是对典型模式进行细致分析，为后续研究提供研究参考。

二是多元方法介入，使研究得到提升。

三是对丝路沿线乡村旅游发展态势进行整体分析，强化学术研究的系统性。

第八章

乡村旅游的兴起与发展趋势

第一节　国外乡村旅游的兴起与发展趋势

一、国外乡村旅游的兴起

西方较早出现工业革命，城市化进程起步也较早，因此出现很多社会问题：大量农村人口进入城市，导致城市交通拥挤、环境被破坏、就业与工作竞争激烈、社交渠道狭窄、人情冷漠等，一些人为确保生活质量得到提升，渴望远离喧闹，“逃离”城市，到乡村进行短暂性调节，以恢复身心。在此背景下，西方乡村旅游应运而生。

（一）英国乡村旅游的兴起

全球范围看，英国是最早发展乡村旅游的国家之一。一般认为，20 世纪六七十年代，英国就开始出现乡村旅游。促进英国乡村旅游发展的关键影响因素有三个：一是具有思想积淀。在英国，有人异想天开，结合自己浪漫的想象，设计了一种自己心目中美好的庭园生活意境——“乡村庭园”，受到很多人关注与向往。1898 年，作家霍华德的作品《明日的田园城市》问世，呼吁国家要大力发展乡村。这些思想与观点在当时看来较为“前卫”，但具有远见，符合历史发展潮流与趋势，实际上是今天乡村旅游发展的“先声”。二是一些人做了大胆探索。霍华德本人不但在思想上超前，在行动上也能够大胆创新，积极落实自己天才般的设想，他斥巨资修建莱奇沃斯，使其成为人类首个田园城市，并向外界展示了自己的设想，启迪了后人。三是政府支持。英国虽然是自由市场经济国家，鼓吹“自由经济”，但并不是说不需要政府适度与必要的经济干预，政府在经济社会发展中发挥着特殊作用，尤其是在乡村旅游扶持方面：第一，资本支持。针对旅游业需要大量资本的产业性质、乡村旅游发展需要资本的现实需求，以及乡村资本稀缺的实际状况，及时出台政策与文件，基于财政手段，进行拨款，通过资本注入驱动产业发展。第二，管理支持。财政投入专款专用，必须投入旅游领域，否则会受到法律处罚；要求乡村必须有序地、有规划地利用资本，先完善基础设施，再建设景点景区，通过产业来刺激消费，促进乡村发展；要求乡村旅游不可无序发展，不可违背市场秩序与法制道德，强化各类事务管理，对消费者与经营者加以监管，为旅游健康发展营造良好的制度环境。

（二）法国乡村旅游的兴起

法国乡村旅游起步时间也很早，与英国相差不多。实际上，法国也面临与英国类似的问题：伴随工业化、城市化、市场化进程的加快，大量城市兴起，人口、资本、技术等要素开始积聚在条件较好、机会较多、生活质量较好的城市，而农村人口数量急剧下降，尤其是大量青壮年人口到城市就业与谋求发展，导致乡村缺少活力，仅有老人妇女生活其中，产业萧条，田园荒芜，乡村开始出现衰败。但法国历史上有重视农业的传统，现实中农业发展的基础也不错，只要稍加利用与提升，发展乡村旅游可以有所作为。基于这样的历史、文化、产业与经济社会大背景，法国乡村旅游得到起步，在世界上率先有了发展。具体看，最关键的影响因素如下：一是出现决策咨询。在法国，议会作用很大，议员的建议有很大的影响力，政府会结合实际需要和议员建议做出相应决策部署。乡村旅游就得到了议员的支持。在 1955 年，法国政府提出“领土整治”口号，为落实好这项政策，有一些议员搜集民意，直接给政府上书，提出可操作性建议，认为国家应该及时积极地大力发展乡村旅游。此建议由于和政策对口，又有长远战略意义，很快获得国家政策支持。二是国家支持。首先，政府开始在周末休假制度方面做出积极响应，延长了假日，配合旅游发展。这样一来，居民就具备了大量闲暇时间，可以利用周末出游，使得旅游有了“闲”的条件与保障。其次，政府进行大量资本投入，帮助乡村居民改造闲置房屋与土地，改善乡村道路与乡村环境，乡村居民参与旅游，一时间出现了很多乡村旅社与宾馆，为接待大规模游客做足了准备。三是行业协会监管。和英国政府监管模式不同，法国政府注重行业协会对市场的监管作用，出台法规条例，鼓励旅游业者组建行业协会，开展相关行业活动，提高了产业规范化管理水平。法国乡村旅游发展的起步之路对其他国家及地区有借鉴价值。

（三）美国乡村旅游的兴起

由于历史背景、文化传统与产业发展环境不同，美国乡村旅游发展模式与英国、法国有很大区别，美国没有国家层面上的统一规划，政府对各类建议支持度不大。尽管如此，美国乡村旅游发展还是取得了很大成就。究其原因，在于如下几点：其一，地方政府支持。国家层面虽然缺少制度支持，但美国各州地方政府却十分重视乡村旅游，纷纷采取各类灵活举措，因地制宜出台相关扶持政策，多渠道多途径给予支持，促进了乡村旅游发展。其二，人口老龄化。美国是一个移民国家，善于吸纳全世界最年轻、最有创新活力的人居住就业，但美国也是老年人聚集之地。由于较早完成城市化进程，城市福利较好，居民经济收入较高，科学与医药卫生条件良好，人均寿命延长，导致65岁以上的老年人规模越来越庞大，美国进入老龄社会，这一方面加重了社会养老负担，另一方面也是一股潜在的消费力量，老年人群体有钱有闲暇时间，身体也还不错，只要利用得当，措施有效，老年人群体会成为乡村旅游市场主力之一。乡村旅游自然顺势发展。其三，重视市场营销。美国是一个高度发达的市场经济国家，市场竞争异常激烈，经济主体对营销的作用有深刻认识，因此旅游企业对旅游业领域的营销非常重视；美国市场营销协会成立时间较早，规模很大，在全球具有很大影响力，同时营销队伍层次高，成就突出，伴随旅游发展势必参与其中；美国信息技术发达，信息产业发展很快，其在旅游业中得到了应用。基于此，美国在发展乡村旅游时善于利用营销手段，尤其节日营销开展得有声有色，极大地促进了市场规模的拓展，提升了经济效益。最有名的是威斯康星州，邀请专家团队和有经验的企业管理人员，联合制定科学的营销战略，对极具地方特色的烹制汉堡包加以包装，大胆申请吉尼斯世界纪录并且取得成功，形成轰动效应，在全国甚至全球获得美誉，短时间内被外界市场认知，形成了旅游品牌，旅游宣传效果非常显著。

（四）日本乡村旅游的兴起

与欧美等国家相比，日本的市场化、城市化起步较晚，但日本乡村旅游早在20世纪50年代末就有了一定程度的发展。具体表现和驱动力量以及原因如下：一是城市化的负面效应。城市化促进了社会发展，是经济增长的发动机，但过度和不正常的城市化也会带来众多恶果，乡村衰败是最大的负面结果。日本自明治维新以来，经济建设突飞猛进，科技发展很快，现代化建设取得一定成就，但城市—乡村转化过程中大量乡村人口流失，乡村出现一定程度的衰落。为此，日本政府与民众十分关注乡村发展，旅游得到重视，乡村旅游得到支持。大量的城市居民也希望走出喧嚣枯燥的都市生活，到乡村寻找乡愁，到大自然中释放心灵。二是后发优势。日本市场经济发展起步晚于欧美，也不是乡村旅游最早发展的国家，由此日本具备了向外学习和模仿借鉴的条件，能够做到“后来居上”；日本一向善于对外学习，早期以中国为师，近代以来开始向法国、英国、美国等西方发达国家学习，他国的新思想、技术、管理经验和模式使日本节约了大量成本。三是精英群体的示范效应。乡村旅游业并非没有进入“门槛”，旅游发展对参与者自身素质要求很高，一些拥有资源优势（包括资本实力优势、技术优势、区位优势、社会关系网络优势、经验优势等）的经营者率先加入其中，成为旅游业经营主体、精英与领军人才，在乡村旅游领域扮演了积极角色，并大获成功，也形成了标杆与示范效应，使后来者有迹可循，有章可循，有希望和目标可追。

四是政策和规划保障。日本政府历来重视立法的作用，在乡村旅游发展中更是突出政策的导向效果。针对市场趋势与存在问题，日本政府出台了很多法规规章，如《农山渔村旅宿型休闲活动促进法》《酒店法》《森林法》等，为产业发展提供了法律保障。同时，日本政府重视乡村旅游规划编制的落实，并提高到制度层面加以强化，对乡村旅游发展发挥了较好引导功能。如为了防止旅游发展中的过度现代化气息，避免走弯路，日本政府对乡村旅游的“乡村性”有明确要求与具体细化规定，要求经营者与企业必须按照指标加以经营开发，否则会受到相应的处罚。

（五）西班牙乡村旅游的兴起

西班牙的乡村旅游起步时间也很早，早于美国与日本。影响其发展的要素如下：一是住宿设施建设。西班牙旅游发展不但对景点景区质量有要求，而且对基础设施建设也很重视，认为没有必要的基础设施，旅游质量就无从谈起，旅游业发展就如无源之水，无本之木。因此，政府通过资本扶持、政策引导、法规约束等手段，加大了基础设施完善力度，在乡村建成了大批酒店、民宿、旅馆，服务设施日趋完善，为提高接待水平奠定了基础，同时使得基础设施成为了旅游吸引物，依靠基础设施创新了旅游目的地形象。二是以法律手段提升旅游标准化水平。乡村旅游最常见的问题是胡乱开发，无序竞争，结果导致资源浪费，旅游质量得不到提升。西班牙政府针对此问题，专门通过立法，对旅游地在产品打造、服务等方面提出高标准严要求，乡村旅游竞争力得到整体提升。三是协会参与。西班牙政府非常重视协会的作用。一方面通过政府政策管理监督协会，另一方面，利用协会自身影响力发挥对旅游业的监管作用，负责一些文化利用、人员培训、对外交流、考察学习、环境保护、无序竞争、利益分割等方面的具体事宜，旅游纠纷与旅游事务得到了高效与妥善处理。

二、国际乡村旅游的趋势

（一）趋势之一：政府政策导向效应越来越得到重视

政策在旅游业发展中的作用为各个国家所重视，政策的导向作用明显。其一，乡村旅游兴起之时，鉴于乡村在经验、技术、资本、人才等方面存在的劣势，政府主动出面，搭建制度平台，投入巨额资本，利用政策加以驱动。日本、美国、英国、法国等都投入大量资本促进乡村旅游发展，进而促进农村发展。其二，起步以后开展新的监管与质量体系建设。如英国为了保证质量，出台《乡村住宿法》对住宿餐饮服务加大监管，对接待点选择、接待场所规模、接待点建筑风格等有明确规定，任何人不得违反；原来“农业、渔业及食品部”改名成为新的部门——“环境、食品和农村事务部”，管理环境、产品与乡村发展等方面的具体事务。日本为了保障乡村旅游，制定了“绿色旅游休闲农业”战略计划，确保乡村旅游成为国家层面的重大决策。西班牙为了促进乡村旅游发展，在人才培养方面大有作为，通过举办学习班、辅导班、培训班等形式，提高参业者素质。法国政府通过资本援助、津贴投入、绿色道路修建等方式对乡村旅游加以支持。

（二）趋势之二：乡村味、乡土性保护保持意识越来越得到强化

乡村旅游出现的一个原因是市民厌倦了城市生活，需要寻找失去的纯真、自然与美好回忆。因此，乡村旅游必须具有乡土性、乡村味，否则就是城市化的翻版，必将受到大多数城市居民的反感，失去市场好评。为取得可持续发展，乡村旅游经营者大力保护乡村资源，不敢破坏自然景观和原真性人文传统。如西班牙等国家制定乡村旅游规划，在规划中明确反对现代性元素的渗透与扩张，不允许乡村旅游演化与复制为城市旅游，要求一定要体现乡村特色；坚决反对环境污染与文化遗产破坏，不可大拆大建，对老物件、老祖宅加以保护，对非遗加以传承。法国为凸显旅游的乡村性特质，要求经营户提供餐饮食品必须保质保鲜，农庄建筑与装修装饰必须具有乡土文化风

格，杜绝快餐、纸质桌布等进入景区。日本开发的多是乡村农场、农庄等产品，项目多是采摘、垂钓、园艺、手工艺等，景区很少出现钢筋混凝土等现代性强的材料，洋楼、豪宅很少出现。

（三）趋势之三：体验性、自助化、多样化特征日益增强

体验性趋势：在起步阶段侧重观光旅游，之后发展体验旅游。如日本为了使游客了解传统沐浴文化，在乡村开发了温泉项目，专门设置特色体验服务；对编织、陶艺等进行开发，邀请游客亲自参与其中。英国也是如此，推出了剪羊毛、挤牛奶、犁地、浇水、除害虫、制作面包、喂养家禽等农业生产项目，受到游客尤其是孩子们的喜欢。还有一些国家对乡村传统民俗与游戏活动进行开发，增加了游客参与度，获得了很高的美誉度。

自助化：旅游业起步之初，旅游活动尚属于一种奢侈消费行为，局限于一些高收入人群，后期伴随社会经济发展，旅游逐渐成为生活需求，大众旅游成为趋势。此时，旅游者在依赖旅行社出游的同时，开始自主决定目的地与出游时间，对项目选择也开始有决定权。时至今日，科技信息发展，思想观念转变，旅行社服务质量提高幅度受限，使得乡村旅游者行为更加自由，自助旅游成为新的潮流，散客增加，如何开发小众市场与大众市场，是乡村旅游地必须思考的新问题。

多样化：伴随客源市场规模的扩大，旅游者数量越来越多，旅游动机越来越多样化、复杂化，对经营者提出更高要求与挑战。游客不但喜欢美景观光，也喜欢娱乐、康体、休闲。与此相适应，乡村旅游景区或旅游村开始迎合市场，推出新型项目，举办特色节会，温泉、沙疗、采摘、骑行、徒步等休闲场所出现，经营范围日益扩大，业态逐渐丰富，模式变得多样。

（四）趋势之四：乡村旅游助推乡村发展的功能越来越凸显

乡村旅游的作用表现在如下几个方面：一是生态保护。政府积极投入资本，致力于乡村生态环境保护与维护，湖泊、河流水质没有被污染，垃圾处理系统得到完善，绿地、森林、草原面积扩大，避免了生态遭到破坏。二是文化传承。英日等国家在乡村旅游发展中，积极利用乡村文化与历史，修建

了大量乡村博物馆，对传说、民间故事、歌谣等进行展示，对传统建筑进行修缮保护，既增强旅游吸引力，也强化了本地居民自信心。三是经济发展方面。一些旅游地村民积极参与其中，通过提供服务、民居、特色餐饮等项目，收入增加，改善了生活状态，提高了乡村居民生活质量，也缩小了城乡差距，避免了乡村衰败。四是社会发展方面。在西方城市化阶段，人口外流，乡村社会问题大量出现；在逆城市化阶段，乡村人口回流，城市居民与乡村居民交流交往增多，社会阶层互动次数增加，促进了社会和谐发展。

（五）趋势之五：旅游客源市场规模越来越大

一是大量城市居民成为乡村旅游者。由于市场品牌的召唤、设施和服务的完善、陌生环境的诱惑、乡村美好性的吸引等多种力量作用，使乡村越来越受到旅游者青睐。二是大量国际游客出现。旅游发展初期，入境游客多青睐与选择发达地区城市作为目的地，现在伴随乡村发展，乡村游也得到入境旅游市场认可。三是过夜游客增多。乡村旅游发展的第一阶段，游客多来自附近城市，一日游是主流；在第二阶段，乡村一日游演化为过夜游，游客喜欢在周末休息时间或假期到乡村度假休闲，民宿特别火爆，消费链条被大大拉长。

第二节　国内乡村旅游的兴起与发展趋势

一、国内乡村旅游的兴起

（一）第一阶段：农家乐得到发展阶段

20 世纪 80 年代，由于改革开放，城市居民收入增加，一些城市或地方开始出现“农家乐”。其中，深圳建设采摘园，举办“荔枝节”，目的是招商引资。这为后来乡村旅游发展积累了经验与资本。

（二）第二阶段：环城游憩现象出现阶段

20 世纪 90 年代以后，受亚洲经济危机、国内经济改革等因素影响，旅游业得到国家关注，乡村旅游开始纳入产业发展范畴。最为典型的事件是，1998 年国家旅游活动主题被确定为“华夏城乡游”，乡村旅游出现第一个小高潮，观光果园、花园和农场等新型业态出现，采摘活动逐渐流行，一些地方出现环城休闲休憩带雏形。

（三）第三阶段：积极发展阶段

伴随旅游业的不断发展，城市和乡村居民生活水平的提高，单纯的农家乐模式已经无法满足市场需求，乡村旅游开始纳入规划，得到正式发展，节会旅游等开始出现。最有代表性的事件是，2006 年国家旅游主题被确定为“中国乡村游”，政府支持力度加大，游客消费增多，文化资源的开发利用力度加大。

（四）第四阶段：乡村振兴和全域旅游背景下大发展阶段

经过改革开改，国家经济实力显著增强，国民素质提升，城市化加快，环境污染、交通拥挤、工作压力等问题使得居民对乡村旅游格外青睐。国家提出“乡村振兴战略”，“全域旅游”成为发展趋势，乡村旅游发展如火如荼，各地无不信心倍增。乡村旅游进入了一个爆发式发展阶段。

二、国内乡村旅游的趋势

（一）乡村旅游的前景将越来越好

一是城市有推力。由于城市环境的恶化，城市人越来越喜欢到乡村去释放心灵。二是乡村有拉力。乡村地区幅员辽阔，景观丰富多样，生活习俗差异甚大，空气清新，人情味浓，是具有吸引力的景观和乡村旅游的物质依托。三是国家有战略。实施“乡村振兴战略”是党的十九大做出的重大决策部署，乡村旅游产业被时代赋予更大责任。四是乡村旅游有基础积累。经过几十年的探索，国内乡村旅游得到快速发展，从过去的小旅游、中旅游进入大旅游时代，为新时期大发展奠定了基础。五是安全有保障。中国社会和谐稳定，在世界上属于比较安全的国家，国内外游客对此评价一致，乡村则更为稳定和谐。因此，乡村旅游热持续走高。数据显示，在中国，一到黄金周，大约有 1 亿人去乡村休闲旅游，市场规模之大全球罕见。

（二）乡村旅游者的要求将越来越高

一是全国各地都在发展乡村旅游，但精品不多，复制模仿现象严重，到处都是民俗村、农家乐、采摘等项目，旅游者感到厌烦，会选择说“不”。二是消费者选择自由度大。原来乡村旅游目的地较少，但现在处处开花，市场演化为竞争市场，经营者压力很大。三是城市人越来越挑剔。在中国，乡村旅游最稳定的客源主体是城里人，他们受教育程度较高，经济条件好，见多识广，到乡村旅游是为了追求传统文化氛围、精神享受，而大多数乡村旅游暂时还无法完全满足这些要求。

（三）乡村旅游的模式将越来越多元化

由于游客的要求逐渐增高，“吃农家饭”的传统农家乐模式必须升级转型，否则将难以满足客源需求。如何应对挑战？唯有创新模式，才可能立于不败之地。这势必促进乡村旅游呈现出多元化发展趋势。目前看，典型的模式有五个：一是城市依托模式。在城市或大都市周边，形成乡村游憩带，利用城市市场发展旅游。二是景区依托模式。一些靠近高级别景区景点的村落，利用区位优势，发展壮大，与景区形成互补。三是产业依托模式。依托电子商务、非遗等特色产业，融合发展。四是文化依托模式。一些古村落古镇依托自身历史文化积淀和民俗优势，对旅游资源进行挖掘，吸引客源。五是综合体模式。综合各类资源，获得整合发展。

(四)“三农”问题和旅游的有效结合将成为重点

一是旅游发展的核心竞争力是文化。乡村“原味”不只是自然风光，更表现为历史、风俗和生产生活方式。在旅游产业快速发展过程中，我国乡村旅游存在表浅发展问题，许多旅游地对文化资源挖掘不够，乡村文化未能成为最优吸引力景观，非遗传承问题未得到很好解决，有的地方甚至破坏了传统文化，大拆大建，成为城市化的“新模板”，可谓新旧“乡愁”叠加。二是旅游的本质和目的是振兴农村。开发乡村旅游不仅是为了满足城市居民需求，更要结合时代要求，承担起乡村发展职责，在就业、收入增加等方面发挥优势。

第三节　丝路乡村旅游的兴起与发展趋势

一、丝路乡村旅游的兴起

(一)陕西乡村旅游的兴起

在丝路沿线省区中，陕西乡村旅游起步较早。20 世纪 90 年代初期，一些地方就形成了农家乐等基本业态。一是地理优势。依托距离西安等城市或景区较近的优势，开始探索乡村旅游起步之路。二是市场驱动。城市人口多、居民收入高、旅游消费潜力大，使一些人看到巨大商机，积极投资发展乡村旅游。三是资本因素。一些人力资本素质较高，拥有较多物质资本者主动选择旅游行业，开展创新创业。目前，陕西乡村旅游大规模兴起，仅袁家村就吸引全国各地游客与考察者大批前往，每年增加的经济收入不可估量。

（二）甘肃乡村旅游的兴起

乡村旅游是城市经济社会发展到一定阶段后的产物。在早期，甘肃乡村地区居民通过民间节会、非遗表演（如社火、“花儿会”“赛马会”）等形式发展乡村旅游，为后续发展奠定了基础。此后，伴随新农村建设、景区开发和美丽乡村建设，大批乡村旅游点出现，规划逐渐增多，社区积极参与旅游。目前，在乡村振兴与精准扶贫背景下，甘肃乡村旅游在绿色发展、特色小镇建设、非遗传承方面越来越有成就，进入了一个提质增效与跨越发展的新阶段。

（三）宁夏乡村旅游的兴起

宁夏乡村旅游的发展有其自身特点：一是影视城模式闻名全国。在起步阶段，知名作家张贤亮利用乡村废弃的羊圈，创新开发形成西部影视城，吸引大批游客到来，同时展示了边塞文化。二是红色模式。利用红军长征经过宁夏部分地区的优势，顺势而为，依托资源，开发推出六盘山、彭阳县梯田等景观。三是移民文化开发。宁夏是我国典型移民地区，移民现象受到高度关注，红寺堡、沙坡头等乡村推出了扶贫移民遗址等旅游项目。目前，乡村旅游在宁夏获得新发展，数据显示，2017 年接待游客规模达到 712.4 万人次，旅游收入达到 4.4 亿元，同比增长 23% 与 13% 。

（四）青海乡村旅游的兴起

青海地理环境、经济基础等条件和其他省区不同，乡村旅游的兴起也独具特色。一是地处青藏高原地区，海拔高，气候严寒，牧区面积大，居民收入低，于是牧区居民依托草原发展牧家乐，探索出了致富道路。二是民俗模式。互助土族自治县依托地理优势，开发民俗旅游资源，形成村寨旅游。三是观光农业模式。门源县等地区依托气候优势，种植油菜花，打造花海景观，吸引游客观光。目前，青海乡村旅游接待点 3000 余家，呈现出良好发展态势。

(五) 新疆乡村旅游的兴起

作为典型多民族地区，新疆乡村旅游兴起于20世纪90年代，具有如下典型特征：一是民族特性较强。一些少数民族社区依托高级别景点景区发展社区旅游，既对景区形成互补效应，也带动了社区发展。典型的是吐鲁番，依托葡萄产业，形成了新的旅游项目。二是具有典型空间特征。在乌鲁木齐、石河子、昌吉等城市周边地区、铁路沿线地区形成和聚集了众多乡村旅游点，但其他地区数量规模相对较小。目前，乡村旅游在新疆扶贫脱贫、社会稳定方面发挥越来越重要的作用。

二、丝路乡村旅游的发展趋势

(一) 旅游规划开始得到重视

在起步阶段，丝路沿线乡村对旅游发展的认识不到位，经验不足，属于探索摸索阶段，因此旅游规划没有得到高度关注。但今非昔比，规划工作受到了前所未有的关注。究其原因，主要有三：一是政府部门理念转变，制度设计具有刚性约束，没有规划不可实施项目，项目上马必须依照规划文本。二是规划显现了积极效应。规划的编制依靠的是专家经验和智慧，促进了产业发展。三是无规划支撑的乡村旅游地往往发展出现偏差。有的地方对资源定位不准，有的地方对文化挖掘不够，有的地方对生态造成破坏。这些都是缺少规划造成的。正因如此，各地纷纷编制乡村旅游规划，描绘产业发展蓝图。如陕西旅游发展委员会编制了陕西乡村旅游规划，甘肃武威邀请国内某知名规划公司编制完成乡村旅游规划，甘肃永昌县也邀请专家编制全县乡村旅游规划，为产业发展提供了依据和指导。

(二) 旅游培训逐步深入开展

为提升旅游产业从业人员及管理者素质，各地区开始加大人力资本投入，强化旅游教育培训。如甘肃为了强化乡村旅游培训，在陕西袁家村成立

"甘肃省乡村旅游培训基地"，目前已经选派多名相关人员前去学习考察。各个县域也积极响应，邀请外地及本地专家对旅游从业人员进行理论和实务培训。旅游培训工作有效提升了相关人员综合素养，为加快乡村旅游提质增效奠定了人才基础。

（三）旅游政策力度逐渐加大

作为新型产业，乡村旅游得到了政策的扶持，相关利好政策陆续出台。如甘肃印发了《甘肃省人民政府办公厅关于加快乡村旅游发展的意见》（甘政办发〔2018〕23号），在土地、税收、信贷、财政等方面给予政策照顾及倾斜，新疆出台《新疆维吾尔自治区乡村旅游促进办法》，从政策方面对农户资本缺乏、土地使用等问题做出新的惠民政策安排。这些举措强有力地促进了产业发展。

（四）旅游效应表现异常显著

乡村旅游在城乡发展中发挥出了巨大效应。经济方面，大批农民加入旅游领域就业创业，收入增加，精神面貌改善；社会方面，社会稳定度提升，社区建设进入一个新阶段；文化方面，乡村传统文化得到传承，非遗得到保护，对社会发展有益的新理念得到传播；生态环境方面，旅游地脏乱差局面有效改观，美丽乡村建设取得很大成就。如新疆南部地区的一些乡村，居民收入很低，属于国家贫困村，社会突发事件时有发生，乡村旅游得到发展以后，居民安心从事接待服务，收入增加，社会趋于和谐，乡村旅游有力地促进了民族团结和边疆安全。凤凰网报道，莎车县米夏镇夏马勒巴格村积极种植樱桃，以此吸引游客，旺季时农户日收入可达3000－4000元，达到了旅游扶贫脱贫的目的。

（五）旅游业态不断得到创新

随着产业发展，新型业态不断出现，山地观光、乡村节会、采摘、低空飞行、滑雪、精品民宿、湿地、乡村民俗驿站、生态农业科技园、度假村、养生山庄、特色美食、民俗酒店等相继出现，并得到游客青睐。

（六）旅游组织形态有新变化

为应对和处理新时期乡村旅游中的新问题，农家乐协会、农业合作社、乡村旅游联盟等组织开始出现，在土地流转、人才培养、产品研发销售、景区开发等方面发挥了不可替代的作用，也为理论研究提供了新鲜案例。

第九章 乡村旅游动机分析

第一节 研究说明

一、研究概况

旅游动机是旅游者行为研究的主要内容。国外研究对旅游动机进行了系统总结，形成了一些理论。国内多开展实证分析，其中，沈玉清（1985）较早涉足此领域，对旅游动机进行了初步分析和研讨；陆林（1997）分析了山岳旅游地旅游动机；吴丽云（2006）分析了影视旅游者旅游动机；高军、马耀峰等（2011）分析了城市旅游动机及其差异。整体看，国内外对乡村旅游的动机研究较少，选择丝路沿线地区进行实证分析，很有必要。

二、目的地选取

选取两个案例点进行分析：互助县和古浪县。其中，互助土族自治县（以下简称“互助县”）隶属于青海省海东市，与大通县、门源回族自治县、天祝藏族自治县和永登县等县域毗邻，知名旅游景点有互助土族民俗文化园等。古浪县位于甘肃省，隶属于武威市管辖，境内有笔架山等乡村旅游景区，古丰镇、黑松驿镇、黄羊川镇等乡村旅游发展态势较好。故选取以上两地为研究地。

三、资料获取与样本特征

依据“推—拉”模型，设计出乡村旅游动机测量量表。推力方面的变量有 14 个，为“乡村美食”“打发闲暇”“乡村怀旧”“陪伴亲友”“感受民俗”“考察学习”“释放压力”“商务活动”“节会活动”“跟随大流”“增长见识”“亲近山水”“自然景观”“淳朴民风”；拉力方面的变量有 10 个，为“美食较好”“环境较好”“交通便捷”“知名度大”“人文景观”“历史文化”“特殊民俗”“服务较好”“土特产品”“休闲娱乐”。计分采用 5 分制，具体分为：完全不认可、不认可、一般、认可、完全认可，分值依次为 1、2、3、4、5。

搜集信息的途径有三类：一是作者前往案例地发放问卷；二是委托熟人搜集问卷信息；三是由旅行社代为发放问卷。问卷调查的时间是 2018 年夏季与 2019 年夏秋季。共发放问卷 100 份，回收 99 份，有效问卷 93 份，其中，互助县发放问卷 50 份，回收 50 份，有效问卷 50 份；古浪县发放问卷 50 份，回收 49 份，有效问卷 43 份。

样本基本特征如表 9 - 1 所示。年龄上中青年居多，学历上大多具有大学学历，收入主要集中在 3000 - 8000 元，职业方面多以专业技术人员、商贸、服务等人群为主。

表 9 - 1　　样本基本特征

		频率	百分比	有效百分比	累积百分比
性别	男	43	46.2	46.2	46.2
	女	50	53.8	53.8	100.0
年龄	18 岁以下	3	3.2	3.2	3.2
	19 - 29 岁	38	40.9	40.9	44.1
	30 - 39 岁	25	26.9	26.9	71.0

续表

		频率	百分比	有效百分比	累积百分比
年龄	31－40 岁	18	19.4	19.4	90.3
	41－50 岁	7	7.5	7.5	97.8
	51－60 岁	1	1.1	1.1	98.9
职业	学生	15	16.1	16.1	16.1
	专业技术人员	25	26.9	26.9	43.0
	公务员	12	12.9	12.9	55.9
	商贸人员	14	15.1	15.1	71.0
	服务人员	16	17.2	17.2	88.2
	企业人员	11	11.8	11.8	100.0
文化程度	高中以下	16	17.2	17.2	17.2
	大学	55	59.1	59.1	76.3
	硕士	13	14.0	14.0	90.3
	博士	9	9.7	9.7	100.0
个人月收入	3000 元以下	20	21.5	21.5	21.5
	3000－5000 元	32	34.4	34.4	55.9
	5000－8000 元	24	25.8	25.8	81.7
	8000－10000 元	12	12.9	12.9	94.6
	10000 元以上	5	5.4	5.4	100.0

第二节 各调研地乡村旅游动机分析

一、古浪县案例地乡村旅游者动机分析

（一）推力分析

从旅游动机的均值、标准差可以看出游客动机。具体是：“陪伴亲友”

的均值是4.8372，位于第一位；第二位是“亲近山水”，均值为4.7907；第三位是“释放压力”与“感受民俗”，均值是4.7442；第五位是“打发闲暇”，均值是4.7209；第六位是“乡村怀旧”，均值是4.6744；第七位是“增长见识”，均值是4.6279；第八位是“节会活动”，均值是4.5814；第九位是“淳朴民风”，均值是4.4731；第十位是“商务活动”，均值是4.4651；第十一位是“自然景观”，均值为4.4194；“跟随大流”为倒数第三位，均值是4.4186；倒数第二位是“考察学习”，均值是4.3953；最后一位是“乡村美食”，均值是4.3763。依据均值大小，动机排序为：“陪伴亲友”>“亲近山水”>“释放压力”“感受民俗”>“打发闲暇”>“乡村怀旧”>“增长见识”>“节会活动”>“淳朴民风”>“商务活动”>“跟随大流”>“考察学习”>“自然景观”>“乡村美食”，可见，休闲度假出游动机为最主要动机，增长见识和商务活动所占比例较小。如表9-2所示。图9-1所示为推力因素分析图。

表9-2　　推力因素分析表

Descriptive Statistics									
	N	Minimum	Maximum	Mean	Std. Deviation	Skewness		Kurtosis	
	Statistic	Statistic	Statistic	Statistic	Statistic	Statistic	Std. Error	Statistic	Std. Error
释放压力	43	2.00	5.00	4.7442	0.62079	-2.908	0.361	9.341	0.709
节会活动	43	3.00	5.00	4.5814	0.73136	-1.445	0.361	0.533	0.709
商务活动	43	2.00	5.00	4.4651	0.85493	-1.325	0.361	0.467	0.709
考察学习	43	1.00	5.00	4.3953	0.92940	-1.639	0.361	2.783	0.709
陪伴亲友	43	3.00	5.00	4.8372	0.43261	-2.768	0.361	7.654	0.709
打发闲暇	43	3.00	5.00	4.7209	0.62965	-2.113	0.361	3.130	0.709
跟随大流	43	2.00	5.00	4.4186	0.85168	-1.189	0.361	0.213	0.709
亲近山水	43	3.00	5.00	4.7907	0.46589	-2.193	0.361	4.402	0.709
感受民俗	43	3.00	5.00	4.7442	0.58117	-2.213	0.361	3.863	0.709
乡村怀旧	43	3.00	5.00	4.6744	0.68037	-1.865	0.361	1.966	0.709
增长见识	43	3.00	5.00	4.6279	0.69087	-1.621	0.361	1.193	0.709
乡村美食	93	2.00	5.00	4.3763	0.72102	-.888	0.250	0.144	0.495
自然景观	93	2.00	5.00	4.4194	0.87629	-1.333	0.250	0.697	0.495
淳朴民风	93	2.00	5.00	4.4731	0.77448	-1.200	0.250	0.259	0.495
Valid N (listwise)	43								

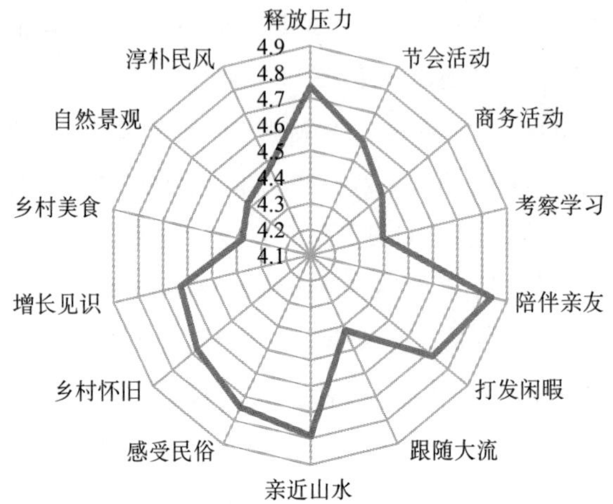

图 9－1　推力因素分析图

各个动机的选择人数及所占比例如表 9－3 所示。其中，“释放压力”方面，1 人选择“不认可”，所占比例为 2.3%，1 人选择“一般”，所占比例为 2.3%，6 人选择“认可”，所占比例为 14.0%，35 人选择“完全认可”，所占比例为 81.4%；选择认可与完全认可者比例较高。“节会活动”方面，6 人选择“一般”，所占比例为 14.0%，6 人选择“认可”，所占比例为 14.0%，31 人选择“完全认可”，所占比例为 71.2%；选择认可与完全认可者比例较高。“商务活动”方面，1 人选择“不认可”，所占比例为 2.3%，7 人选择“一般”，所占比例为 16.3%，6 人选择“认可”，所占比例为 14.0%，29 人选择“完全认可”，所占比例为 67.4%，可见选择完全认可者人数多，所占比例较高。“考察学习”方面，1 人选择“完全不认可”，所占比例为 2.3%，7 人选择“一般”，所占比例为 16.3%，8 人选择“认可”，所占比例为 18.6%，27 人选择“完全认可”，所占比例为 62.8%，选择认可与完全认可者较多。“陪伴亲友”方面，1 人选择“一般”，所占比例为 2.3%，5 人选择“认可”，所占比例为 11.6%，37 人选择“完全认可”，所占比例为 86.0%；对此动机选择完全认可者较多。“打发闲暇”方面，4 人选择“一般”，所占比例为 9.3%，4 人选择“认可”，所占比例为 9.3%，35 人选择“完全认可”，所占比为 81.4%；

选择完全认可者较多。“跟随大流”方面，1 人选择“不认可”，所占比例为 2.3%，7 人选择“一般”，所占比例为 16.3%，8 人选择“认可”，所占比例为 18.6%，27 人选择“完全认可”，所占比例为 62.8%；选择完全认可者较多。“亲近山水”方面，1 人选择“一般”，所占比例为 2.3%，7 人选择“认可”，所占比例为 16.3%，35 人选择“完全认可”，所占比例为 81.4%；选择完全认可者较多。“感受民俗”方面，3 人选择“一般”，所占比例为 7.0%，5 人选择“认可”，所占比例为 11.6%，35 人选择“完全认可”，所占比例为 81.4%；选择完全认可者较多。“乡村怀旧”方面，5 人选择“一般”，所占比例为 11.6%，4 人选择“认可”，所占比例为 9.3%，34 人选择“完全认可”，所占比例为 79.1%；选择完全认可者较多。“增长见识”方面，5 人选择“一般”，所占比例为 11.6%，6 人选择“认可”，所占比例为 14.0%，32 人选择“完全认可”，所占比例为 32%；选择完全认可者较多。“乡村美食”方面，2 人选择“一般”，所占比例为 4.7%，10 人选择“认可”，所占比例为 23.3%，31 人选择“完全认可”，所占比例为 72.1%；选择完全认可者较多。“自然景观”方面，4 人选择“一般”，所占比例为 9.3%，6 人选择“认可”，所占比例为 14.0%，33 人选择“完全认可”，所占比例为 76.7%；选择完全认可者较多。“淳朴民风”方面，5 人选择“一般”，所占比例为 11.6%，5 人选择“认可”，所占比例为 11.6%，33 人选择“完全认可”，所占比例为 76.7%，选择完全认可者较多。

表 9－3　　　　推力因素选择比例示意表

		Frequency	Percent	Valid Percent	Cumulative Percent
释放压力	不认可	1	2.3	2.3	2.3
	一般或说不好	1	2.3	2.3	4.6
	认可	6	14.0	14.0	18.6
	完全认可	35	81.4	81.4	100.0
节会活动	一般或说不好	6	14.0	14.0	14.0
	认可	6	14.0	14.0	27.9
	完全认可	31	72.1	72.1	100.0
商务活动	不认可	1	2.3	2.3	2.3
	一般或说不好	7	16.3	16.3	18.6
	认可	6	14.0	14.0	32.6
	完全认可	29	67.4	67.4	100.0

续表

		Frequency	Percent	Valid Percent	Cumulative Percent
考察学习	完全不认可	1	2.3	2.3	2.3
	一般或说不好	7	16.3	16.3	18.6
	认可	8	18.6	18.6	37.2
	完全认可	27	62.8	62.8	100.0
陪伴亲友	一般或说不好	1	2.3	2.3	2.3
	认可	5	11.6	11.6	14.0
	完全认可	37	86.0	86.0	100.0
打发闲暇	一般或说不好	4	9.3	9.3	9.3
	认可	4	9.3	9.3	18.6
	完全认可	35	81.4	81.4	100.0
跟随大流	不认可	1	2.3	2.3	2.3
	一般或说不好	7	16.3	16.3	18.6
	认可	8	18.6	18.6	37.2
	完全认可	27	62.8	62.8	100.0
亲近山水	一般或说不好	1	2.3	2.3	2.3
	认可	7	16.3	16.3	18.6
	完全认可	35	81.4	81.4	100.0
感受民俗	一般或说不好	3	7.0	7.0	7.0
	认可	5	11.6	11.6	18.6
	完全认可	35	81.4	81.4	100.0
乡村怀旧	一般或说不好	5	11.6	11.6	11.6
	认可	4	9.3	9.3	20.9
	完全认可	34	79.1	79.1	100.0
增长见识	一般或说不好	5	11.6	11.6	11.6
	认可	6	14.0	14.0	25.6
	完全认可	32	74.4	74.4	100.0
乡村美食	一般或说不好	2	4.7	4.7	4.7
	认可	10	23.3	23.3	27.9
	完全认可	31	72.1	72.1	100.0

续表

		Frequency	Percent	Valid Percent	Cumulative Percent
自然景观	一般或说不好	4	9.3	9.3	9.3
	认可	6	14.0	14.0	23.3
	完全认可	33	76.7	76.7	100.0
淳朴民风	一般或说不好	5	11.6	11.6	11.6
	认可	5	11.6	11.6	23.3
	完全认可	33	76.7	76.7	100.0

（二）拉力分析

从均值、标准差也可以看出拉力因素特征。具体是："交通便捷"的均值为4.6512，位于第一位；"土特产品"的均值为4.6047，位于第二位；"美食较好"的均值为4.5116，位于第三位；"环境较好"的均值为4.4186，位于第四位；"特殊民俗"的均值为4.3953，位于第五位；"服务较好"与"休闲娱乐"均值为4.3721，位于第六位；"知名度大"的均值为4.1860，位于第八位；"人文景观"的均值为4.0698，位于第九位；"历史文化"的均值为3.9302，位于第十位。拉力方面的排序为："交通便捷" > "土特产品" > "美食较好" > "环境较好" > "特殊民俗" > "服务较好""休闲娱乐" > "知名度大" > "人文景观" > "历史文化"。可见，交通、美食、环境等对游客出游具有很大吸引力。表9－4所示为拉力因素分析表，图9－2所示为拉力因素分析图。

表9－4　　　　拉力因素分析表

Descriptive Statistics									
	N	Minimum	Maximum	Mean	Std. Deviation	Skewness		Kurtosis	
	Statistic	Statistic	Statistic	Statistic	Statistic	Statistic	Std. Error	Statistic	Std. Error
知名度大	43	3.00	5.00	4.1860	0.62700	－0.151	0.361	－0.449	0.709
交通便捷	43	3.00	5.00	4.6512	0.52932	－1.155	0.361	0.342	0.709

续表

Descriptive Statistics									
	N	Minimum	Maximum	Mean	Std. Deviation	Skewness		Kurtosis	
	Statistic	Statistic	Statistic	Statistic	Statistic	Statistic	Std. Error	Statistic	Std. Error
特殊民俗	43	2.00	5.00	4.3953	0.82056	-1.139	0.361	0.365	0.709
美食较好	43	3.00	5.00	4.5116	0.66805	-1.049	0.361	-0.020	0.709
环境较好	43	3.00	5.00	4.4186	0.58686	-0.410	0.361	-0.673	0.709
历史文化	43	2.00	5.00	3.9302	0.70357	-0.332	0.361	0.259	0.709
人文景观	43	2.00	5.00	4.0698	0.85622	-0.615	0.361	-0.241	0.709
服务较好	43	2.00	5.00	4.3721	0.92642	-1.019	0.361	-0.559	0.709
土特产品	43	2.00	5.00	4.6047	0.79101	-1.876	0.361	2.422	0.709
休闲娱乐	43	1.00	5.00	4.3721	1.11319	-1.671	0.361	1.627	0.709
Valid N (listwise)	43								

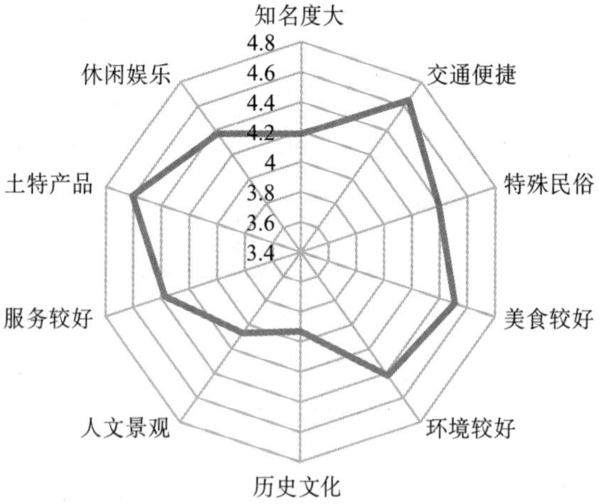

图 9-2　拉力因素分析图

拉力因素的动机及选择人数及所占比例如表 9-5 所示。其中，“知名度大”方面，5 人选择“一般”，所占比例为 11.6%，25 人选择“认可”，所占比例为 58.1%，13 人选择“完全认可”，所占比例为 30.2%；选择认可者较多。“交通便捷”方面，1 人选择“一般”，所占比例为 2.3%，13 人选择“认可”，所占比例为 30.2%，29 人选择“完全认可”，所占比例为 67.4%；选择完全认可者较多。“特殊民俗”方面，1 人选择“不认可”，所占比例为 2.3%，6 人选择“一般”，所占比例为 14.0%，11 人选择“认可”，所占比例为 25.6%，25 人选择“完全认可”，所占比例为 58.1%；选择完全认可者较多。“美食较好”方面，4 人选择“一般”，所占比例为 9.3%，13 人选择“认可”，所占比例为 30.2%，26 人选择“完全认可”，所占比例为 60.5%；选择完全认可者较多，对此动机无不认可者。“环境较好”方面，2 人选择“一般”，所占比例为 4.7%，21 人选择“认可”，所占比例为 48.8%，20 人选择“完全认可”，所占比例为 46.5%；选择完全认可者少于认可者。“历史文化”方面，1 人选择“不认可”，所占比例为 2.3%，9 人选择“一般”，所占比例为 20.9%，25 人选择“认可”，所占比例为 58.1%，8 人选择“完全认可”，所占比例为 18.6%；选择认可者较多。“人文景观”方面，2 人选择“不认可”，所占比例为 4.7%，8 人选择“一般”，所占比例为 18.6%，18 人选择“认可”，所占比例为 41.9%，15 人选择“完全认可”，所占比例为 34.9%；对此动机选择“认可”与“完全认可”者较多。“服务较好”方面，1 人选择“不认可”，所占比例为 2.3%，10 人选择“一般”，所占比例为 23.3%，4 人选择“认可”，所占比例为 9.3%，28 人选择“完全认可”，所占比例为 65.1%；选择完全认可者较多。“土特产品”方面，1 人选择“不认可”，所占比例为 2.3%，5 人选择“不好”，所占比例为 11.6%，4 人选择“认可”，所占比例为 9.3%，33 人选择“完全认可”，所占比例为 76.7%；选择完全认可者较多。“休闲娱乐”方面，1 人选择“不认可”，所占比例为 2.3%，4 人选择“不认可”，所占比例为 9.3%，3 人选择“一般”，所占比例为 7.0%，5 人选择“认可”，所占比例为 11.6%，30 人选择“完全认可”，所占比例为 69.8%；选择完全认可者较多，说明乡村旅游地非常适合城市人前去休闲度假。

表 9-5　　拉力因素选择比例示意表

		Frequency	Percent	Valid Percent	Cumulative Percent
知名度大	一般或说不好	5	11.6	11.6	11.6
	认可	25	58.1	58.1	69.8
	完全认可	13	30.2	30.2	100.0
交通便捷	一般或说不好	1	2.3	2.3	2.3
	认可	13	30.2	30.2	32.6
	完全认可	29	67.4	67.4	100.0
特殊民俗	不认可	1	2.3	2.3	2.3
	一般或说不好	6	14.0	14.0	16.3
	认可	11	25.6	25.6	41.9
	完全认可	25	58.1	58.1	100.0
美食较好	一般或说不好	4	9.3	9.3	9.3
	认可	13	30.2	30.2	39.5
	完全认可	26	60.5	60.5	100.0
环境较好	一般或说不好	2	4.7	4.7	4.7
	认可	21	48.8	48.8	53.5
	完全认可	20	46.5	46.5	100.0
历史文化	不认可	1	2.3	2.3	2.3
	一般或说不好	9	20.9	20.9	23.3
	认可	25	58.1	58.1	81.4
	完全认可	8	18.6	18.6	100.0
人文景观	不认可	2	4.7	4.7	4.7
	一般或说不好	8	18.6	18.6	23.3
	认可	18	41.9	41.9	65.1
	完全认可	15	34.9	34.9	100.0
服务较好	不认可	1	2.3	2.3	2.3
	一般或说不好	10	23.3	23.3	25.6
	认可	4	9.3	9.3	34.9
	完全认可	28	65.1	65.1	100.0
土特产品	不认可	1	2.3	2.3	2.3
	一般或说不好	5	11.6	11.6	14.0
	认可	4	9.3	9.3	23.3
	完全认可	33	76.7	76.7	100.0

续表

		Frequency	Percent	Valid Percent	Cumulative Percent
休闲娱乐	完全不认可	1	2.3	2.3	2.3
	不认可	4	9.3	9.3	11.6
	一般或说不好	3	7.0	7.0	18.6
	认可	5	11.6	11.6	30.2
	完全认可	30	69.8	69.8	100.0

二、互助县案例地乡村旅游者动机分析

（一）推力分析

从旅游动机的均值、标准差可以看出游客动机。具体是："感受民俗"位居第一位，均值为4.4400；"淳朴民风"位居第二位，均值为4.3200；排名第三位的是"释放压力"与"亲近山水"，均值为4.3000；"自然景观"排名第五位，均值为4.2000；排名第六位的是"乡村美食"，均值为4.1200；"乡村怀旧"的均值为3.94，排第七位；"增长见识"的均值为3.8400，排第八位；"陪伴亲友"的均值为3.7800，排第九位；"节会活动"的均值为3.5800，排第十位；"考察学习"的均值为3.4200，排第十一位；"商务活动"的均值为3.1000，排第十二位；"打发闲暇"的均值为2.9600，排第十三位；"跟随大流"排名最后，均值为2.6600。可见，动机大小顺序为："感受民俗" > "淳朴民风" > "释放压力""亲近山水" > "自然景观" > "乡村美食" > "乡村怀旧" > "增长见识" > "陪伴亲友" > "节会活动" > "考察学习" > "商务活动" > "打发闲暇" > "跟随大流"。表9－6所示为推力因素分析表，图9－3所示为推力因素分析图。

推力因素的动机及选择人数及所占比例如表9－7所示。其中，"释放压力"方面，选择"完全不认可"者1人，所占比例为2.0%，选择"不认可"者2人，所占比例为4.0%，选择"一般"者7人，所占比例为14.0%，选择"认可"者11人，所占比例为22.0%，选择"完全认可"者

表 9-6　　拉力因素分析表

Descriptive Statistics									
	N	Minimum	Maximum	Mean	Std. Deviation	Skewness		Kurtosis	
	Statistic	Statistic	Statistic	Statistic	Statistic	Statistic	Std. Error	Statistic	Std. Error
释放压力	50	1. 00	5. 00	4. 3000	0. 99488	-1. 425	0. 337	1. 554	0. 662
节会活动	50	1. 00	5. 00	3. 5800	1. 21370	-0. 480	0. 337	-0. 692	0. 662
商务活动	50	1. 00	5. 00	3. 1000	1. 46036	-0. 221	0. 337	-1. 348	0. 662
考察学习	50	1. 00	5. 00	3. 4200	1. 17959	-0. 345	0. 337	-0. 762	0. 662
陪伴亲友	50	1. 00	5. 00	3. 7800	1. 40393	-0. 743	0. 337	-0. 784	0. 662
打发闲暇	50	1. 00	5. 00	2. 9600	1. 71381	-0. 012	0. 337	-1. 754	0. 662
跟随大流	50	1. 00	5. 00	2. 6600	1. 34938	0. 242	0. 337	-1. 199	0. 662
亲近山水	50	1. 00	5. 00	4. 3000	0. 88641	-1. 557	0. 337	3. 047	0. 662
感受民俗	50	3. 00	5. 00	4. 4400	0. 81215	-0. 989	0. 337	-0. 730	0. 662
乡村怀旧	50	1. 00	5. 00	3. 9400	1. 13227	-0. 845	0. 337	-0. 333	0. 662
增长见识	50	2. 00	5. 00	3. 8400	0. 81716	0. 074	0. 337	-1. 012	0. 662
乡村美食	50	2. 00	5. 00	4. 1200	0. 74615	-0. 507	0. 337	-0. 038	0. 662
自然景观	50	2. 00	5. 00	4. 2000	0. 98974	-0. 947	0. 337	-0. 285	0. 662
淳朴民风	50	2. 00	5. 00	4. 3200	0. 81916	-0. 897	0. 337	-0. 171	0. 662
Valid N (listwise)	50								

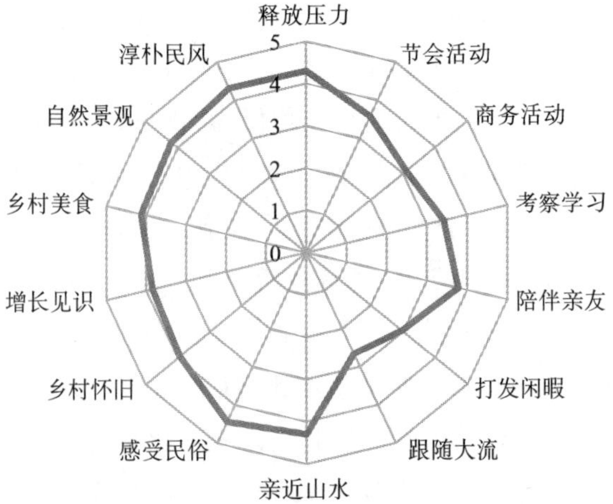

图 9-3　推力因素分析图

29 人，所占比例为 58.0%。“节会活动”方面，选择“完全不认可”者 3 人，所占比例为 6.0%，选择“不认可”者 7 人，所占比例为 14.0%，选择“一般”者 12 人，所占比例为 24.0%，选择“认可”者 14 人，所占比例为 28.0%，选择“完全认可”者 14 人，所占比例为 28.0%。“商务活动”方面，选择“完全不认可”者 11 人，所占比例为 22.0%，选择“不认可”者 7 人，所占比例为 14.0%，选择“一般”者 8 人，所占比例为 16.0%，选择“认可”者 14 人，所占比例为 28.0%，选择“完全认可”者 10 人，所占比例为 20.0%。“考察学习”方面，选择“完全不认可”者 3 人，所占比例为 6.0%，选择“不认可”者 9 人，所占比例为 18.0%，选择“一般”者 12 人，所占比例为 24.0%，选择“认可”者 16 人，所占比例为 32.0%，选择“完全认可”者 10 人，所占比例为 20.0%。“陪伴亲友”方面，选择“完全不认可”者 5 人，所占比例为 10.0%，选择“不认可”者 5 人，所占比例为 10.0%，选择“一般”者 10 人，所占比例为 20.0%，选择“认可”者 6 人，所占比例为 12.0%，选择“完全认可”者 24 人，所占比例为 48.0%。“打发闲暇”方面，选择“完全不认可”者 18 人，所占比例为 36.0%，选择“不认可”者 4 人，所占比例为 8.0%，选择“一般”者 5 人，所占比例为 10.0%，选择“认可”者 8 人，所占比例为 16.0%，选择“完全认可”者 15 人，所占比例为 30.0%。“跟随大流”方面，选择“完全不认可”者 13 人，所占比例为 26.0%，选择“不认可”者 12 人，所占比例为 24.0%，选择“一般”者 9 人，所占比例为 18.0%，选择“认可”者 11 人，所占比例为 22.0%，选择“完全认可”者 5 人，所占比例为 10.0%。“亲近山水”方面，选择“完全不认可”者 1 人，所占比例为 2.0%，选择“不认可”者 1 人，所占比例为 2.0%，选择“一般”者 5 人，所占比例为 10.0%，选择“认可”者 18 人，所占比例为 36.0%，选择“完全认可”者 25 人，所占比例为 50.0%。“感受民俗”方面，选择“完全不认可”者 0 人，所占比例为 0.0%，选择“不认可”者 0 人，所占比例为 0.0%，选择“一般”者 10 人，所占比例为 20.0%，选择“认可”者 8 人，所占比例为 16.0%，选择“完全认可”者 32 人，所占比例为 64.0%。“乡村怀旧”方面，选择“完全不认可”者 1 人，所占比例为 2.0%，选择“不认可”者 7 人，所占比例为

14.0%，选择“一般”者6人，所占比例为2.0%，选择“认可”者16人，所占比例为32.0%，选择“完全认可”者20人，所占比例为40.0%。“增长见识”方面，选择“完全不认可”者0人，所占比例为0.0%，选择“不认可”者1人，所占比例为2.0%，选择“一般”者18人，所占比例为36.0%，选择“认可”者19人，所占比例为38.0%，选择“完全认可”者12人，所占比例为24.0%。“乡村美食”方面，选择“完全不认可”者0人，所占比例为0.0%，选择“不认可”者1人，所占比例为2.0%，选择“一般”者8人，所占比例为16.0%，选择“认可”者25人，所占比例为50.0%，选择“完全认可”者16人，所占比例为32.0%。“自然景观”方面，选择“完全不认可”者0人，所占比例为0.0%，选择“不认可”者4人，所占比例为8.0%，选择“一般”者8人，所占比例为16.0%，选择“认可”者12人，所占比例为24.0%，选择“完全认可”者26人，所占比例为52.0%。“淳朴民风”方面，选择“完全不认可”者0人，所占比例为0.0%，选择“不认可”者1人，所占比例为2.0%，选择“一般”者8人，所占比例为16.0%，选择“认可”者15人，所占比例为30.0%，选择“完全认可”者26人，所占比例为52.0%。

表9-7　推力因素选择比例示意表

		Frequency	Percent	Valid Percent	Cumulative Percent
释放压力	完全不认可	1	2.0	2.0	2.0
	不认可	2	4.0	4.0	6.0
	一般或说不好	7	14.0	14.0	20.0
	认可	11	22.0	22.0	42.0
	完全认可	29	58.0	58.0	100.0
节会活动	完全不认可	3	6.0	6.0	6.0
	不认可	7	14.0	14.0	20.0
	一般或说不好	12	24.0	24.0	44.0
	认可	14	28.0	28.0	72.0
	完全认可	14	28.0	28.0	100.0

续表

		Frequency	Percent	Valid Percent	Cumulative Percent
商务活动	完全不认可	11	22.0	22.0	22.0
	不认可	7	14.0	14.0	36.0
	一般或说不好	8	16.0	16.0	52.0
	认可	14	28.0	28.0	80.0
	完全认可	10	20.0	20.0	100.0
考察学习	完全不认可	3	6.0	6.0	6.0
	不认可	9	18.0	18.0	24.0
	一般或说不好	12	24.0	24.0	48.0
	认可	16	32.0	32.0	80.0
	完全认可	10	20.0	20.0	100.0
陪伴亲友	完全不认可	5	10.0	10.0	10.0
	不认可	5	10.0	10.0	20.0
	一般或说不好	10	20.0	20.0	40.0
	认可	6	12.0	12.0	52.0
	完全认可	24	48.0	48.0	100.0
打发闲暇	完全不认可	18	36.0	36.0	36.0
	不认可	4	8.0	8.0	44.0
	一般或说不好	5	10.0	10.0	54.0
	认可	8	16.0	16.0	70.0
	完全认可	15	30.0	30.0	100.0
跟随大流	完全不认可	13	26.0	26.0	26.0
	不认可	12	24.0	24.0	50.0
	一般或说不好	9	18.0	18.0	68.0
	认可	11	22.0	22.0	90.0
	完全认可	5	10.0	10.0	100.0
亲近山水	完全不认可	1	2.0	2.0	2.0
	不认可	1	2.0	2.0	4.0
	一般或说不好	5	10.0	10.0	14.0
	认可	18	36.0	36.0	50.0
	完全认可	25	50.0	50.0	100.0

续表

		Frequency	Percent	Valid Percent	Cumulative Percent
感受民俗	一般或说不好	10	20.0	20.0	20.0
	认可	8	16.0	16.0	36.0
	完全认可	32	64.0	64.0	100.0
乡村怀旧	完全不认可	1	2.0	2.0	2.0
	不认可	7	14.0	14.0	16.0
	一般或说不好	6	12.0	12.0	28.0
	认可	16	32.0	32.0	60.0
	完全认可	20	40.0	40.0	100.0
增长见识	不认可	1	2.0	2.0	2.0
	一般或说不好	18	36.0	36.0	38.0
	认可	19	38.0	38.0	76.0
	完全认可	12	24.0	24.0	100.0
乡村美食	不认可	1	2.0	2.0	2.0
	一般或说不好	8	16.0	16.0	18.0
	认可	25	50.0	50.0	68.0
	完全认可	16	32.0	32.0	100.0
自然景观	不认可	4	8.0	8.0	8.0
	一般或说不好	8	16.0	16.0	24.0
	认可	12	24.0	24.0	48.0
	完全认可	26	52.0	52.0	100.0
淳朴民风	不认可	1	2.0	2.0	2.0
	一般或说不好	8	16.0	16.0	18.0
	认可	15	30.0	30.0	48.0
	完全认可	26	52.0	52.0	100.0

（二）拉力分析

从均值、标准差也可以看出拉力因素特征。具体是："历史文化"的均值为 4.3800，位居第一位；第二位是"环境较好"，均值为 4.1600；第三位是"人文景观"，均值为 4.1200；"土特产品"位于第四位，均值为 4.0800；

“交通便捷”与“特殊民俗”的均值为4.1200，并列位于第五位；“服务较好”的均值为3.9600，排第七位；“美食较好”的均值为3.9200，排第八位；“休闲娱乐”的均值为3.4800，排第九位；“知名度大”的均值为2.8800，位居最后。可见，拉力方面的排序为：“历史文化”>“环境较好”>“人文景观”>“土特产品”>“交通便捷”“特殊民俗”>“服务较好”>“美食较好”>“休闲娱乐”>“知名度大”。表9-8所示为拉力因素分析表，图9-4所示为拉力因素分析图。

表9-8　　拉力因素分析表

Descriptive Statistics									
	N	Minimum	Maximum	Mean	Std. Deviation	Skewness		Kurtosis	
	Statistic	Statistic	Statistic	Statistic	Statistic	Statistic	Std. Error	Statistic	Std. Error
知名度大	50	1.00	5.00	2.8800	1.36487	0.175	0.337	-1.051	0.662
交通便捷	50	2.00	5.00	4.0400	0.92494	-0.887	0.337	0.176	0.662
特殊民俗	50	2.00	5.00	4.0400	0.80711	-0.317	0.337	-0.750	0.662
美食较好	50	1.00	5.00	3.9200	1.14000	-1.129	0.337	0.746	0.662
环境较好	50	2.00	5.00	4.1600	0.84177	-0.530	0.337	-0.797	0.662
历史文化	50	2.00	5.00	4.3800	0.77959	-1.063	0.337	0.440	0.662
人文景观	50	2.00	5.00	4.1200	0.84853	-0.654	0.337	-0.258	0.662
服务较好	50	2.00	5.00	3.9600	0.94675	-0.369	0.337	-0.976	0.662
土特产品	50	2.00	5.00	4.0800	0.96553	-0.732	0.337	-0.481	0.662
休闲娱乐	50	1.00	5.00	3.4800	1.21622	-0.590	0.337	-0.357	0.662
Valid N (listwise)	50								

拉力因素的动机及选择人数及所占比例如表9-9所示。其中，“知名度大”方面，10人选择“完全不认可”，所占比例为20.0%，10人选择“不认可”，所占比例为20.0%，15人选择“一般”，所占比例为12.0%，6人选择认可，所占比例为12.0%，9人选择“完全认可”，所占比例为18.0%；选择认可者少于不认可者。“交通便捷”方面，5人选择“不认可”，所占比

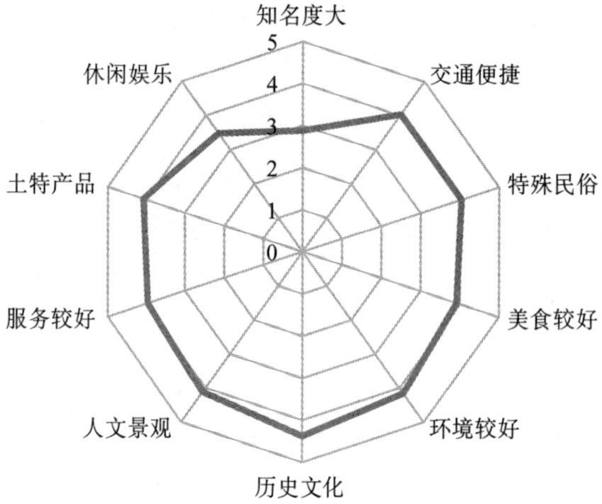

图 9-4　推力因素分析图

例为 10.0%，5 人选择“一般”，所占比例为 10.0%，23 人选择“认可”，所占比例为 46.0%，17 人选择“完全认可”，所占比例为 34.0%；选择认可者较多。“特殊民俗”方面，1 人选择“不认可”，所占比例为 2.0%，12 人选择“一般”，所占比例为 24.0%，21 人选择“认可”，所占比例为 42.0%，16 人选择“完全认可”，所占比例为 32.0%；选择认可者较多。“美食较好”方面，3 人选择“完全不认可”，所占比例为 6.0%，3 人选择“不认可”，所占比例为 6.0%，7 人选择“一般”，所占比为 14.0%，19 人选择“认可”，所占比例为 38.0%，18 人选择“完全认可”，所占比例为 36.0%；选择认可者较多。“环境较好”方面，1 人选择“不认可”，所占比例为 2.0%，11 人选择“一般”，所占比例为 22.0%，17 人选择“认可”，所占比例为 34.0%，21 人选择“完全认可”，所占比例为 42.0%；选择完全认可者居多。“历史文化”方面，1 人选择“不认可”，所占比例为 2.0%，6 人选择“一般”，所占比例为 12.0%，16 人选择“认可”，所占比例为 32.0%，27 人选择“完全认可”，所占比例为 54.0%；选择完全认可者较多。“人文景观”方面，2 人选择“不认可”，所占比例为 4.0%，9 人选择“一般”，所占比例为 18.0%，20 人选择“认可”，所占比例为 40.0%，19 人选择“完全认可”，所占比例为 38.0%；选择认可者居多。“服务较好”方面，3 人选择“不认可”，所占比例为 6.0%，14 人选择“一般”，所占比例为

28.0%，15人选择“认可”，所占比例为30.0%，18人选择“完全认可”，所占比例为36.0%；选择不认可者与一般者较少。“土特产品”方面，4人选择“不认可”，所占比例为8.0%，9人选择“一般”，所占比例为18.0%，16人选择“认可”，所占比例为32.0%，21人选择“完全认可”，所占比例为42.0%；选择不认可者与一般者较少。“休闲娱乐”方面，5人选择“完全不认可”，所占比例为10.0%，4人选择“不认可”，所占比例为8.0%，14人选择“一般”，所占比例为28.0%，16人选择“认可”，所占比例为32.0%，11人选择“完全认可”，所占比例为22.0%；选择认可者多于不认可者。

表9-9　　推力因素选择比例示意表

		Frequency	Percent	Valid Percent	Cumulative Percent
知名度大	完全不认可	10	20.0	20.0	20.0
	不认可	10	20.0	20.0	40.0
	一般或说不好	15	30.0	30.0	70.0
	认可	6	12.0	12.0	82.0
	完全认可	9	18.0	18.0	100.0
交通便捷	不认可	5	10.0	10.0	10.0
	一般或说不好	5	10.0	10.0	20.0
	认可	23	46.0	46.0	66.0
	完全认可	17	34.0	34.0	100.0
特殊民俗	不认可	1	2.0	2.0	2.0
	一般或说不好	12	24.0	24.0	26.0
	认可	21	42.0	42.0	68.0
	完全认可	16	32.0	32.0	100.0
美食较好	完全不认可	3	6.0	6.0	6.0
	不认可	3	6.0	6.0	12.0
	一般或说不好	7	14.0	14.0	26.0
	认可	19	38.0	38.0	64.0
	完全认可	18	36.0	36.0	100.0
环境较好	不认可	1	2.0	2.0	2.0
	一般或说不好	11	22.0	22.0	24.0
	认可	17	34.0	34.0	58.0
	完全认可	21	42.0	42.0	100.0

续表

		Frequency	Percent	Valid Percent	Cumulative Percent
历史文化	不认可	1	2.0	2.0	2.0
	一般或说不好	6	12.0	12.0	14.0
	认可	16	32.0	32.0	46.0
	完全认可	27	54.0	54.0	100.0
人文景观	不认可	2	4.0	4.0	4.0
	一般或说不好	9	18.0	18.0	22.0
	认可	20	40.0	40.0	62.0
	完全认可	19	38.0	38.0	100.0
服务较好	不认可	3	6.0	6.0	6.0
	一般或说不好	14	28.0	28.0	34.0
	认可	15	30.0	30.0	64.0
	完全认可	18	36.0	36.0	100.0
土特产品	不认可	4	8.0	8.0	8.0
	一般或说不好	9	18.0	18.0	26.0
	认可	16	32.0	32.0	58.0
	完全认可	21	42.0	42.0	100.0
休闲娱乐	完全不认可	5	10.0	10.0	10.0
	不认可	4	8.0	8.0	18.0
	一般或说不好	14	28.0	28.0	46.0
	认可	16	32.0	32.0	78.0
	完全认可	11	22.0	22.0	100.0

第三节　旅游动机总结和比较分析

一、描述性统计分析

（一）推力分析

从均值、标准差可以看出游客动机特征。具体是：“感受民俗”位居第一位，均值为4.5806；第二位是“亲近山水”，均值为4.5269；第三位是“压力释放”，均值为4.5054；第四位是“淳朴民风”，均值为4.4731；第五位是“自然景观”，均值为4.4194；第六位是“乡村美食”，均值为4.3763；第七位是“乡村怀旧”，均值为4.2796，第八位是“陪伴亲友”，均值为4.2688；第九位是“增长见识”，均值为4.2043；第十位是“节会活动”，均值为4.0430；第十一位是“考察学习”，均值为3.8710；第十二位是“打发闲暇”，均值为3.7742；第十三位是“商务活动”，均值为3.7312；第十四位是“跟随大流”，均值是3.4731。可见，动机大小顺序为：“感受民俗”>“亲近山水”>“释放压力”>“淳朴民风”>“自然景观”>“乡村美食”>“乡村怀旧”>“陪伴亲友”>“增长见识”>“节会活动”>“考察学习”>“打发闲暇”>“商务活动”>“跟随大流”。表9-10所示为推力因素分析表，图9-5所示为推力因素分析图。

表9-10　　推力因素分析表

Descriptive Statistics									
	N	Minimum	Maximum	Mean	Std. Deviation	Skewness		Kurtosis	
	Statistic	Statistic	Statistic	Statistic	Statistic	Statistic	Std. Error	Statistic	Std. Error
释放压力	93	1.00	5.00	4.5054	0.86758	-1.905	0.250	3.355	0.495
节会活动	93	1.00	5.00	4.0430	1.13170	-0.960	0.250	0.000	0.495
商务活动	93	1.00	5.00	3.7312	1.39206	-0.788	0.250	-0.661	0.495
考察学习	93	1.00	5.00	3.8710	1.17238	-0.778	0.250	-0.318	0.495
陪伴亲友	93	1.00	5.00	4.2688	1.18999	-1.529	0.250	1.235	0.495
打发闲暇	93	1.00	5.00	3.7742	1.58888	-0.882	0.250	-0.876	0.495
跟随大流	93	1.00	5.00	3.4731	1.44155	-0.457	0.250	-1.156	0.495
亲近山水	93	1.00	5.00	4.5269	0.76031	-1.988	0.250	4.991	0.495
感受民俗	93	3.00	5.00	4.5806	0.72715	-1.414	0.250	0.415	0.495
乡村怀旧	93	1.00	5.00	4.2796	1.01473	-1.292	0.250	0.717	0.495
增长见识	93	2.00	5.00	4.2043	0.85413	-0.516	0.250	-1.146	0.495
乡村美食	93	2.00	5.00	4.3763	0.72102	-0.888	0.250	0.144	0.495
自然景观	93	2.00	5.00	4.4194	0.87629	-1.333	0.250	0.697	0.495
淳朴民风	93	2.00	5.00	4.4731	0.77448	-1.200	0.250	0.259	0.495
Valid N (listwise)	93								

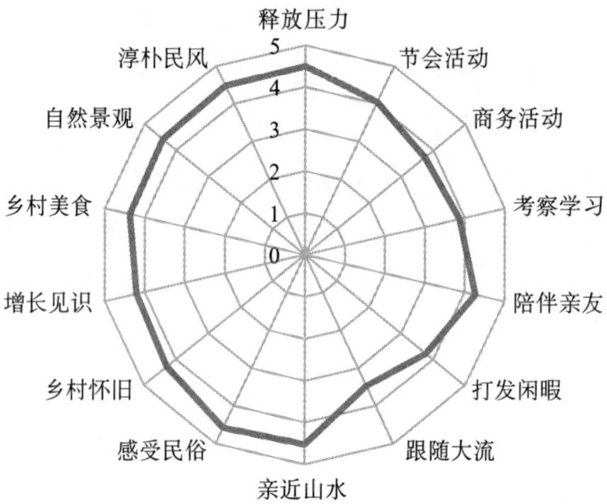

图 9－5　推力因素分析图

（二）拉力分析

从均值、标准差可以看出拉力因素特征。具体是：“交通便捷”与“土特产品”的均值为 4.3226；“环境较好”均值为 4.2796；“特殊民俗”的均值为 4.2043；“美食较好”的均值为 4.1935；“历史文化”的均值为 4.1720；“服务较好”的均值为 4.1505；“人文景观”的均值为 4.0968；“休闲娱乐”的均值为 3.8925；“知名度大”的均值为 3.4839。可见，拉力方面的排序为：“交通便捷”“土特产品”>“环境较好”>“特殊民俗”>“美食较好”>“历史文化”>“服务较好”>“人文景观”>“休闲娱乐”>“知名度大”。表 9－11 所示为拉力因素分析表，图 9－6 所示为拉力因素分析图。

表 9－11　　拉力因素分析表

Descriptive Statistics									
	N	Minimum	Maximum	Mean	Std. Deviation	Skewness		Kurtosis	
	Statistic	Statistic	Statistic	Statistic	Statistic	Statistic	Std. Error	Statistic	Std. Error
知名度大	93	1.00	5.00	3.4839	1.26502	－0.589	0.250	－0.615	0.495
交通便捷	93	2.00	5.00	4.3226	0.82305	－1.264	0.250	1.297	0.495

续表

Descriptive Statistics									
	N	Minimum	Maximum	Mean	Std. Deviation	Skewness		Kurtosis	
	Statistic	Statistic	Statistic	Statistic	Statistic	Statistic	Std. Error	Statistic	Std. Error
特殊民俗	93	2.00	5.00	4.2043	0.82829	-0.635	0.250	-0.597	0.495
美食较好	93	1.00	5.00	4.1935	0.99190	-1.425	0.250	1.963	0.495
环境较好	93	2.00	5.00	4.2796	0.74258	-0.667	0.250	-0.310	0.495
历史文化	93	2.00	5.00	4.1720	0.77493	-0.596	0.250	-0.227	0.495
人文景观	93	2.00	5.00	4.0968	0.84782	-0.625	0.250	-0.304	0.495
服务较好	93	2.00	5.00	4.1505	0.95492	-0.615	0.250	-0.985	0.495
土特产品	93	2.00	5.00	4.3226	0.92268	-1.116	0.250	0.100	0.495
休闲娱乐	93	1.00	5.00	3.8925	1.24641	-0.894	0.250	-0.240	0.495
Valid N (listwise)	93								

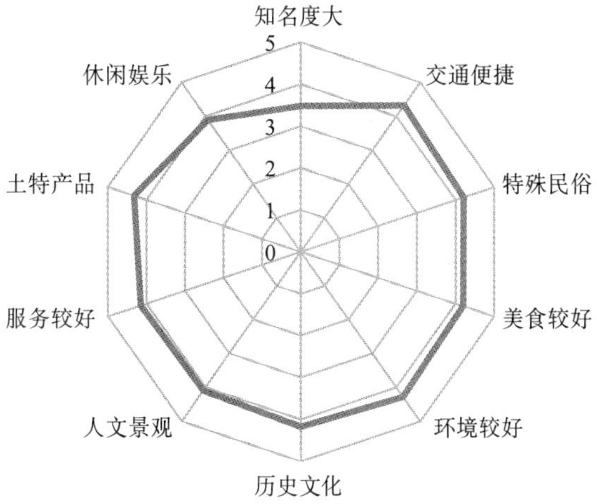

图 9-6　拉力因素分析图

二、因子分析

KMO 和 Bartlett 的检验结果是，Sig. 为 0.000，Kaiser-Meyer-Olkin 度量位 0.760，符合基本条件。如表 9-12 所示。可提取四个因子，累计方差贡献率为67.357%，其中，第一个因子贡献率为37.010%，第二个因子贡献率为12.637%，第三个因子贡献率为10.698%，第四个因子贡献率为7.015%。如表9－13所示。第一个因子包括变量“打发闲暇”“释放压力”“亲近山水”与“增长见识”，因子载荷系数分别是0.835、0.834、0.606与0.522，可以命名为“山水休闲因子”；第二个因子包括变量“自然景观”“商务活动”“跟随大流”与“节会活动”，因子载荷系数分别是0.754、0.735、0.656、0.644，可以命名为“节会商务因子”；第三个因子包括变量“淳朴民风”“感受民俗”“亲近山水”，因子载荷系数分别是0.878、0.735与0.633，可以命名为“民俗民风因子”；第四个因子包括变量“乡村美食”“乡村怀旧”“考察学习”，因子载荷系数分别是0.727、0.689、0.656，可以命名为“美食怀旧因子”。如表9－14所示。图9－7所示为因子碎石图。

表9－12　　KMO和Bartlett的检验结果

KMO and Bartlett's Test		
Kaiser – Meyer – Olkin Measure of Sampling Adequacy.		0.760
Bartlett's Test of Sphericity	Approx. Chi – Square	584.777
	df	91
	Sig.	0.000

表9－13　　因子方差贡献率一览表

Total Variance Explained									
Component	Initial Eigenvalues			Extraction Sums of Squared Loadings			Rotation Sums of Squared Loadings		
	Total	% of Variance	Cumulative %	Total	% of Variance	Cumulative %	Total	% of Variance	Cumulative %
1	5.181	37.010	37.010	5.181	37.010	37.010	2.633	18.806	18.806
2	1.769	12.634	49.644	1.769	12.634	49.644	2.437	17.410	36.216
3	1.498	10.698	60.342	1.498	10.698	60.342	2.330	16.646	52.862
4	0.982	7.015	67.357	0.982	7.015	67.357	2.029	14.495	67.357
5	0.933	6.662	74.019						
6	0.723	5.166	79.186						

续表

Total Variance Explained									
Component	Initial Eigenvalues			Extraction Sums of Squared Loadings			Rotation Sums of Squared Loadings		
	Total	% of Variance	Cumulative %	Total	% of Variance	Cumulative %	Total	% of Variance	Cumulative %
7	0. 646	4. 613	83. 798						
8	0. 543	3. 879	87. 678						
9	0. 465	3. 318	90. 996						
10	0. 375	2. 679	93. 675						
11	0. 296	2. 112	95. 787						
12	0. 254	1. 815	97. 602						
13	0. 189	1. 347	98. 949						
14	0. 147	1. 051	100. 000						
Extraction Method: Principal Component Analysis.									

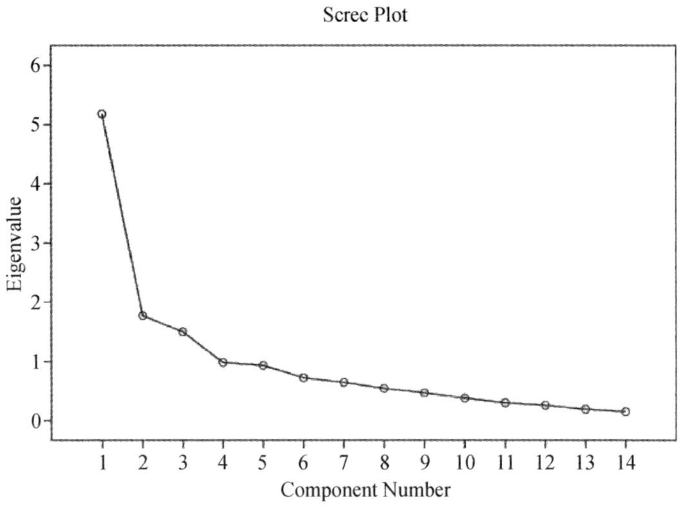

图 9-7　因子碎石图

表 9-14　　因子载荷系数一览表

Rotated Component Matrix[a]				
	Component			
	1	2	3	4
打发闲暇	0.835	0.308		0.191
陪伴亲友	0.834			0.125
释放压力	0.606		0.520	
增长见识	0.522	0.361	0.277	0.385
自然景观	0.115	0.754		0.102
商务活动		0.735	0.257	0.382
跟随大流	0.546	0.656	0.237	
节会活动		0.644	0.193	0.264
淳朴民风		0.212	0.878	
感受民俗			0.735	0.391
亲近山水	0.305	0.236	0.633	0.115
乡村美食	0.265	0.135		0.727
乡村怀旧	0.290	0.257		0.689
考察学习	-0.153	0.261	0.314	0.656

Extraction Method: Principal Component Analysis.

Rotation Method: Varimax with Kaiser Normalization.

a. Rotation converged in 6 iterations.

KMO 和 Bartlett 的检验结果是，Sig. 为 0.000，Kaiser-Meyer-Olkin 度量位 0.728，符合基本条件。如表 9-15 所示。可提取四个因子，累计方差贡献率为 68.705%，其中第一个因子贡献率为 30.808%，第二个因子贡献率为 15.419%，第三个因子贡献率为 11.674%，第四个因子贡献率为 10.803%。第一个因子包括变量“人文景观”“历史文化”“特殊民俗”，因子载荷系数分别是 0.824、0.692、0.520，可以命名为“文化因子”；第二个因子包括变量“交通便捷”“土特产品”“美食较好”，因子载荷系数分别是 0.848、0.734、0.638，可以命名为“交通美食因子”；第三个因子包括变量“知名度大”“休闲娱乐”“服务较好”，因子载荷系数分别是 0.807、0.762、

0.612，可以命名为“休闲服务因子”；第四个因子包括变量“环境较好”，因子载荷系数是0.840，可以命名为“乡村环境因子”。如表9-16、表9-17所示，图9-8所示为因子碎石图。

表9-15　　　　KMO和Bartlett的检验结果

KMO and Bartlett's Test		
Kaiser - Meyer - Olkin Measure of Sampling Adequacy.		0.728
Bartlett's Test of Sphericity	Approx. Chi - Square	198.234
	df	45
	Sig.	0.000

表9-16　　　　因子方差贡献率一览表

Total Variance Explained									
Component	Initial Eigenvalues			Extraction Sums of Squared Loadings			Rotation Sums of Squared Loadings		
	Total	% of Variance	Cumulative %	Total	% of Variance	Cumulative %	Total	% of Variance	Cumulative %
1	3.081	30.808	30.808	3.081	30.808	30.808	1.905	19.046	19.046
2	1.542	15.419	46.227	1.542	15.419	46.227	1.843	18.427	37.473
3	1.167	11.674	57.901	1.167	11.674	57.901	1.781	17.814	55.287
4	1.080	10.803	68.705	1.080	10.803	68.705	1.342	13.418	68.705
5	0.707	7.066	75.771						
6	0.616	6.163	81.934						
7	0.521	5.210	87.144						
8	0.499	4.992	92.136						
9	0.412	4.121	96.257						
10	0.374	3.743	100.000						
Extraction Method: Principal Component Analysis.									

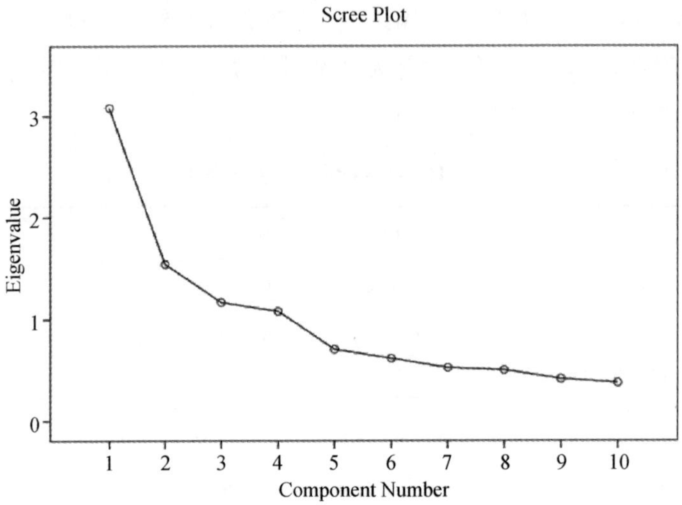

图 9-8　因子碎石图

表 9-17　因子载荷系数一览表

Rotated Component Matrix[a]				
	Component			
	1	2	3	4
人文景观	0.824			0.112
历史文化	0.692			-0.510
特殊民俗	0.520	0.271	0.224	0.438
交通便捷	-0.204	0.848	0.142	-0.103
美食较好	0.160	0.734		0.355
土特产品	0.462	0.638	0.271	
知名度大	-0.206		0.807	
休闲娱乐	0.239	0.150	0.762	0.164
服务较好	0.308	0.274	0.612	
环境较好			0.151	0.840

Extraction Method: Principal Component Analysis.

Rotation Method: Varimax with Kaiser Normalization.

a. Rotation converged in 5 iterations.

三、不同旅游地比较分析

采用单因素方差分析进行检验。数据显示，推力方面，均值在释放压力、感受民俗、淳朴民风等变量上存在显著性差异，概率值都小于0.05。具体差异表现是：释放压力方面，青海互助县均值为4.3000，甘肃古浪县为4.7442，古浪县略高；节会活动方面，青海互助县均值为3.5800，甘肃古浪县为4.5814，古浪县略高；商务活动方面，青海互助县均值为3.1000，甘肃古浪县为4.4651，古浪县略高；考察学习方面，青海互助县均值为3.4200，甘肃古浪县为4.3953，古浪县略低，说明旅游发展成就尚不如青海互助县；陪伴亲友方面，青海互助县均值为3.7800，甘肃古浪县为4.8372，古浪县略高；打发闲暇方面，青海互助县均值为2.9600，甘肃古浪县为4.7209，古浪县略高；跟随大流方面，青海互助县均值为2.6600，甘肃古浪县均值为4.4186，古浪县显著高于青海互助县；亲近山水方面，青海互助县均值为4.3000，甘肃古浪县均值为4.7907，古浪县显著高于青海互助县；感受民俗方面，青海互助县均值为4.4400，甘肃古浪县为4.7442，古浪县略高；乡村怀旧方面，青海互助县均值为3.9400，甘肃古浪县为4.6744，古浪县略高；增长见识方面，青海互助县均值为3.8400，甘肃古浪县为4.6279，古浪县略高；乡村美食方面，青海互助县均值为4.1200，甘肃古浪县为4.6744，古浪略高。自然景观方面，青海互助县为4.2000，甘肃古浪县为46744，古浪县略高；淳朴民风方面，青海互助县为4.3200，甘肃古浪县为4.6512，古浪县略高。可见，古浪县在美食、民风等方面得分高于青海互助县，原因是处于起步阶段，本地居民很好地坚持了本土传统民俗与饮食文化资源的优质利用发展道路，商业化程度较小，发展前景较好。但与互助县相比，古浪县在外地旅游市场中的影响力较弱，专门前来参观学习者较少，这和发展阶段有关。如表9－18所示。

拉力方面，除了“环境较好”与“人文景观”外，各变量之间存在显著性差异。具体差异表现是：“知名度大”方面，青海互助县均值为2.8880，甘肃古浪县为4.1860，说明游客更加喜欢依据知名度大小选择目的

表 9－18　　推力均值差异比较表

Descriptives

			N	Mean	Std. Deviation	Std. Error	95% Confidence Interval for Mean		Minimum	Maximum	Between－Component Variance
							Lower Bound	Upper Bound			
释放压力	青海互助县		50	4.3000	0.99488	0.14070	4.0173	4.5827	1.00	5.00	
	甘肃古浪县		43	4.7442	0.62079	0.09467	4.5531	4.9352	2.00	5.00	
	Total		93	4.5054	0.86758	0.08996	4.3267	4.6841	1.00	5.00	
	Model	Fixed Effects			0.84311	0.08743	4.3317	4.6790			
		Random Effects				0.22253	1.6779	7.3328			0.08328
节会活动	青海互助县		50	3.5800	1.21370	0.17164	3.2351	3.9249	1.00	5.00	
	甘肃古浪县		43	4.5814	0.73136	0.11153	4.3563	4.8065	3.00	5.00	
	Total		93	4.0430	1.13170	0.11735	3.8099	4.2761	1.00	5.00	
	Model	Fixed Effects			1.01983	0.10575	3.8329	4.2531			
		Random Effects				0.50199	－2.3353	10.4214			0.47890
商务活动	青海互助县		50	3.1000	1.46036	0.20653	2.6850	3.5150	1.00	5.00	
	甘肃古浪县		43	4.4651	0.85493	0.13037	4.2020	4.7282	2.00	5.00	
	Total		93	3.7312	1.39206	0.14435	3.4445	4.0179	1.00	5.00	
	Model	Fixed Effects			1.21889	0.12639	3.4801	3.9822			
		Random Effects				0.68436	－4.9644	12.4267			0.89964
考察学习	青海互助县		50	3.4200	1.17959	0.16682	3.0848	3.7552	1.00	5.00	
	甘肃古浪县		43	4.3953	0.92940	0.14173	4.1093	4.6814	1.00	5.00	
	Total		93	3.8710	1.17238	0.12157	3.6295	4.1124	1.00	5.00	
	Model	Fixed Effects			1.07140	0.11110	3.6503	4.0917			
		Random Effects				0.48891	－2.3412	10.0832			0.45083

续表

Descriptives

			N	Mean	Std. Deviation	Std. Error	95% Confidence Interval for Mean Lower Bound	95% Confidence Interval for Mean Upper Bound	Mini-mum	Maxi-mum	Between – Component Variance
陪伴亲友	青海互助县		50	3.7800	1.40393	0.19855	3.3810	4.1790	1.00	5.00	
	甘肃古浪县		43	4.8372	0.43261	0.06597	4.7041	4.9703	3.00	5.00	
	Total		93	4.2688	1.18999	0.12340	4.0237	4.5139	1.00	5.00	
	Model	Fixed Effects			1.07131	0.11109	4.0482	4.4895			
		Random Effects				0.52997	-2.4651	11.0027			0.53402
打发闲暇	青海互助县		50	2.9600	1.71381	0.24237	2.4729	3.4471	1.00	5.00	
	甘肃古浪县		43	4.7209	0.62965	0.09602	4.5272	4.9147	3.00	5.00	
	Total		93	3.7742	1.58888	0.16476	3.4470	4.1014	1.00	5.00	
	Model	Fixed Effects			1.32835	0.13774	3.5006	4.0478			
		Random Effects				0.88283	-7.4433	14.9917			1.51227
跟随大流	青海互助县		50	2.6600	1.34938	0.19083	2.2765	3.0435	1.00	5.00	
	甘肃古浪县		43	4.4186	0.85168	0.12988	4.1565	4.6807	2.00	5.00	
	Total		93	3.4731	1.44155	0.14948	3.1762	3.7700	1.00	5.00	
	Model	Fixed Effects			1.14683	0.11892	3.2369	3.7093			
		Random Effects				0.88170	-7.7299	14.6762			1.51790
亲近山水	青海互助县		50	4.3000	0.88641	0.12536	4.0481	4.5519	1.00	5.00	
	甘肃古浪县		43	4.7907	0.46589	0.07105	4.6473	4.9341	3.00	5.00	
	Total		93	4.5269	0.76031	0.07884	4.3703	4.6835	1.00	5.00	
	Model	Fixed Effects			0.72336	0.07501	4.3779	4.6759			
		Random Effects				0.24591	1.4023	7.6515			0.10908

续表

Descriptives

			N	Mean	Std. Deviation	Std. Error	95% Confidence Interval for Mean		Minimum	Maximum	Between - Component Variance
							Lower Bound	Upper Bound			
感受民俗	青海互助县		50	4. 4400	0. 81215	0. 11486	4. 2092	4. 6708	3. 00	5. 00	
	甘肃古浪县		43	4. 7442	0. 58117	0. 08863	4. 5653	4. 9230	3. 00	5. 00	
	Total		93	4. 5806	0. 72715	0. 07540	4. 4309	4. 7304	3. 00	5. 00	
	Model	Fixed Effects			0. 71488	0. 07413	4. 4334	4. 7279			
		Random Effects				0. 15232	2. 6453	6. 5160			0. 03521
乡村怀旧	青海互助县		50	3. 9400	1. 13227	0. 16013	3. 6182	4. 2618	1. 00	5. 00	
	甘肃古浪县		43	4. 6744	0. 68037	0. 10376	4. 4650	4. 8838	3. 00	5. 00	
	Total		93	4. 2796	1. 01473	0. 10522	4. 0706	4. 4886	1. 00	5. 00	
	Model	Fixed Effects			0. 95078	0. 09859	4. 0837	4. 4754			
		Random Effects				0. 36810	-0. 3976	8. 9567			0. 25013
增长见识	青海互助县		50	3. 8400	0. 81716	0. 11556	3. 6078	4. 0722	2. 00	5. 00	
	甘肃古浪县		43	4. 6279	0. 69087	0. 10536	4. 4153	4. 8405	3. 00	5. 00	
	Total		93	4. 2043	0. 85413	0. 08857	4. 0284	4. 3802	2. 00	5. 00	
	Model	Fixed Effects			0. 76148	0. 07896	4. 0475	4. 3611			
		Random Effects				0. 39498	-0. 8144	9. 2230			0. 29786
乡村美食	青海互助县		50	4. 1200	0. 74615	0. 10552	3. 9079	4. 3321	2. 00	5. 00	
	甘肃古浪县		43	4. 6744	0. 56572	0. 08627	4. 5003	4. 8485	3. 00	5. 00	
	Total		93	4. 3763	0. 72102	0. 07477	4. 2279	4. 5248	2. 00	5. 00	
	Model	Fixed Effects			0. 66895	0. 06937	4. 2386	4. 5141			
		Random Effects				0. 27789	0. 8454	7. 9073			0. 14401

续表

Descriptives										
		N	Mean	Std. Deviation	Std. Error	95% Confidence Interval for Mean		Mini-mum	Maxi-mum	Between - Component Variance
						Lower Bound	Upper Bound			
自然景观	青海互助县	50	4.2000	0.98974	0.13997	3.9187	4.4813	2.00	5.00	
	甘肃古浪县	43	4.6744	0.64442	0.09827	4.4761	4.8727	3.00	5.00	
	Total	93	4.4194	0.87629	0.09087	4.2389	4.5998	2.00	5.00	
	Model Fixed Effects			0.84802	0.08794	4.2447	4.5940			
	Model Random Effects				0.23770	1.3992	7.4396			0.09698
淳朴民风	青海互助县	50	4.3200	0.81916	0.11585	4.0872	4.5528	2.00	5.00	
	甘肃古浪县	43	4.6512	0.68604	0.10462	4.4400	4.8623	3.00	5.00	
	Total	93	4.4731	0.77448	0.08031	4.3136	4.6326	2.00	5.00	
	Model Fixed Effects			0.76062	0.07887	4.3164	4.6298			
	Model Random Effects				0.16584	2.3660	6.5803			0.04232

地；交通便捷方面，青海互助县均值为4.0440，甘肃古浪县为4.651，说明古浪县乡村旅游在交通与距离方面有优势；“特殊民俗”方面，青海互助县均值4.0400，甘肃古浪县为4.3953，说明古浪县略高，原因是本地小曲、庙会等非遗对本地游客有感召力；“美食较好”方面，青海互助县均值为3.9200，甘肃古浪县为4.5116，说明古浪县有竞争力，原因在于农家乐有自家散养土鸡，食品无污染，无添加剂，对游客有吸引力；“环境较好”方面，青海互助县均值为4.1600，甘肃古浪县为4.4186，古浪县略高，这和古浪县拥有的油菜花海、山水景观有关；“历史文化”方面，青海互助县均值为4.3800，甘肃古浪县为3.9392，这和古浪县位于丝路要塞以及历史底蕴深厚有关；“人文景观”方面，青海互助县均值为4.1200，甘肃古浪县为4.0698，青海互助县略高；“服务较好”方面，青海互助县为3.9600，甘肃

古浪县为4.1505，说明古浪县乡村旅游地由于服务态度热情等原因，游客评价较高；“土特产品”方面，青海互助县均值为4.0800，甘肃古浪县为4.6047，古浪县略高；“休闲度假”方面，青海互助县均值为3.4800，甘肃古浪县为4.3721，古浪县略高。可见，两地游客动机与发展历史、成就不存在线性关系。如表9－19所示。

表9－19　　拉力均值差异比较表

Descriptives

			N	Mean	Std. Deviation	Std. Error	95% Confidence Interval for Mean		Mini-mum	Maxi-mum	Between－Component Variance
							Lower Bound	Upper Bound			
知名度大	青海互助县		50	2.8800	1.36487	0.19302	2.4921	3.2679	1.00	5.00	
	甘肃古浪县		43	4.1860	0.62700	0.09562	3.9931	4.3790	3.00	5.00	
	Total		93	3.4839	1.26502	0.13118	3.2233	3.7444	1.00	5.00	
	Model	Fixed Effects			1.08836	0.11286	3.2597	3.7080			
		Random Effects				0.65476	－4.8356	11.8034			0.82726
交通便捷	青海互助县		50	4.0400	0.92494	0.13081	3.7771	4.3029	2.00	5.00	
	甘肃古浪县		43	4.6512	0.52932	0.08072	4.4883	4.8141	3.00	5.00	
	Total		93	4.3226	0.82305	0.08535	4.1531	4.4921	2.00	5.00	
	Model	Fixed Effects			0.76810	0.07965	4.1644	4.4808			
		Random Effects				0.30633	0.4303	8.2148			0.17400
特殊民俗	青海互助县		50	4.0400	0.80711	0.11414	3.8106	4.2694	2.00	5.00	
	甘肃古浪县		43	4.3953	0.82056	0.12513	4.1428	4.6479	2.00	5.00	
	Total		93	4.2043	0.82829	0.08589	4.0337	4.3749	2.00	5.00	
	Model	Fixed Effects			0.81334	0.08434	4.0368	4.3718			
		Random Effects				0.17795	1.9432	6.4654			0.04883

续表

Descriptives

			N	Mean	Std. Deviation	Std. Error	95% Confidence Interval for Mean		Minimum	Maximum	Between - Component Variance
							Lower Bound	Upper Bound			
美食较好	青海互助县		50	3.9200	1.14000	0.16122	3.5960	4.2440	1.00	5.00	
	甘肃古浪县		43	4.5116	0.66805	0.10188	4.3060	4.7172	3.00	5.00	
	Total		93	4.1935	0.99190	0.10286	3.9893	4.3978	1.00	5.00	
	Model	Fixed Effects			0.95171	0.09869	3.9975	4.3896			
		Random Effects				0.29646	0.4266	7.9605			0.15542
环境较好	青海互助县		50	4.1600	0.84177	0.11904	3.9208	4.3992	2.00	5.00	
	甘肃古浪县		43	4.4186	0.58686	0.08950	4.2380	4.5992	3.00	5.00	
	Total		93	4.2796	0.74258	0.07700	4.1266	4.4325	2.00	5.00	
	Model	Fixed Effects			0.73518	0.07624	4.1281	4.4310			
		Random Effects				0.12941	2.6352	5.9239			0.02175
历史文化	青海互助县		50	4.3800	0.77959	0.11025	4.1584	4.6016	2.00	5.00	
	甘肃古浪县		43	3.9302	0.70357	0.10729	3.7137	4.1468	2.00	5.00	
	Total		93	4.1720	0.77493	0.08036	4.0124	4.3316	2.00	5.00	
	Model	Fixed Effects			0.74547	0.07730	4.0185	4.3256			
		Random Effects				0.22537	1.3085	7.0356			0.08913
人文景观	青海互助县		50	4.1200	0.84853	0.12000	3.8789	4.3611	2.00	5.00	
	甘肃古浪县		43	4.0698	0.85622	0.13057	3.8063	4.3333	2.00	5.00	
	Total		93	4.0968	0.84782	0.08791	3.9222	4.2714	2.00	5.00	
	Model	Fixed Effects			0.85209	0.08836	3.9213	4.2723			
		Random Effects				0.08836[a]	2.9741[a]	5.2195[a]			-0.01444

续表

Descriptives											
			N	Mean	Std. Deviation	Std. Error	95% Confidence Interval for Mean		Mini-mum	Maxi-mum	Between - Component Variance
							Lower Bound	Upper Bound			
服务较好	青海互助县		50	3.9600	0.94675	0.13389	3.6909	4.2291	2.00	5.00	
	甘肃古浪县		43	4.3721	0.92642	0.14128	4.0870	4.6572	2.00	5.00	
	Total		93	4.1505	0.95492	0.09902	3.9539	4.3472	2.00	5.00	
	Model	Fixed Effects			0.93742	0.09721	3.9575	4.3436			
		Random Effects				0.20637	1.5284	6.7727			0.06590
土特产品	青海互助县		50	4.0800	0.96553	0.13655	3.8056	4.3544	2.00	5.00	
	甘肃古浪县		43	4.6047	0.79101	0.12063	4.3612	4.8481	2.00	5.00	
	Total		93	4.3226	0.92268	0.09568	4.1326	4.5126	2.00	5.00	
	Model	Fixed Effects			0.88925	0.09221	4.1394	4.5057			
		Random Effects				0.26288	0.9823	7.6628			0.12053
休闲娱乐	青海互助县		50	3.4800	1.21622	0.17200	3.1344	3.8256	1.00	5.00	
	甘肃古浪县		43	4.3721	1.11319	0.16976	4.0295	4.7147	1.00	5.00	
	Total		93	3.8925	1.24641	0.12925	3.6358	4.1492	1.00	5.00	
	Model	Fixed Effects			1.16980	0.12130	3.6515	4.1334			
		Random Effects				0.44712	-1.7887	9.5737			0.36832
a. Warning: Between - component variance is negative. It was replaced by 0.0 in computing this random effects measure.											

综上所述，甘肃古浪县属于典型后发展型乡村旅游地，游客出游动机集中在美食体验、休闲度假等方面，对山水和文化有很高期待；青海互助县作为少数民族型旅游地，游客出游动机集中在特色文化与历史积淀方面。整体

来说，到乡村去释放压力、休闲度假和怀旧是乡村旅游者最主要的动机，旅游目的地必须依据市场偏好开发产品。

同时，动机调查结果也表明，乡村旅游存在的突出问题有三个：一是缺少特色购物和休闲项目。除了游客游玩消费之外，带来的经济效益较小。二是对村落历史挖掘不够，没有转化为可体验性项目，仅局限于静态观光，游客深度体验动机无法得到满足。三是基础设施需要改善，尤其是交通、通信、餐饮等方面急需改善。

鉴于此，建议乡村旅游发展中各方应关注如下事项：第一，继续优化文化生态环境。在资本进入的背景下，一些目的地没有出现过度商业化倾向，民风淳朴，和其他地区一些旅游地不坚守文化和道德伦理底线、单纯追逐商业利益形成鲜明对比。后续产业发展中，应注重体现乡村性和地方性，不可过度商业化，以免失去最主要的文化内涵和灵魂。第二，做好文化展演和创新开发。搜集整理村落文化，然后进行展示，开阔游客眼界，便于游客进一步了解乡村历史和乡土文化。如古浪县的军事文化、食品文化、红色文化是本地的亮点和特色所在，也是旅游发展的最主要素材，但在过去的旅游发展中没有被充分利用，致使目前开发仅局限在导游解说的粗浅层次，建议邀请专家团队做好旅游规划，以规划为指导，通过旅游项目具体活化，营造体验环境，使游客参与其中，使历史和风俗看得见、摸得着、闻得到，从而大幅提升旅游体验质量和市场价值，吸引游客。第三，挖掘乡村特色餐饮文化，以美食增强旅游吸引力。第四，对就业服务质量加以评估。评选乡村旅游带头人、优秀农家乐、最美民宿，以人才建设支撑产业发展，进而形成旅游品牌。第五，做好商品开发。在现有商品基础上，研究城里人这一特殊群体或消费市场的需求特征，发现存在的突出问题，在商品的特色性、实用性、工艺性等方面下功夫，优化消费链条，带动经济增长。

鉴于案例地数量及类别限制，一些旅游动机未涉及，需在后续研究中加以完善。

第十章 乡村旅游形象分析——基于网络文本视角

第一节 研究概述

作为农业发展的产物，乡村旅游已在欧洲和美洲持续了180多年。在我国，随着人们生活节奏的加快、都市化的快速发展，都市人群的外出休闲在时空上受到限制，乡村旅游作为一种亲近自然和“感受生活”的短促旅行形式，开始在我国盛行。都市周边乡村也以此为发展经济、获得收入的手段，各地政府也对此大力支持。农家乐、农事体验村落、古村落以及民俗村落等是乡村旅游开发和发展的主要形式。然而，在发展中，急于求成的做法导致乡村旅游在规划中存在严重的模仿性，没有很好地融入地方特色，村庄千篇一律，无法满足旅游者强烈的好奇心。相反，独具特色的村庄人山人海，兴盛不衰。在当下社会，现代网络技术的快速发展及网络平台的大量建立，为出行者提供了更多的目的地信息，出行者通过网络评论、游记、图片等了解目的地，并做出适当选择。因此，我们可通过网络信息研究旅游地形象，并在此基础上对当地旅游开发做出切实评价或建议。

国内外相关旅游地形象感知研究已较为成熟。旅游形象可以认为是游客对旅游地的一种整体感知与情感评价，是旅游地环境、服务、产品等的外部表征（杨雪珂等，2014），其研究包括结构化和非结构化两种，其中非结构化研究方法多是访谈法、网络文本挖掘法（李玺等，2011）。现阶段，技术手段的不断出现和成熟，促使很多学者开始利用网络数据的非结构化进行旅游形象感知分析。在国外，Tapachai N 和 Waryszak R（2000）利用有利形象作为一个框架分析目的地形象，以判断是否访问一个地区，并用所提出的框架和方法对泰国和美国目的地形象进行了分析；Stepchenkova 和 Morrison（2006）通过基于旅游网站信息深度挖掘分析，得到了美国和俄罗斯两国旅游形象差异，分析了网络传播差异性对形象塑造的影响机制；Choi、Lehtoa 和 Morrison（2007）基于中国澳门旅游现状，分析了信息与旅游形象的关系与内在互动机理，结论是网站传播目的和目标市场的不同，是不同网络媒体对同一旅游地形象的传达存在差异的主要原因所在。在国内，曹新向（2007）在梳理文献资源后认为，网络平台其实是一个研究平台，有助于为旅游者出游决策提供依据，也能够为旅游研究提供必要的甚至是无可代替的信息资源；肖亮、赵黎明（2009）基于旅游网站信息，分析了具体内容，对大陆与中国台湾地区的旅游形象主题做了总结与对比；高静等（2009）基于网友点评文本信息，分析了国内 4 个典型海滨旅游城市旅游形象；张文和顿雪霏（2010）基于网络信息，整理挖掘了一批大陆游客赴中国台湾的游记，认为其旅游形象得到市场认可，游客评价较为积极；张高军等（2011）基于网络日志，搜集了大样本网友负面点评信息，通过华山景区进行个案分析，结果显示：文化底蕴和地质旅游资源尚未被利用开发，属于“潜伏性”或者闲置性旅游资源，游客尚未将其作为形象感知因素加以对待；赵仁玉等（2013）同样基于网络游记，通过大样本调查，选择网络内容分析法，利用“扎根理论”对丽江进行个案研究，结果显示：自助游客感知较为积极，消极感知则主要来自于游览体验、旅游设施、购物娱乐及旅游服务等方面，同时由于丽江在旅游资源开发及整体旅游形象推广中的不足，导致辖内各景区（点）发展严重失衡。

综上所述，用网络文本分析法对旅游地形象感知进行研究具有一定的合理性，故将以陕西袁家村、新疆图瓦人村落禾木村为具体研究对象进行分析研究，意在找出游客眼中的乡村旅游形象主体以及满意度，分析其与旅游开发定位是否相同，为乡村旅游形象策划提供参考。

第二节　陕西袁家村旅游形象

一、案例地概况

从地理位置和区位看，袁家村位于关中平原。由于如下因素，袁家村旅游发展很好：一是位置有优势。地处咸阳，处在西咸半小时经济圈内，交通便利。二是旅游景区合作优势。附近有唐昭陵景区，并且有旅游专线联通，客流可直接到达。三是民俗旅游地形象优势。以特色的陕西乡村文化为亮点，以“关中印象体验地”为宣传点，以美食为卖点，吸引了各地游客。四是历史优势。20 世纪 70 年代以后，袁家村通过农业化改造脱贫，开办集体企业，探索发展旅游，取得成功。目前，袁家村已被评为国家 3A 级旅游景区。

二、数据来源及说明

采用网络文本分析法，通过搜集整理与甄选网上文本信息，提炼中心思想与关键词，确定主题，然后开展专题问题研究。文本来源自马蜂窝、携程旅游网站中的“袁家村游记”，相关游记内容主要包括图片信息和文本信息。以分享贴的内容为主，我们整理了主题直接、非经销商广告宣传的游记 99 篇，其中有 5 篇仅有图片信息，在分析时予以剔除，信息时间跨度为 2011 年 10 月 29 日至 2018 年 7 月 2 日，有较强的时效性，剔除图片信息后的文本游记共计 91015 字，累计阅读量为 939073 人次，对旅游者抉择及预期感知存在较大影响。

三、文本处理及分析

对游记文本进行处理分析。首先，统一文本中表示地点的词汇，例如，礼泉县和礼泉，并且为了后文分词准确，剔除了所有标点符号、段落符号、英文缩写、数字等与中文词频分析无关的要素。其次，将文本保存为.txt格式，导入ROST Content Mining软件进行分析，分析时先进行分词，并检查分词，对错误的分词进行简单修正。然后，生成词频，词频生成中剔除明显的指代关系词汇（如目前、哪个 、哪里 、那个 、那里、那么、那些、你们、其实、其他等）和表示地理位置的词汇（如西安、陕西、礼泉、袁家、咸阳等），选取前100位高频词汇作为分析依据，具体如表10－1所示。一般来说，高频词汇是游客认同程度较高的属性。

表10－1　　　　袁家村网络文本前100位高频词汇表

排序	词汇	频数	排序	词汇	频数
1	关中	185	51	门口	29
2	小吃	160	52	建筑	29
3	辣子	90	53	当地	28
4	昭陵	72	54	酒店	28
5	特色	70	55	下车	28
6	酸奶	69	56	城南	28
7	味道	68	57	感受	27
8	酒吧	67	58	面的	26
9	老街	67	59	第二	26
10	民俗	66	60	品尝	26
11	好吃	59	61	客栈	26
12	美食	53	62	直达	26
13	回民	52	63	实在	26
14	村民	52	64	醪糟	25
15	体验	50	65	农村	25
16	小时	50	66	机场	25
17	村子	48	67	历史	25

续表

排序	词汇	频数	排序	词汇	频数
18	烟霞	48	68	进去	25
19	时间	47	69	古镇	25
20	文化	47	70	油坊	25
21	景点	47	71	苹果	24
22	豆腐	46	72	村口	24
23	旅游	44	73	然后	24
24	高速	44	74	博物馆	24
25	农家乐	43	75	方便	23
26	各种	42	76	过去	23
27	朋友	42	77	陪葬	22
28	手工	42	78	老板	22
29	出发	41	79	口味	22
30	客运站	40	80	经过	22
31	麻花	38	81	唐太宗	22
32	下来	38	82	汽车	22
33	游客	38	83	农家	22
34	印象	36	84	旅行	21
35	选择	36	85	走进	21
36	传统	34	86	附近	21
37	分钟	34	87	回来	21
38	入住	34	88	路线	21
39	晚上	34	89	周末	21
40	下午	33	90	家家	21
41	公里	33	91	南站	21
42	村里	32	92	大概	21
43	排队	32	93	带领	21
44	一路	31	94	制作	21
45	作坊	31	95	粟米	21
46	这次	30	96	世纪	20
47	于是	30	97	祠堂	20
48	全国	30	98	风景	20
49	这家	30	99	石刻	20
50	发展	30	100	民间	19

分析表 10 - 1 呈现的内容。其中有 17 个词汇与饮食直接相关，总频次为 864，与旅游风景直接相关的词汇有 12 个，总频率为 414 次，其分布情况如图 10 - 1 和图 10 - 2 所示。其余多数为景点介绍。从词频分布可以看出，袁家村是一个拥有传统人文文化的旅游景点，在该景区最为吸引游客或者给游客留下深刻影响的特色美食包括“辣椒、酸奶、麻花、豆腐、酒”等，是一个美食圣地；游客来袁家村除享受美食外，还想对古老传统文化有所感知，“老街、昭陵、唐太宗、祠堂、建筑、古镇”等这些词汇均对此有所体现。图 10 - 1 所示为与饮食相关主题词汇分布情况图，图 10 - 2 所示为与风景直接相关词汇分布情况图。

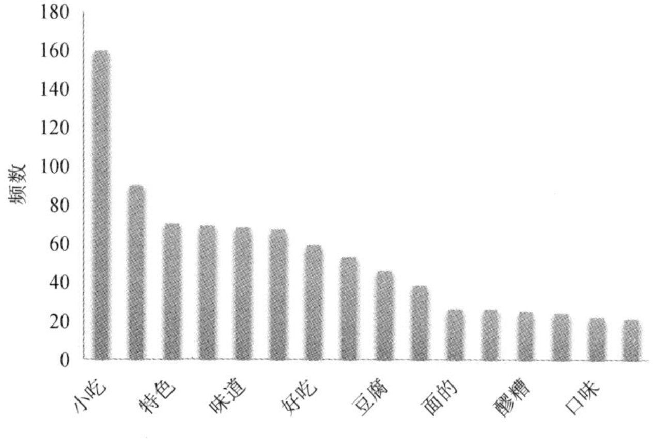

图 10 - 1　与饮食相关主题词汇分布情况图

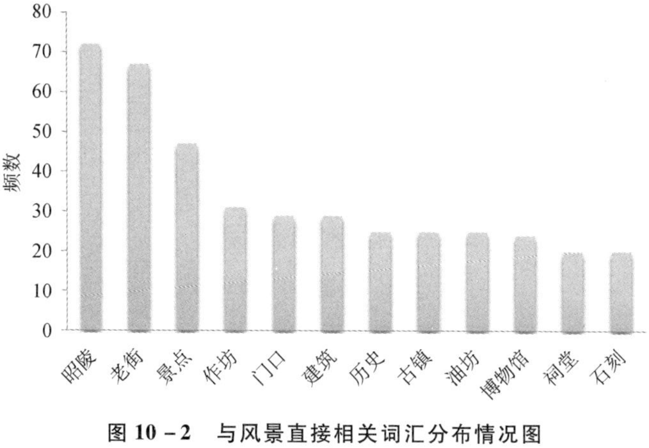

图 10 - 2　与风景直接相关词汇分布情况图

在频数前100位的词汇中，没有出现游客体验情感方面的词汇。如表10－2所示。由表10－2可发现，袁家村留给游客的印象较为积极，该地旅游开发和旅游主题能够达到游客预期游玩目的，“享受、热闹、热情、惬意、舒服、美好”这些词汇从侧面反映出袁家村作为乡村旅游地的价值，相较于自然景观的视觉冲击感，袁家村带给游客更多的是心理刺激和放松。

表10－2　　　　游客情感感知词频表

词汇	词频
可惜	18
享受	18
心情	14
漂亮	13
热闹	13
热情	13
惬意	12
舒服	12
开心	11
美好	11

基于高频特征词构建袁家村语言网络关系图如图10－3所示。

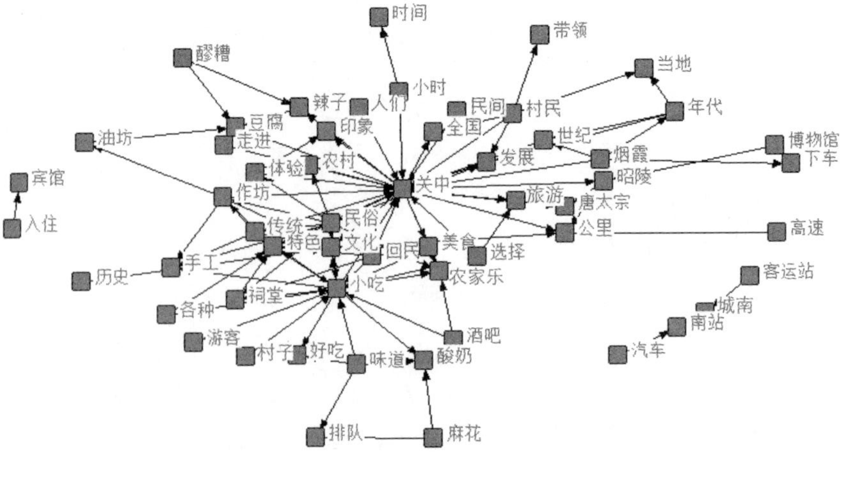

图10－3　袁家村高频特征词网络关系图

该图基于含义和结构两个层面对特证词关系进行了深层体现。语言网络关系图的主要构成部分是节点与弧线，节点表示旅游者行为活动、旅游产品、旅游环境、旅游吸引物，观察弧线连接节点的长度可发现各类元素之间的关系紧密疏散程度，阴影区域反映旅游者对相关要素的感知评价程度。

从整体表象看语言网络关系图，袁家村语言网络关系呈现出了核心—边缘—扩散的关系，核心有两个：小吃和关中，反映出游客目的属性，表明游客来袁家村主要是为了品尝美食和感知文化；围绕小吃的边缘圈主要是“特色、民俗、好吃、酸奶”等美食及美食体验，围绕关中的边缘圈则是“民间、唐太宗、昭陵”等富含历史和地区风景与文化特色的词汇，扩散层多为住宿、交通等基础设施体验要素；这些词汇体现出游客—小吃—关中之间的交互关系。借鉴何丹等（2017）的研究，依据上文分析，可绘制出袁家村游客体验词云标签特征关系图，如图 10－4 所示。其中，词云图根据出现频率设置了词的大小。不难看出，词云和语言网络关系呈现出相同语言模式特征。

图 10－4　袁家村游客体验词云图

两大核心主题也表明，袁家村旅游在一定程度上缺乏多元性，从可持续发展角度看，这一特性可能会成为限制当地旅游业发展的障碍，但反过来看也是当地提升其旅游产业发展的空间所在。

四、结论与启示

通过游客自助分享的网络游记信息，运用网络文本分析等相关分析方法，对袁家村旅游形象感知进行了分析研究，研究结果显示：第一，游客来袁家村游玩的目的主要是品尝美食和感受文化气息，尤其是传统的中国美食是吸引游客前来的最主要原因。第二，游客对袁家村的总体感觉较为积极，以“享受、漂亮、热闹、热情、惬意、舒服、开心”等为评价，体现出其作为乡村旅游目的地所显现出的特殊价值。第三，语言网络关系图显示，小吃和关中是袁家村旅游的两大核心主题，语言网络关系图和词云图都表明游客的感知呈现出了核心—边缘—扩散式的多圈层模式特征。第四，袁家村旅游在一定程度上缺乏多元性，从可持续发展的角度看，这一特性可能会成为限制当地旅游业发展的障碍。

游客对袁家村旅游形象的感知也表明，乡村旅游发展和开发需要注意以下几点：一是要突出特色。首先吸引游客的是该地的特色，鳞次栉比的酒店和千篇一律的都市化气息并不是游客真正所需要的吸引物，只有突出特色才能给游客留下一个完整而美好的旅游体验。二是要做到设施优良、服务良好。饮食环境、住宿环境以及停车场等基础设施始终是游客出行考虑的先决条件。三是要还原乡村，返璞归真。乡村旅游的最大引力是回归乡村、体验生活，从生活场景、生活气息等诸多方面入手，带入切实的乡村感是唤起游客共鸣的重要手段，也是增加游客体验机会的重要方法，唯有如此，才能提升吸引力。

第三节　新疆图瓦人村落禾木村形象分析

一、案例地旅游发展概况

禾木村位于新疆阿勒泰山区。禾木村常住居民是图瓦人，聚居区内保留有该族群传统村落。图瓦人（Tuvas），有时也被翻译为“土瓦人”，自称“提瓦人”（Tyiva），是一个渐渐被人们遗忘的族群。历史上称为“都波人”“萨彦乌梁海人”“唐努乌梁海人”等，国外（主要是俄罗斯）旧称“索约特人”（Сойоты，源自Сойон，萨彦人之意）、“唐努图瓦人”等，主要分布在图瓦共和国、蒙古国、中国[①]。有关图瓦人的历史渊源，至今存在争议，目前大致存在四种说法，第一，“蒙古军队遗留说”。部分学者持此观点，认为成吉思汗西征时为了保持军队战斗力，将部分老弱病残士兵留在此地，这些人结婚生子，繁衍生息，后裔就是图瓦人。第二，“西伯利亚迁移居民说”。持此观点的是喀纳斯村中的一些年长者，他们认为自己祖先是500年前的北方移民，来自西伯利亚，与现在的图瓦共和国内的图瓦人祖源相同，属于同一个民族。第三，“印第安人说”。一些学者对“独联体”遗传基因谱系进行了深入分析，得出结论：喀纳斯图瓦人与美洲印第安人有一定渊源，理由有三：一是两者脱氧核糖核酸的吻合度高，比例达到了75%；二是髓骨相似；三是眉毛长相类似比很高。第四，“蒙古族说”。我国在20世纪开展民族识别时，对此进行了专门调查，最后学者和政府得到的结论是：他们不具备单一民族条件，实际是蒙古族一支，所以应该称为“蒙古族图瓦人”（Kang Youming，1994）。图瓦人文化特征十分明显，主要体现在宗教

---

① 百度百科：https：//baike. baidu. com/item/% E5% 9B% BE% E7% 93% A6% E4% BA% BA/1314190？ fr = aladdin.

信仰方面：有自然崇拜、图腾崇拜等原始宗教遗留；有萨满教信仰；有的居民则信奉藏传佛教——喇嘛教；在他们眼中，成吉思汗是伟大人物；处于对大自然的敬仰，每年要在一定时间举办活动，祭祀山水、天地与树木花草。丧葬习俗方面，有火葬，也有天葬、土葬（刘旭玲等，2005）。20 世纪 90 年代末开始，民族旅游资源得到利用开发，禾木村旅游业起步发展，很多科研人员、探险者相继而来，村子名声大震，最终成为知名目的地，旅游业规模迅速扩张，当地农民收入增加。截至目前，村寨旅游经历了 6 次发展历程，具体如表 10－3（汤文霞等，2018）所示。

表 10－3　　禾木村旅游发展历程

年份	旅游发展进程
2005	被评为“中国八大古村”
2012	被授予“全国生态文化村称号”
2013	被列入中国传统乡村名录，被评为“中国最有魅力的休闲乡村”
2014	在第 14 届全国“村长”论坛上，被授予“中国十大乡愁村庄”称号 被国家民委授予首批“中国少数民族特色村寨”称号
2015	被住建部、国家旅游局授予“第三批全国特色景观旅游名镇”称号
2016	被列入第二批中央财政支持的“中国传统村落”名单

二、数据说明

研究文本来源自马蜂窝、携程旅游网站中的“禾木村游记”，相关游记内容主要包括图片和文本信息。以分享贴的内容为主，整理了主题直接、非经销商广告宣传的游记 49 篇，无仅为图片的游记，可利用游记文本 49 篇，信息时间跨度为 2009 年 11 月 27 日至 2018 年 5 月 21 日，有较强的时效性，文本游记共计 75923 字，累计阅读量为 156633 人次，较袁家村少，但考虑到两地地理位置及周边地区经济发展情况，该数据具有一定合理性，对旅游者抉择及预期感知存在较大影响。

三、文本处理及分析

对游记文本进行处理分析。首先将表示统一地点的词进行替换，如“村庄、村落、村子以及山村”“风光和风景”，并且为了后文分词准确，剔除相应的无关信息，将文件保存为相应格式。然后进行分词，过滤掉明显指代关系的词汇（小时、时间、下来、整个等），进一步生成词频。选择前100位的高频词汇作为分析依据，具体如表10－4所示。

表10－4　　禾木村网络文本前100位高频词汇表

排序	词汇	频数	排序	词汇	频数
1	禾木	809	21	太阳	44
2	村庄	262	22	一路	44
3	喀纳斯	227	23	景色	43
4	木屋	139	24	牛羊	40
5	白桦林	136	25	炊烟	40
6	新疆	108	26	路上	40
7	草原	103	27	蒙古族	39
8	布尔	72	28	童话	39
9	原始	66	29	一片	39
10	哈巴	58	30	骑马	37
11	美丽	56	31	游客	37
12	景区	55	32	哈萨克	37
13	贾登峪	54	33	雪山	36
14	日出	53	34	秋色	35
15	阳光	47	35	徒步	35
16	原木	47	36	晨雾	32
17	山坡	46	37	风景	31
18	中国	45	38	集中	30
19	自然	45	39	区间车	30
20	民族	44	40	充满	29

续表

排序	词汇	频数	排序	词汇	频数
41	古朴	29	71	然后	23
42	晚上	29	72	仙境	23
43	房子	28	73	前往	23
44	著名	27	74	静静	23
45	周围	27	75	味道	23
46	河流	27	76	穿过	22
47	森林	27	77	天空	22
48	全景	27	78	到达	22
49	乌鲁木齐	27	79	漂亮	22
50	美景	27	80	住宿	22
51	风光	27	81	公里	22
52	白云	27	82	游牧	22
53	人家	27	83	河水	21
54	出发	27	84	居住地	21
55	位于	26	85	远处	21
56	蓝天	26	86	北疆	21
57	草地	26	87	栈道	20
58	哈萨克族	26	88	牧民	20
59	色彩	26	89	神秘	20
60	流淌	25	90	仿佛	20
61	传统	25	91	选择	20
62	俄罗斯	25	92	司机	20
63	清晨	25	93	树叶	20
64	升起	25	94	金色	20
65	散布	25	95	完整	20
66	朋友	24	96	路线	20
67	导游	24	97	观景台	20
68	准备	24	98	平方公里	19
69	小木	23	99	大雪	19
70	秋天	23	100	依然	19

分析表 10 –4 中的词汇可以看出，词汇特征多元，有的是名词，有的是动词，有的为形容词，分别涉及自然风景、游客行为、游客心情、态度与感知。

首先，来看禾木村的风景及自然特色。前 10 位的风景特色词汇如图 10 –5所示。

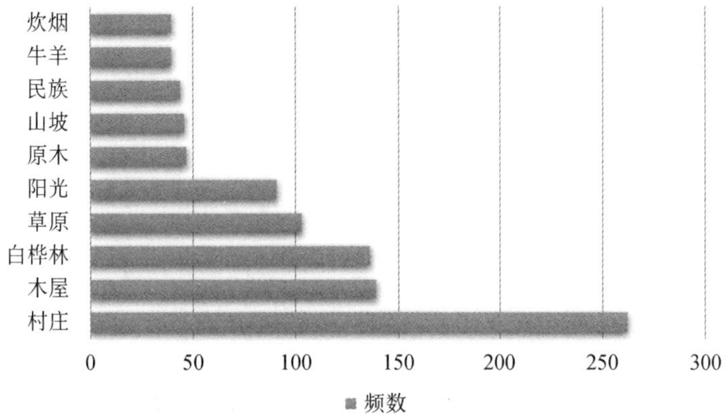

图 10 –5　风景及自然特色前 10 位高频词汇图

由图 10 –5 可以看出，禾木村整体村落形象留给游客深刻的印象；“木屋”“白桦林”“草原”“阳光”“原木”“山坡”“民族”“牛羊”“炊烟”等词汇频频出现，显示出禾木村独有的自然风光和民族特色，这些成为吸引游客、令游客流连忘返的最大特色，一方面，别样的村落风光冲击着游客视觉，真实、传统的生活方式给予游客不一样的生活体验；另一方面，异样的民族气息增加了游客对不同民族文化及民族风情的认识。

其次，分析游客动机与行为。前 100 位的高频词汇中反映游客动机与行为的词汇共有 7 个，具体情况如图 10 –6 所示。

从图 10 –6 可以看出，“骑马”“徒步”等是旅游动机高频词汇。都市的拥挤和快节奏的生活，使人们很难“惬意”地在街头漫步，相反，原始的村落，生活节奏慢，自然风光宜人，独有的出行条件，会使人们选择来此回归自然，用最原始的方式去感受最真实、最贴近自然的生活。“骑马”“徒步”等不仅能够让游客切身感受到这里的生活气息，而且能零距离欣赏禾木

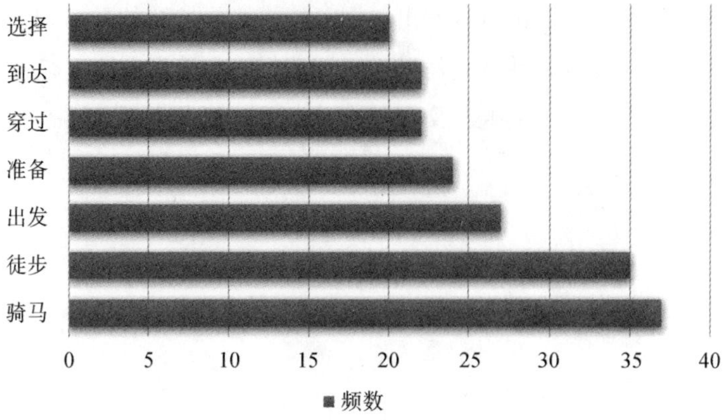

图 10－6　游客行为动机高频词汇图

村自然风貌与民族文化，让思想和灵魂在广阔天地遨游。

最后，分析游客态度与感知。在前 100 位高频词汇中，关于游客行为态度与感知的高频词汇有 7 个，分别是“美丽”“自然”“古朴”“传统”“仙境”“漂亮”“神秘”。具体排序及频数如 10－7 所示。

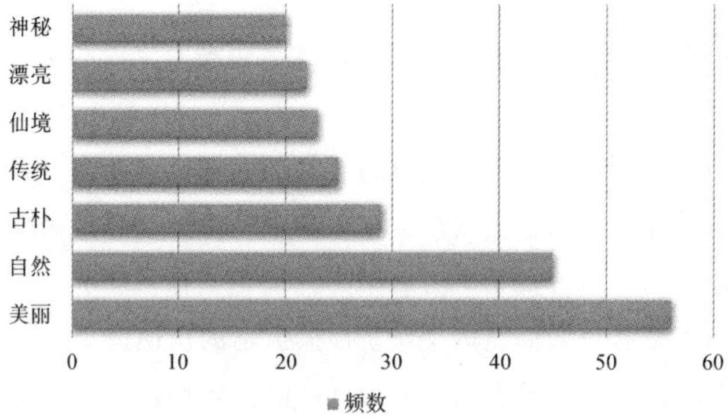

图 10－7　游客行为态度与感知高频词汇图

由图 10－7 可以看出，游客对禾木村自然风光及民族风情、民族文化给予了积极肯定，但并不是所有态度和感知都是积极的，如在低频词汇中出现了“遗憾”“可惜”等词汇，而且有游客面对当地如此多的动物皮，发出“难道没有自然保护法吗?”这样较为负面的疑问。总体来看，禾木村留给游客的是一种传统的、如仙境般惬意的印象，符合其“中国八大古村”“中国最有魅力的休闲乡村”等称号。

为反映特征词汇在含义和结构上的深层关系，揭示禾木村游客活动、目的地属性及景区环境元素间的关联关系及程度等网络属性，基于高频特征词，构建禾木村语言网络关系图，如图 10 - 8 所示。

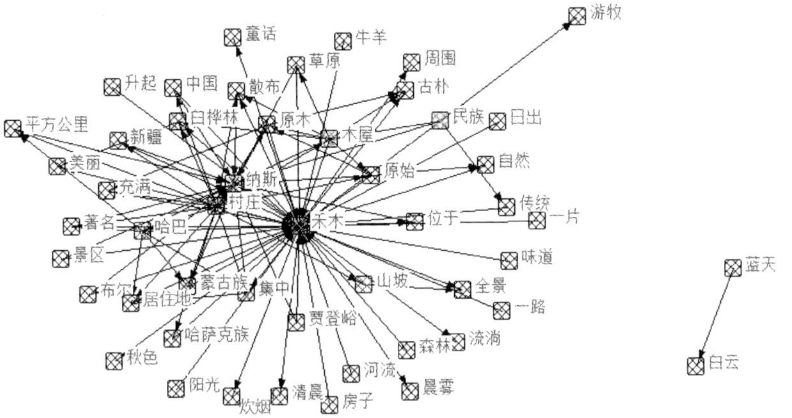

图 10 - 8　禾木村语言网络关系图

禾木村语言网络关系图表明，禾木村语言网络关系更多地表现为核心—边缘的关系。核心有三个：“禾木”“村庄”“喀纳斯”，禾木是最大的核心词，为关系图中的最重要节点；其次是村庄和喀纳斯；围绕“禾木”的是“贾登谷”“山坡”“位于”“哈萨克族”等景点位置介绍的词汇，游客行为感知的词汇“美丽”“充满”“古朴”“传统”等围绕“村庄”和“喀纳斯”，同时，其独特的风景“白桦林”“木屋”“草原”也围绕着“村庄”和“喀纳斯”。这些词汇集中反映了人与景区及景点之间的交互影响。语言网络关系图也表明，禾木村旅游特色是以其自然风光和特有的民族风情为主线，与陕西袁家村美食与文化感知为主线的乡村旅游存在显著差异。

结合上文分析，为更加直观地突出禾木村旅游者感知及真实形象，利用其分词后的数据，可绘制禾木村旅游形象体验特征词云图，如图 10 - 9 所示。观察该图可发现，禾木村核心—边缘的语言网络关系具有一定合理性，“禾木村”的一级中心位置较为突出。

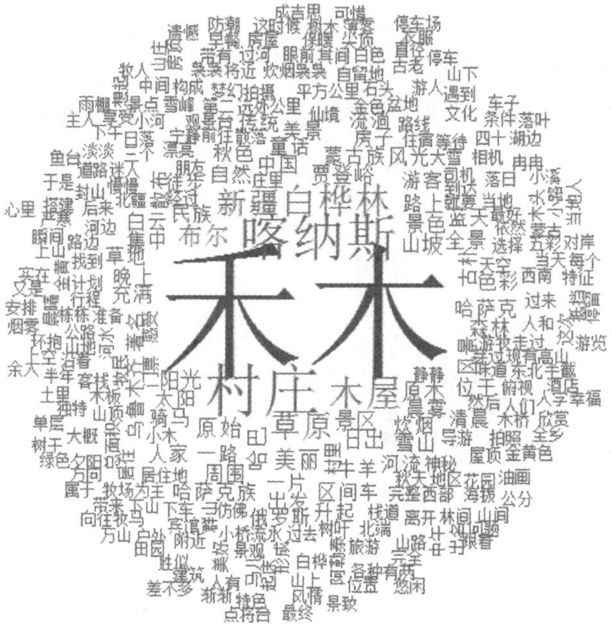

图 10－9　禾木村旅游体验感知特征词云图

分析还发现，禾木村作为“中国八大古村”与旅游形象良好的村落，现有资源开发存在一定不足，游客游记中很少发现有关“吃”的信息，图瓦传统饮食中的列巴、烤饼、风干鱼（肉）、马奶酒等都极具特色，现有信息并未传达出对这一资源的良好开发和利用。同样，图瓦民俗服饰以及民俗宗教品还可进一步挖掘，在“购”方面凸显特色。

四、结论及启示

通过对禾木村游客自助分享的网络游记信息进行网络文本分析，以及对禾木村旅游形象特征及游客感知，可得出如下结论：

其一，独特的自然风光和图瓦民族风情是禾木村吸引游客的主要特色，也是游客来此游玩和体验乡村生活的目的属性。

其二，禾木村留给游客形象感知较为积极，主要为：“美丽”“自然”“古朴”“传统”“仙境”“漂亮”“神秘”，是一种视觉与心灵的融合与感知；游客行为动机上，传统乡村部落的“自然”和“惬意”显得较为明显。

其三，禾木村语言网络关系表现为核心—边缘结构关系，核心为“禾木村”“村庄”以及“喀纳斯”，其中“禾木村”的中心地位更为显著；围绕“禾木”的主要是介绍景点位置的词汇，围绕“村庄”和“喀纳斯”的多为游客行为感知词汇和表示禾木村独特风景的词汇。

其四，现有游客旅游和体验信息反映，禾木村对“吃”“购”等旅游资源的开发仍存在不足。

结上所述，对禾木村乡村旅游发展做出如下总结和建议：

其一，拒绝引入过多都市元素，保持独有自然风貌、民族特色、人文特色，是吸引游客选择乡村旅游的关键所在。旅游开发过程中，切不可急功近利。

其二，禾木村乡村旅游仍存在缺陷，应加强在“吃”“购”等方面的资源开发，充分发挥图瓦民族特色，使其与独特的生活环境相得益彰，禾木村旅游定会朝着更好的方向发展；完善服务体系仍是禾木村乡村旅游建设和发展的重大任务。

其三，图瓦人是一个神秘的族群，禾木村旅游资源开发应注入历史讲述，增加其神秘感与文化气息。

第十一章

乡村旅游问题、经验借鉴及对策建议

第一节 突出问题分析

随着“一带一路”倡议的深入推进、乡村振兴战略的落实、国家对旅游业地位的重新定位，丝路沿线乡村旅游发展取得很大成就，但是相比四川、浙江等乡村旅游发展较快的省份，丝路沿线省份乡村旅游发展起步较晚，仍存在大量问题，需加以应对解决。

一、理念认识不到位

通过大规模调研发现，丝路沿线地区在乡村旅游认识方面存在一定不足，表现在七个方面。

一是对乡村旅游的重要性认识不到位。一些地方领导认为在大都市或城市中建设风景名胜区、景点景区才是旅游开发的重点所在，因此，热衷开发城市旅游，喜欢在城市内规划投资建设高级别景点景区，因为城市人口集中，客流较多，而乡村人口相对分散，经济条件较差，基础设施不完善，投资后不能立竿见影，未能认识到乡村旅游的战略价值、产业优势。

二是对乡村旅游资源价值判断过低或过高。一些地方居民认为本地没有资源，发展乡村旅游的动机不强烈，一些地方则认为本地旅游资源较好，但却忽视了其他条件（如客源市场、投资、人力资源等）的制约，从而形成截然不同的两类态度。

三是对乡村旅游规划的重要性认识不到位。一些地方无论是政府还是城乡居民或者经营者，都对规划编制工作不太重视，认为规划就是“墙上挂挂，纸上画画”，没有多大实际价值，实际上规划是引领性的文件，在旅游发展中的作用不可低估。

四是对旅游市场关注不够。受文化素质制约、营销能力限制，一些人认为目前当务之急是进行开发，对消费者群体关注不够，有的开发者甚至连市场需求决定产品供给的道理都不知道，结果是有的产品或项目脱离需要，有的项目未能针对目标客源进行开发，有的项目本来可以开拓更大市场却失去了商机。

五是对创新创意驱动不重视。有的地方或者经营者认为乡村旅游资源条件好，资本实力强，产业就可以发展起来，殊不知没有好的创意，不进行创新开发，投入再多的资本，资源利用的效果也不会很好，有时甚至会血本无归。

六是缺少融合发展理念。虽然研究者和学术界认识比较到位，但产业界认识不清，致使产业发展出现诸多不理想之处。

七是缺少品牌意识。个别地方经营者存在短视意识和行为，没有塑造品牌和长远发展理念。

专家访谈记录

访谈对象：兰州文理学院唐兴荣

甘肃有个乡村旅游地我去了两次。我觉得还是受空间因素制约，没有系统性、整体性的规划，有走一步拓展一点的架势，整体上有点乱。

甘肃许多地方在开展乡村旅游，但就乡村旅游来说。韩国、日本等国家以及中国台湾地区的乡村旅游，是把乡村旅游纳入产业振兴规划之中，开始发展的时候，把农村的产业做起来，确保产业兴旺，最后是旅游占大头。我们现在做旅游，产业比例不协调，应该将乡村旅游和国家乡村振兴战略统筹起来一起做。

从我的专业角度看，要做到差异化发展，就要在创意上下功夫，找到自己独特的东西。因为旅游就是一种差异化的体验，但是现在景观设计、体验性项目设计方面的趋同现象严重。

作者学术考察日记

2017 年，我去甘肃某乡村旅游地考察。该地生态环境很好，到处是树木，并且占地面积很大。不足的是，由于事先没有开展规划，许多项目缺少精细性，空间利用不太合理。作者在交流中表示，可在景区大门附近建设游客接待中心，对旅游地进行详细介绍；游步道也要统一设计；本地文化和历史可以在景区内展示。经营者表示，以后将编制规划，按照景区模式进行建设。

作者访谈记录

访谈对象：甘肃某县旅游局前局长

问：我们县乡村旅游才起步，但美食不错，尤其是林下经济模式中养殖的土鸡。这个是亮点。如何形成品牌呢？

答：一个是观念问题，另一个是利益刺激下的供给问题。客人来得多了，土鸡数量不够，怎么办？一些人就派人骑车或者开车到县城去买鸡，客人吃的不全是土鸡。这样的话，县城的人还会再来吗？不如在自己家里做算了。所以说，坚持底线，老老实实做生意，市场才会认可你，一味以金钱为上，砸掉的是自己的牌子，毁掉的是自己的生意。如果确保质量，名声保住了，不愁没有钱赚。因此，观念很重要，使村民具备基本的经营观念非常重要。当然，有的人也懂这个道理，但没有人监管，就胡搞了。市场监管也要跟上，而不仅仅是依靠口碑机制来约束。

二、基础设施建设相对落后

旅游要发展，基础设施的完善是关键环节。有的经营管理者甚至说，只要基础设施到位客流就会到来，可见基础设施对旅游产业发展的重要性非同一般。但非常可惜的是，许多乡村旅游地基础设施建设与市场需求和游客期望相差甚远，具体表现在四个方面：一是道路不通，难以进入。有的乡村自然景观优美，有的乡村文化底蕴深厚，有的乡村有特色物产，但最大缺陷是道路不畅，没有直达公路，乡村旅游难以起步。二是缺少停车场。在自驾车基本普及的背景下，城市居民出游多选择自驾游方式，但许多地方没有停车位，大量游客随地停车，既不美观，也不安全。三是缺少厕所。一些乡村旅游地卫生状况不佳，厕所简陋，脏乱差现象比较突出。四是信息不佳。一些地方无法连接网络，有的地方信息不畅通，有的游客自驾车进入后缺少信息导航，非常不便。

作者学术考察日记

俗话说得好，道路通，财富来。道路建设对乡村旅游的重要性无须多言。但限于财力和观念制约，一些地方进入性很差，乡村旅游难以得到大发展。以甘肃兰州市官滩沟为例，有很好的自然景观，但公路质量不好，也缺少公交车。很多出租车司机不愿载客前去，因为回来时没有乘客。如此，客流量增长自然受到影响。此外，作者去了古浪县一些乡村旅游地，发现存在通信问题，WIFI 难以接通，游客上网实在不便。

作者学术考察日记

2018 年 7 月 17 日，我和朋友一行人前去兰州近郊某农家乐游玩，顺便调研乡村旅游发展状况。中午到达，由于接待宾客较多，餐饮准备过程较长，大伙只好聊天、打牌以打发闲暇。小孩子则在院内奔跑。我观察后发现存在安全隐患：一是农庄位于公路边，来往车辆较多，车速很快，稍不注意，可能会发生意外事故；二是院内有井，井内有水，但没盖盖子，也没安全警示标识，小孩子若不注意，会掉落其中；三是农庄位于较高地段，北部是陡坡，为防止意外发生，经营者在农家乐周围用葵花秆做成栅栏，但葵花栅栏很不坚固，小孩在附近打闹玩耍，有可能掉落下去。如此安全设施怎能让人放心。

三、旅游服务质量不优

一是缺少服务意识。消费者出游的目的是为了获得新的享受和服务体验，但很多乡村旅游地创业者服务意识较弱，仅注重餐饮项目，无法满足消费者的其他需求；消费者提出意见后，不认真对待，敷衍塞责，甚至不予理睬；只关心经济利益，一旦消费者付款后就态度大变。岂不知，服务无止境，唯有形成“宾客至上”的理念，才能在消费者中树立口碑，以美誉度获得推荐率和重游率，获得稳定客源，也才能长久发展。

二是缺少服务技能。由于原本文化教育水平不高，旅游发展以后又没有接受系统化、专业化教育培训，一些从业者无法高质量完成服务接待，尤其在接待礼仪、特色餐饮服务方面比较欠缺，不自觉间降低了旅游者对其的评价。

作者学术考察日记

2018 年，我去甘肃某地调研。中午吃饭时，经营者端上来乡村特色食材。食材属本地特产，为无污染绿色产品，但个别菜叶上沾有些许泥土。我出身农村，对此不以为然，但是不是其他游客对此也持无所谓态度呢？

四、产品体系不完善

一是产品结构体系不完善。大多数乡村旅游地提供的产品局限于美食、民宿，个别提供采摘、垂钓、棋牌等项目，疗养、健体、文化娱乐、民俗体验等项目不足。

二是产品雷同严重。各地口号很响，但走进去以后发现项目或产品大同小异，同质化程度很高，缺少吸引力。

三是特色购物不足。多局限于本地特产，没有利用本地文化开发出游客喜欢的购物品；有的虽有商品出售，但毫无特色，制作不精美，包装粗糙，附加值低。

作者学术考察日记

2018 年，我赶赴陕西袁家村等地实地调研。发现各类项目存在趋同问题。到了接待地，除了品尝美食，还是品尝美食，难以发现吸引眼球的好项目。大多数游客体验参与文化和休闲娱乐的动机无法实现。这也是导致乡村旅游竞争激烈和难以长期存活的根本原因之一。事实上，丝路沿线的乡村各不相同，民俗、历史、自然环境千差万别，只要稍加思考，开拓思路，推出山野徒步、民俗节会、体育赛事、养生健体等项目，获得好评的几率很大。

五、乡愁体现和文化特色展示不够

一是乡村性不足。一些乡村旅游经营者认为城市人喜欢现代化用具，于是在房屋装饰、建筑设计等方面完全放弃传统，到处都是整齐划一的房屋，到处都是和城市居民使用无异的沙发、茶几，乡村性不足，旅游者无法感受乡村之美。

二是文化遗产保护利用意识不强。对乡村文化不自信，认为自己老土，对传统非物质文化遗产缺少展示出来的胆气和勇气，也没有意识到这才是“绝活”，结果是原本应该有的亮点没有被展现出来。

三是缺乏创意。大多数经营者无创新意识和能力，服务无新鲜感，项目无特色，难以提升旅游者满意度。

作者学术考察日记

为了编制乡村旅游规划，我去甘肃古浪县某地考察。走进农家乐，发现房屋修建没有特色；虽然皮沙发、茶几等家具配备到位，但都是现代化风格，毫无乡村气息。如果经营者理念到位，巧妙设计，在房屋风格和家具上体现特色，会添色不少。

专家访谈记录

访谈对象：甘肃社会科学院郑本法研究员

作者：如何看丝路沿线乡村旅游发展？

专家：西南地区的特色是民族风情，江南的特色是水乡风韵，丝路沿线相比之下没有特色，没有新意，没有叫人眼前一亮的东西。

六、形象营销不到位

一是广告宣传意识不到位。大多数经营者不懂营销，缺少宣传。

二是投入力度不够。无论是政府、企业或者经营者，都没有投入一定资本用于营销宣传，导致知名度不足，客源市场拓展受到制约。

三是网络营销利用程度低。乡村旅游开发中，智慧旅游建设投入不够，旅游信息在网络上的披露度很低，旅游者无法通过网络获得更多有用旅游信息。

四是创意营销不足。有的甚至连介绍景区景点的宣传单都没有，可谓不善营销。至于叫得响的口号更是极其罕见。

五是缺少新的载体和支撑，业态老化。

专家访谈记录

访谈对象：兰州文理学院唐兴荣

作者：如何看甘肃玉泉山庄发展？

专家：在后续的可持续性营销上要下点功夫。过度依赖现有知名度，没有新的东西提升自己。其他旅游地新业态的出现会形成挤压或者挤占效应。

第二节　相关经验借鉴

一、国际经验借鉴

（一）日本经验借鉴

经验借鉴之一：驿站建设。由于大量人口进入城市居住生活，乡村成为老年人居住之地，这些人受年龄、体力等因素限制，在获取生活资料方面遇到困难。于是日本在乡村要道、人口集中之地设计了生活驿站，对内提供养老、就业、购物等方面的服务，对外则为游客提供旅游服务，尤其是解决游客在旅途中遇到的加油、就餐、住宿等问题。乡村驿站在日本乡村旅游发展中发挥了重要作用，取得了巨大成功。

经验借鉴之二：体验研学旅游。日本教育发展中重视研学旅游，尤其是关注儿童这一群体。各级学校都有研学项目和课程，通过这些项目，孩子们可以走进自然，了解农业生产活动，了解农村历史。研学旅游在日本乡村旅游发展中发挥了主要作用。

经验借鉴之三：休闲旅游。日本乡村旅游注重项目多样化，以满足市民休闲度假需求。他们经常开展插秧割稻、采茶、泡温泉、摄影、写作、绘画、竞赛等活动，增强了游客体验性和愉悦性。

经验借鉴之四：老年旅游。伴随老年社会的到来，日本老年人口数量增加，这些老年人有钱、有闲暇时间，身体健康，于是乡村旅游开始关注老年人市场，疗养、康体、保健度假村出现，并很快得到市场认可。

（二）美国经验借鉴

经验借鉴之一：道路建设。日本重视驿站建设，美国则关注道路建设。为了促进乡村旅游发展，美国在乡村道路建设上加大投入，建立起了四通八达的乡村交通网络，为市民进入乡村提供了最基本条件。

经验借鉴之二：生态旅游。大量游客的到来，势必会对生态环境有所影响。美国没有因为乡村旅游发展而忽视环境保护，反而越加重视，如对垃圾进行分类处理，在社区设置可回收和不可回收两类垃圾桶，对废旧物品进行回收再利用；游客自带各类环保袋，随时处理垃圾和废弃物；景区接待量超过承载量时，立即限制游客数量。这些确保了乡村旅游的可持续发展。

经验借鉴之三：非遗旅游。美国是一个多民族多族群国家，乡村居民有特殊的生产生活方式。美国在乡村旅游发展中，充分展示其独特的生产生活方式，吸引了大量游客，也增强了遗产传承的信心。

经验借鉴之四：多元项目。在观光旅游基础上，开展各类项目或活动，如举办节会，推出探险、滑雪、骑马、越野、冲浪、音乐会、采摘、博物馆浏览等项目，满足了旅游者求新求异和寻求刺激的需求。

（三）韩国经验借鉴

经验借鉴之一：节会拉动。为丰富乡村旅游内容和内涵，韩国非常重视节会活动，依托自然景观、农业活动、民俗风情等，举办节会刺激市场。有人做过不完全统计，发现韩国乡村旅游节会数量将近800个，可谓花样繁多。此外，节会内容也在不断拓展，主题不断更换，形式不断创新，吸引了城市游客前去参与和体验。

经验借鉴之二：注重食宿质量。城市居民到乡村以后，不会担心住宿和餐饮质量问题。韩国政府鼓励乡村居民开办家庭旅馆（“民泊”），但对其有非常高的要求，尤其是卫生和环境必须达到一定标准。这样做的结果是，乡村旅馆价格便宜，干净卫生，游客非常满意。

经验借鉴之三：景区景点求新求异。乡村旅游中注意景点景区开发的创新性，如开发了军事禁地模拟景区，对没有军事生活体验者很有诱惑力。

二、国内经验借鉴

（一）四川“五朵金花”经验借鉴

经验借鉴之一：注重文化内涵建设。在旅游地开发中，把传统文化的挖掘和应用提到了很高地位，使乡村旅游具有很高文化品质。具体来说，就是在景区建设中体现了花卉文化、音乐文化、绘画文化、农耕文化，使农业生产具有艺术气息，极大地提升了品牌吸引力。

经验借鉴之二：建筑成为景观。和许多乡村旅游地建筑无特色不同，这里对建筑进行了统一规划设计，体现了四川民居特色，有的则呈现出欧式风格，可谓中外结合，给人耳目一新的感觉。

经验借鉴之三：基础设施条件改善方面舍得投入。在道路、厕所、污水处理等方面敢于下大力气，目的就是改善环境，改善本地人生活水平。舒适环境吸引了大批游客，同时也为自己树立了较好的口碑。

经验借鉴之四：注重休闲环境建设。四川是中国乡村旅游发源地，乡村旅游地善于营造休闲氛围，游客感到内心安逸，可以远离都市的喧嚣，满足了游客求静求放松的旅游需求。

（二）贵州天龙屯堡经验借鉴

经验借鉴之一：历史民俗展示较好。天龙屯堡是典型古镇，历史上为军事驿站，传承有独特的“屯堡文化”。在乡村旅游发展中，这些历史文化建筑成为景观吸引了各地游客。此外，本地居民——屯堡人身穿特色服饰，将自身生活方式进行了多方面展示，满足了游客好奇心理。

经验借鉴之二：组织模式创新。政府主要致力于基础设施建设、规划编制落实、招商引资等，天龙旅游开发投资经营有限责任公司（以下简称“天龙公司”）主要负责投资建设景点景区，旅行社致力于旅游线路推介和市场开拓，旅游协会具体开展接待活动，村民参与其中。这样的组织架构巧妙地处理了各类关系和矛盾，同时也激发了各方的积极性。

（三）广西龙脊经验借鉴

经验借鉴之一：营销有力。在成为知名目的地之前，通过电视电影、短视频等方式向外界展示了梯田之美以及不同季节的区别，成功吸引了各地游客。

经验借鉴之二：开展梯田文化节会活动。在单纯观光旅游基础上，策划举办传统的“开耕节”，举行仪式，放水灌田，同时还举办系列活动，众多游客参与其中，乐在其中。

经验借鉴之三：瑶族文化之美得到展示。对瑶族民居进行修缮和保护，并新建传统建筑，体现民族文化艺术；一些瑶族妇女通过盘头、摇发活动展示头发艺术。

（四）浙江柯桥经验借鉴

经验借鉴之一：标准化建设指导。在民宿大规模发展之际，及时编制标准化评价体系，对环境卫生、文化保护、庭院经营、产业链条打造等环节实施评估，不但指导了本地乡村旅游产业的良性发展，也为全国树立了标杆。

经验借鉴之二：不断转型升级。在“吃农家饭”的“1.0 版本”基础上，不断演化，迅速成为“住宿农家 + 购买特产”的“2.0 版本”。目前推出多元业态“3.0 版本”，游客通过观赏剧目、划船、徒步、骑行等方式体验本地生活。

经验借鉴之三：特色小镇培育。因地制宜，遴选一批资源特色鲜明、开发价值重要的村镇，重点建设，突出养生、时尚、水乡、酷玩等主题，避免了同质性竞争，获得了互补效应和规模化发展。

第三节 对策建议

一、思想先行——强化九大理念

结合存在的理念和问题，需要在思想认识上有所提升。具体应具备九大理念。

一是规划理念。在乡村旅游发展中，首先要开展旅游规划编制工作，以旅游规划为指导性文件，规划先行，无规划不可开发，通过规划集中思想，统一认识。

二是长远发展理念。乡村旅游的发展绝非一时热潮，绝非时尚行为，而是国家发展的长远大计，是乡村振兴战略的主要内容，承担着重要的历史使命，因此各个利益主体有要大局意识、长远发展意识。

三是服务意识。管理者要积极为游客和经营者服务，做好管理；经营者要全心全意为消费者服务。

四是学习理念。既然地处后发展地区，乡村旅游发展所处阶段多是起步阶段，产品开发设计不到位，服务质量不高，都是正常现象，但要通过学习来改变现状，要“干中学，学中干”，积极走出去，学习其他地方的成功之处，借鉴别人长处，善于创新，敢于超越。

五是品牌理念。不可小打小闹，不可欺客宰客，通过服务树立声誉，形成叫得响的招牌。

六是合作观念。尤其是社区参与者不可为了一点蝇头小利就互相拆台。

七是可持续发展理念。要保护生态，保护文化，实现产业的可持续发展。

八是投入理念。政府一定要舍得投入，大力支持，提升乡村旅游基础设施建设水平，解决公共设施不足问题，改善食宿、交通、通信、厕所等问题带来的不便，而不是空话连篇，干打雷不下雨。

九是创新理念。不要单纯依靠资源或者资本驱动产业发展，要转化为创新创意驱动，有时候一个好点子的效果赛过百万资本。

二、凸显内涵——挖掘乡村文化

一是保护优先。要视乡村文化为宝贝，乡土性就是乡村旅游地最大的特色和最稀缺的旅游资源，具有不可估量的价值，乡村旅游发展过程中千万不可对其弃之不用或者毁坏。一定要通过宣传教育，使农牧民认识到乡村性才是乡村旅游的根本，片面追求现代化带来的将是灾难性的破坏。

二是注重传播。不但要在意识上有所改变，更要在行动上有所体现，要积极走出去，对外宣传本地文化和历史，同时加强对传统文化、民俗文化的系统性研究，形成地方文化自信心和自豪感。在研学旅游背景下，要加强与院校、科研机构的联系，设立“公众教育站”或“研学旅游基地”，扩大文化传播范围和效果。

三是合理利用。在保护的同时，开展文化遗产的生产性利用，使其融入旅游项目，增强旅游者乡村性体验，使乡村生活方式成为吸引物，同时延长停留时间，强化消费效应。

三、质量第一——提高服务水平

一是规划要讲究质量。编制乡村旅游规划的单位要尽职尽责，高度负责，结合实际开展工作；评审单位要严格评审，不可随意，不可马虎。

二是景点景区建设要体现质量。既然投入大量资本开展建设，就要形成特色，要有新进展新突破。

三是项目服务要侧重质量。在交通、餐饮、娱乐等方面考虑消费者利益，认真履职尽责，服务市场主体，不可态度粗鲁、坑蒙拐骗、以次充好，也不可看人下菜碟，区别对待游客，要做到一视同仁，热情迎接，服务周到，为旅游者提供优质服务，以质量塑造口碑，形成可持续发展之路。

四是提升监管质量。在开发的同时，加强监管，并且及早趋于规范化、标准化管理。

四、营销造势——塑造旅游品牌

一是投放广告。先投入，后产出，广告要力求体现新颖性、特色性，以此获得轰动性。

二是对接市场。要通过各类小型项目，对不同市场加以“劝说”，使其形成出游动机，吸引游客前来消费。

三是利用各类机会。如在培训班开班前后大肆宣传；利用节会时间，开展“事件”营销，吸引更多旅游者。

附录1

《武威市全域旅游发展规划》评审会发言——兼谈武威市旅游发展现状及对策

各位领导、各位专家以及规划团队：

大家好。前面几位专家说了自己的见解，我受益匪浅。下面结合我的体会和思考，谈几点看法。

规划文本、说明书、图件的内容很扎实。由于时间关系，好的地方就不说了。这里主要说说其中的不足，或者个人的一些观点，未必正确。

第一，全域旅游背景和现状分析应包括三个层面：一是世界旅游业发展趋势，二是中国全域旅游发展态势，三是武威市全域旅游走势。重点是对武威市在全域旅游发展方面的探索实践、基本成就、存在问题进行梳理总结。文本只是对武威市旅游发展进行了简要总结。我们做的是全域旅游规划，自然要从全域旅游视角出发，需要聚焦全域旅游发展，而不是笼统地谈武威市旅游发展怎么样，说我们缺少品牌之类的，接待了多少游客，有多少个景区景点。那么，怎么谈呢？六个方面，全资源整合方面我们做得如何，全流程效率提高方面我们做得如何，全领域空间扩展方面我们做得如何，全产业融合方面我们做得如何，全社会参与方面我们做得如何，全方位转型方面我们做得如何。要有一套自己构建的新的指标体系，基于国内对比，进行质性和量化分析，形成一个结论性的文件，确定武威市在中国、甘肃、河西走廊城市中到底处于一个什么样的水平。

第二，武威的占位分析方面。文本做了很多分析，感觉有点宽泛，不集中，也不一定到位。个人认为，可以从四个方面来定位：一是丝路边疆文化新高地，是汉唐和西夏人文之城、儒学之都、西藏归属中国见证之地；音乐、诗歌、舞蹈都具有丝路边疆特色。二是国家生态安全战略要地。祁连山生态敏感脆弱之地，两大沙漠合围之地，各类地貌聚集之地。三是河西走廊咽喉之地。四是中国旅游标志故乡。这个必须提到。

第三，资源的评价分析方面。全域旅游视角下的资源总结分析，不一定要按照传统模式来做，最好突出新型资源。包括哪些呢？有很多。文本没有提炼出来。如区位资源，我们是河西走廊的门户；产业资源，我们有葡萄酒产业等；交通资源，虽然我们没有高铁直通，但可不可以在市区开通一条很有凉州特色的旅游专线，以此吸引人？我们有凉州作家群体，有名满天下的凉州诗词，有治沙精神，有极具传奇性的匈奴故事，有独特的科举文化，有杨家将西征传说，有西路军悲壮历史，有简牍文化，有姓氏文化（我查阅了相关资料发现武威是几个姓氏的发源地），有丝路驿站。还可以在古村落、古镇、古城、古街区、古关隘、古树等方面找些亮点出来。

第四，发展战略方面。文本谈到了几个，我都认可。不过是不是可以再加几个？一是国际拓展战略，因为武威旅游的定位是国际知名旅游目的地。二是文化铸魂战略，武威文化底蕴非常深厚，是历史文化名城，要把文化做起来。三是智慧发展战略。智慧旅游谈到了，但要提升到战略高度。

第五，国际化对策方面。文本几乎没有专门谈到。武威还是可以做出文章来的。国际陆港可以搞国际性的商贸旅游，黄羊川国际会议中心可以利用企业家温世仁的影响开展港澳台方面的市场，可以利用儒学和民族宗教资源开发国际学术界的市场。最好看看旅游的国际化表现在哪个方面，这个学术界研究很多。规划编制也需要和学术研究结合起来，没有学术支撑的规划上不了高度。

第六，精准化对策方面。许多提法很模糊，操作性不强，旅游局不知道如何去做。例如，营销方面，建议具体细化些，日本市场怎么做，欧美市场怎么做，国际化营销到底如何差异化开展。产品开发方面也是如此，例如，驿站项目，最好能体现出驿站特色，有的是商贸驿站，有的是军事驿站，有的是民俗驿站，有的是邮政驿站。

第七，全社会参与方面。全域旅游就是要大家一起来搞旅游，不光是政府的事情，也不光是企业的事情，是大伙的事情。也不单单是武威人的事情，可以说是中国人的事情。因此要有个具体的合作模式。和张掖怎么合作，和敦煌怎么合作，和兰州怎么合作，叫他们也来参与武威旅游。武威市和桂林、西安、银川等城市也可以开展合作。

第八，对武威的历史文化方面定位不高，没有达到应有高度；对旅游发展目标定位却又过高，搞成西北一流、中国知名的目的地。能否做到呢？我看做不到，河西走廊城市群中，武威实际上都落伍了。人家敦煌，你比不上；张掖有丹霞，旅游火得很，你比不上；嘉峪关有“方特”，游客多得很，你比不上；金昌有花海和“罗马兵团后裔”的传说，去的游客也逐渐多起来。我是古浪人，我都感觉老家武威没有拿得出手的东西。将来的五到十年，是发展的关键时期，但到底发展到什么地步，目前还不好说。希望各级领导认真努力，给我们带来惊喜。

以上是我的一些看法。不妥之处，请多多包涵。谢谢。

附录2

《嘉峪关市全域旅游发展规划》评审会发言
——兼谈嘉峪关市旅游发展现状及对策

各位领导、各位专家以及规划团队：

我仔细看了规划文本，内容比较厚实，但也有很大提升空间。我下面做针对性发言：

第一个问题：全域旅游城市化问题。城市化发展到一定阶段后，会出现一个趋势，那就是反城市化、逆城市化。文本说全域城市化，这个与国家乡村振兴战略政策相违背。现在嘉峪关有1万农民，规划上他们将全部成为城市居民，可行不？文本中也有几个小镇的项目，如温泉小镇、魏晋小镇，挺好的，但全部城市化的话，这些小镇就没有了。这不是自相矛盾吗？

第二个问题：嘉峪关的定位问题。一是说它是“辐射西北、贯通西部”的知名物流中心。不对。甘肃的政策是重点打造武威国际陆港，它是物流中心；再说，可能吗？贯通西部，辐射西北，我看连辐射河西走廊都成问题。二是说它是四大文化交汇的地方。这里有问题。我们说丝绸之路是四大文化体系或者文明交汇之地，说具体点是新疆、敦煌，文本说嘉峪关也是四大文化交汇之地，容易让人混淆；实际上，这里的四个文化，是自己搞的。例如，长城文化和丝路文化交汇点在嘉峪关，但长城本身就在丝路中，丝绸之路也不是一条线，是一个廊道。理解有点偏差。早期长城起点也不在嘉峪关。

第三个问题：市场分析问题。感觉思路混乱，没有逻辑。应该是规模特征、动机特征、行为特征（包括时间行为、空间行为、消费行为）、满意度等。没有这样做。用了百度指数，可看不出来什么。说是大数据，可又没有多少数据。不如简单化，发点问卷，就搞出来了。市场分析不到位，后边的营销就搞不好，发不出力来。

第四个问题：旅游定位问题。文本说是丝路沿线知名的世界旅居城市。这个提法很好。不知道是谁提出来的，是个很好的提法，但文本没有做出来。旅居就是叫外地人来居住，现在旅游发展好的城市，或多或少、有意无意都在搞旅居。如昆明、三亚、桂林等。游客来做什么，为何到这里来。要有“鸟事”“鸟语”“鸟文”（鸟就是游客，候鸟）。来了带动我们的房地产，有了大学，有了好的医院等。现在看不到这个项目。这样一来，市场营销就不知道如何去做，应该把旅游城市转化为城市旅游，整体营销城市。

第五个问题：客源市场问题。既然是丝路沿线知名旅居城市，那就要面向丝绸之路沿线市场，具体是中亚、西亚、欧洲、北非、北美。文本没有说到。

第六个问题：夜晚佛事问题。要在夜晚搞佛教活动。国家的政策是宗教不参与商业活动。文本对国家政策不敏感不熟悉。

第七个问题：户外运动问题。对户外理解不到位。前面专家说了，户外就是窗户外面，不在房子里面。文本却把项目搞在野外、郊外、无人区。不太好。既然说是运动慢城，那就慢慢来，现在搞得激情四射。再说，张掖是世界户外天堂，人家搞这个比我们响亮。同质化的东西太多，不要动不动就是热气球上天。

整体的问题有四个：一是基础理论需要加强，有一些软肋，有硬伤；二是视野不够宽阔，没有跳出嘉峪关看嘉峪关，要和张掖、酒泉、敦煌等城市比较，还要和其他知名旅居城市比较；三是对甘肃省情不太了解；四是缺少创新。我们说，西出阳关无故人，到了嘉峪关，黄沙飞满天，不如搞个沙尘暴项目。现在生态文明建设加大，生态好转，很少有沙尘暴了，很多人没有见过，不如设计一个沙尘暴博物馆。这些都很好的。

我说的就是这些。不一定对。怎么办？过不过？大家最后讨论。建议修改后通过。

注：本文为2018年10月窦开龙在《嘉峪关市全域旅游规划》评审会议上的发言。稍有修改。

附录3

《平凉市崆峒区全域旅游规划》评审会发言

各位领导：

大家好！

由于时间关系，我主要说说文本和图件的一些问题。

第一个问题：关于《市民读本》问题。既然对象是市民，那就是普普通通的老百姓，目的是让大众了解全域旅游。如此一来，读本必须通俗易懂，否则没有人去看。我看了一下文本，感觉头疼。还是需要改变一下表述方式。

第二个问题：一些历史事件以及人物方面的问题。说养生鼻祖是广成子，到底是不是他？还是《黄帝内经》？还是老子？需要商榷。说要开展内丹养生项目，这样的说法科学不？内丹似乎是道家的东西，很玄乎。说广成子是仙人，到底是人，还是神仙，或者是两者的结合，还是先是凡人后为神仙？历史上可有依据？没有的话，最好再做推敲，做到毫无破绽可寻，要严谨严肃。

第三个问题：发展条件问题。文本简单做了分析，说崆峒区是政治经济中心，但没有说出优劣势，不利于后文开展项目设计和策划。实际上，规划会之前，几位领导都说平凉现在有个很大的问题——交通问题，很不方便，没有高铁直达，兰州到平凉需要5个小时。我们规划需要把这个问题点到、点透。

第四个问题：客源市场定位问题。文本对客源市场结构做了分析，但图件和文本不一致。还有，把甘肃等几个省区作为一级市场，太宽泛了，虚化了。最好缩小点，精准点，便于企业或政府部门开展营销。

第五个问题：文本的应用性问题。平凉是国家全域旅游示范区建设单位，国家马上要开展验收，因此文本就需要担负职责，交代清楚我们需要基于哪些方面开展示范。可惜很弱，甚至没有涉及。领导、企业和居民不知道如何操作。实际上不难。例如，我们可以从以下几个方面做示范：一是厕所革命示范，我们有平凉特色、崆峒风格，我们还可以搞以商养厕的探索模式。这是一个亮点。二是人才培养模式示范，很少有哪个规划提出来把这个做大做强，最多是去陕西袁家村看看，我们可否高调一点，再炒作一下，去北大学习一下，去国外看看。三是产业链条创新示范。目前就是观光，到山上看看，下山，回家，这个不行，没有消费效应，可否编排武术项目，收费运作，借鉴少林寺模式。四是养生文化旅游转化模式示范。道源文化很大，很高端，但游客需要接地气的产品，我们可推出养生项目，武术养生、美食养生等。要营造一种氛围。五是市民和游客读本示范。编写出来，发放各地，走进宾馆酒店，大肆宣传。

整体看，文本内容厚实，结构合理，项目多样，建议通过。

附录4

乡村旅游动机调查问卷

尊贵的女士/先生：

您好！

为了解乡村旅游发展，请您在百忙之中填写本调查问卷，以作学术研究之用。谢谢！

一、您为何来此地旅游？

项目	完全认可	认可	一般	不认可	完全不认可
释放压力和调节心情					
参加节会活动					
进行商务活动					
参加考察学习					
陪伴亲朋好友					
打发闲暇时间					
跟随大流					
亲近自然山水					
感受民俗风情					
乡村怀旧与获得新鲜感					
增长见识					
品尝乡村美食					
领略别样自然景观					
感受淳朴民风					

续表

项目	完全认可	认可	一般	不认可	完全不认可
本地知名度很大					
本地交通便捷距离不远					
本地民俗风情特殊					
本地美食较好					
本地自然环境很好					
本地历史积淀深厚					
本地人文景观很好					
本地服务很好					
本地土特产品很好					
本地有特色休闲娱乐项目					

二、您的基本信息？

1. 性别　□男　□女

2. 年龄　□18岁以下　□19－30岁　□31－40岁　□41－50岁
　□51－60岁　□60岁以上

3. 职业　□学生　□专业技术人员　□公务员　□商贸人员
　□服务人员　□企业人员　□其他

4. 文化教育程度　□高中以下　□大学　□硕士　□博士

5. 个人月收入　□3000元以下　□ 3000－5000元　□5000－8000元
　□8000－10000元　□10000元以上

再次感谢！

附录5

作者武威市乡村旅游规划评审会发言记录

刚才，各位专家都做了很好的发言，受益匪浅。我也说说自己的一些看法。好的方面就不说了，具体说说不足之处。

第一，乡村旅游形象定位问题。文本说是“丝路原乡”，我不太认同。所谓的原乡是西方的一类思潮，认为原来没有生态问题，现在由于工业化发展，生态危机出现了。因此，一些学者提出人类要恢复生态，建设生态文明。从生态角度看，丝路早期的生态是好的，有的地方原来有水，现在干枯了。这个合适。但乡村是多维度的乡村，经济角度呢？文化角度呢？我是河西走廊出生的，古浪县就是我的老家，我上大学以后就离开了老家，到兰州工作，为何不留在老家小山庄？那里没有发展机会，接受不到高等教育，见识不了社会的大发展大变化，等等。“丝路原乡”的说法，我个人觉得不太妥当。如果修改为新型乡村，我觉得还不错。

第二，村落发展定位问题。阅读规划文本可以发现，编制者对地方历史和文化有一定了解，但对古浪县的两个历史文化名镇土门镇和大靖镇，定位都是历史文化型旅游地，这就有点雷同。应该突出特色，差异发展。两个都是历史文化很有积淀的地方，都有商业传统，可以将其中一个定位为商业重镇。文本还突出了丝路驿站项目，但各个驿站雷同度很高。怎么办？可以细化，有的是军事驿站，有的是邮政驿站，有的是民俗驿站，有的是商业驿站。这样就各有特色，也使得驿站内涵和外延变得更加丰富。

第三，人才培训问题。文本说要依托武威旅游教育优势，对相关人员展开教育培训。这个说法有点勉强。我不是说武威没有好的教育机构，我是说不够。甘肃范围看，旅游研究好的大学是西北师范大学、兰州财经大学，旅游教育专业好的学校是兰州文理学院。全国看，那就更多了。视野有点小。要往外看，这也是走出去营销的一部分。

第四，旅游者行为分析问题。文本对一般性游客和乡村游客的行为模式做了比较分析，但有的地方不到位不准确。例如，说一般游客喜欢到知名度高的地方去，乡村游客不是这样。这个需要商榷？地方在哪都不知道，如何去？其他地方也存在这样的问题。

第五，乡村旅游模式借鉴问题。四川的乡村旅游起步早，很有特色，值得借鉴，要突出休闲特色。浙江或者国外的一些好办法我们似乎不可以直接借鉴使用。

文本整体不错。限于时间，大概说这么多。

注：本文为窦开龙在2018年《武威市乡村旅游规划》评审会上的发言。

附录6

作者对古浪县笔架山发展的建议

刘总：您好！

贵山庄在您的精心打造下，取得了很大的成就，在武威市乃至甘肃省都有一定的知名度。作为古浪籍学者，我很欣赏您干事创业的劲头、开拓创新的理念、务实求真的作风。为使旅游产业得到进一步发展，我结合实地调研和后续思考，提出如下建议：

第一，突出一个“预”字。万事有预则不恐事态有变。俗话说，预则立，不预则废。国内不断发生变化的乡村旅游态势，要求我们必须立足当下，放眼长远，形成规划文本，对未来5－10年的发展要全盘谋划。鉴于山庄要走乡村旅游之路，建议邀请专家或者团队编制规划文本及图件，作为指导性文件。这也是评审成为景区的基本条件之一。

第二，做好一个“文”字。旅游的内核是体验，灵魂是文化，乡村旅游离不开对乡村文化的挖掘和展示。山庄地处古浪县历史文化名镇土门镇，两汉遗址文化、乡贤文化、教育文化、红色文化、山西移民文化、边塞军事文化、商贸文化、武术文化等具有一定底蕴，建议结合本土历史、文化以及民俗，通过电子技术虚拟展示、博物馆荟萃等模式发展文化旅游，而不局限于美食品尝等项目。也可以结合“笔架山”本身的内涵设计项目。

第三，做足一个“事”字。生活中不可多事，但旅游项目开发应该“多事”。建议策划举办各类旅游活动，以活动驱动旅游。如春节期间举办开庄仪式，结合社火吸引客流；秋季入学期间，结合家长望子成龙心理，举办相关仪式；中小学学生毕业之际，开发毕业市场；可以结合研学旅游趋势，和本地学校建立关系，开发研学旅游；等等。

第四，做大一个“新”字。现有项目过少，类别单一，缺少特色和亮点，建议策划塑造新的景点或吸引物，使游客移步换景。

总之，只有以创新为动力，以文化为亮点，乡村旅游发展才会越来越好。

附录7

作者对梁雪松教授访谈记录

窦开龙：您好！浙江的乡村旅游走在全国前列，您作为浙江旅游智库专家，对浙江乡村旅游也比较熟悉。请您说说浙江的乡村旅游亮点在哪里？

梁院长：好的。一是标准化建设问题。浙江的乡村旅游的确发展非常迅速，但质量层次不同。我们就编制标准，引导其朝好的方向发展。这个事是我做的。现在基本成为了国家标杆。浙江开展的工作非常扎实，尤其是政府层面做了很多工作，我也有机会参与了很多会议和项目，对这块比较熟悉。这个民宿的标准是我做的，创立了民宿协会，是全国第一家。全国来说，最先做的是杭州。浙江用了3年时间，按照这个标准扶持民宿。现在1.5亿元投出去了。今年开始重点放在农家乐提升工程，这个也是我第一个提出来的，政府采纳以后开始实施。

二是我们在标准的实施上有落地性。政府在社区因子方面做得比较好。为了防止投资商和民宿业主之间发生一些不必要的纠纷，政府把自己可以做民宿的设施或者房屋集中起来，统一招租，投资者和政府之间签约，不和村民签约，有什么问题的话就去和政府接洽谈判，村民之间不会发生矛盾。

三是村庄景区化活动。用3年时间打造1万个景区，原来开展“美丽乡村”建设，现在加入了景区概念，使得乡村更加美丽，设施更加完善，因此走在全国前列。去年3000多个已经验收完毕，今年3000多个正在做。政府专门为此制定了计划和规划。

四是政府多次举办培训班。我已经培训了2万多人。培训班非常有指向性，人员分为三个层次，政府管理人员、村民和民宿业主以及村镇书记主任。落地性很强。

窦开龙：其他的呢？微观层面有什么新的东西？

梁院长：杭州到各个市县地区都开始建设美丽公路，沿途都是美景。

还有乡村旅游和民宿的发展，给杭州带来了很大变化。留住了很多人，外地打工的农民看到了家乡变化，意识到了机会，开始回家了；外地的城里人看到有商机，带来了资金、信息、时尚和理念；有钱的农民也回来反哺家乡。这是最大的收获。

乡村旅游对农民脱贫以及乡村振兴起到了一个精准的作用。

我想说一个具体的事情。杭州民宿标准的出台是我做的。我做了很多调研，走访了很多地方。另外，我在日本工作4年，对日本乡村旅游有所了解。他们以16间房子为标准，16间以上就要交税，16间以下免税。当时在会上讨论的时候，市长亲自主持会议，他问我："难道17间就不行，为什么？"我这样回答："1.2米以上是儿童，1.2米以上就不是儿童了吗？多一点点不行吗？坐车就要购票，难道1.21米不行？为什么？就是需要有个标准。"这个不可能永远探讨下去。浙江四口之家，住房面积100－120平方米，宅基地面积120平方米，不可超过三层建筑物，我们计算后就是14－15间恰到好处。大家都认可了我这个观点。

我们这个量化也为消防和公安解决了实际问题，因为如果不界定好，基本上是不批的。

窦开龙：很好。

梁院长：村长和书记不能只为开办农家乐者服务，应为全村人服务，所以要建设产业链，有吃也要有住宿，偏远地区的农民发展养殖业，养鸡，养猪，种菜，种瓜果，这样全村就富裕起来了，分工要明确合理。

对具体问题也有很多探究。如落地窗、景观窗、家庭房的打造、阳台的打造、外边的游乐设施建设，等等，非常细致。我们都要结合实际给予指导。

注：2018年7月24日，窦开龙对浙江工业大学旅游学院院长梁雪松教授进行了电话采访。现整理成文，以期对丝绸之路乡村旅游发展有所借鉴。

附录8

作者对高亚芳教授访谈记录

窦开龙：您好！我今天想专门和您聊聊我国乡村旅游的发展。希望您发表高见。这对我也是一个难得的学习机会。

高老师：客气了。我现在正好有时间。互相交流学习吧。

窦开龙：好的。首先请您说说我国乡村旅游发展的简要历程。因为很多人不了解这个过程。

高老师：我国乡村旅游发源地在四川，时间是20世纪90年代初期。为什么不是北上广地区呢？主要和四川的休闲文化以及休闲生活方式有关，成都市居民利用周末到周边地区进行休闲式的出游，吃农家饭。与此同时，甘肃和四川交界的陇南地区也相继出现乡村旅游。不久之后全国范围内的乡村旅游开始出现并得到发展，其中长三角、京津冀地区由于市场需求量大、需求品质高，使得乡村旅游在规模上、内容上、表现形式上、品质上都有很大提升，走在全国前列。相比之下，丝路沿线地区乡村旅游发展滞后，理念、规模、品质都有“短板”。

窦开龙：甘肃这几年的乡村旅游发展态势不错，但存在很多不足。您认为主要表现在哪些地方？

高老师：甘肃“十三五”旅游规划对乡村旅游给予了高度关注，无论是规划编制、乡村培训、项目实施等方面都有了很多进展。最近有关乡村旅游的报道就有十几篇。有时间可以去看看。但存在的问题也不容忽视：缺少特色，千村一面；规模不足；多元化业态不足；经营者和开发者以及管理者理念不到位；等等。为何会出现这样的问题？应该和经济发展有关，也和理念有关。例如，乡村旅游往往出现同质化的东西，喜欢修建小广场、水泥路。这和农民所处发展阶段有关。乡村旅游的服务对象主要是城市居民，他们基本走过了自身“城市化”的过程，现在需要逃离城市，到乡村去休闲，但农民对城市生活有很强烈的向往，觉得城市生活品质较好，修建小广场、水泥路就是这个心态的外在表现，他没有觉得这样不好，反而幸福指数很高，但游客看了觉得不好。这是一个主客心理和价值需求错位后必然出现的社会现象。

窦开龙：对，这说到了根源上。很多人往往责备农民，说你这个不对，那个不对，农民自己不知道这个城乡文化需求的反差。

高老师：规划在其中也有影响。一是规划不足，产业发展中没有编制规划，自我探索发展之路；二是规划本身有问题，许多外部邀请来的规划公司看中的是经济利益，拿着某个城市旅游规划文本到处复制，没有对本地乡村文化和资源做开发研究。

窦开龙：我们应该采取哪些举措来扶持以及引导乡村旅游的发展？

高老师：一是加强培训。首先邀请专家前来上课，开通脑筋；其次要走出去。农民不了解外边的乡村旅游发展态势，那就直接出去，开眼看世界。二是宣传引导机制。例如，发挥示范村效应，带动发展。三是形成纠错机制。例如，借鉴福建模式，出台负面清单，对不规范的地方直接否定，限期改正。这个很有力度，也非常厉害。制度刚性和政策约束作用就会引导产业健康发展。基于这样的理念，我们最近在编写乡村旅游发展指引，应该会有很好的效果。

注：2018 年 7 月 22 日，窦开龙对兰州文理学院乡村旅游研究中心主任高亚芳教授进行了电话采访。现整理成文，以期加强对丝绸之路甘肃段乡村旅游发展态势的了解。

附录 9

作者对陈炜和钟学进博士访谈记录

窦开龙：两位专家好！欢迎你们到兰州来。我想和你们聊聊乡村旅游发展的事情。我发现甘肃乡村旅游的发展非常迅猛，只要有农家乐的地方，就有游客，即使饭菜差点、服务差点，也不愁没有客源。需求明显大于供给。桂林也是这样吗?

陈炜：也许和甘肃的发展阶段有关。我也有个发现，是无意之间的发现。有次出去旅游，忽然发现前几年很火的几个星级农家乐关门了。我又留意了一下，发现桂林周边地区也有这样的现象。这就值得关注，说明市场竞争非常激烈，开始洗牌了。如果不创新，没有新的项目，就很难适应市场。甘肃过几年也会出现这样的现象。

钟学进：对的。现在桂林周边地区的乡村旅游地开始出现综合体，不单是农家乐，而是出现游泳池、采摘园、棋牌园等项目。你知道广西夏天天气炎热，游泳可以消除疲劳。现在综合体数量越来越多，农家乐不得不转型或者升级。

窦开龙：是的。目前国家提倡旅游扶贫，你们怎么看这个问题?

陈炜：我说几个层面的问题吧。一是旅游扶贫是国家战略行动，那完成脱贫后也许会出现“返贫”现象，所以几年后学术研究的热点和社会关注点会发生转移。二是利益均衡问题是关键。我去过一个地方，是个景区，村民有一定比例收益，但是村民不干，越来越不“配合”，经济利益方面的诉求越来越多，要求越来越高，麻烦越来越多。如管理者要求他们在指定区域开办纪念品店，但他们就在景区观景之处出售商品，政府很头疼，因为指定的区域比较偏远，客流量很少，他们不去。所以，如何协调利益很难。

钟学进：我觉得有的地方的旅游精准扶贫现在有点走偏。为什么这样说？他们关注的是精准识别、精准帮扶，但是不是在开始的时候，对区域做精准定位、产业做精准定位？有的贫困地可以通过发展旅游来脱贫，但有的地方很偏远，是不是可以考虑整村搬迁来脱贫，否则旅游扶贫的成本会很大。

陈炜：还有一个问题，我们叫作“包容性旅游增长”。经济发展中有包容性增长的说法，现在旅游领域也可以搞这个。就是要让全体人民都有机会获得发展，获得收益。

注：2018 年 7 月 22 日晚，窦开龙在兰州对南宁师范大学旅游学院院长陈炜博士和钟学进博士进行采访。现整理成文，以期为丝绸之路乡村旅游发展提供参考。

附录10

作者对新疆财经大学旅游学院李东博士访谈记录

窦开龙：您好。您对新疆旅游比较熟悉，也有相关的国家社科项目。可否具体说说现在的发展情况。

李院长：好的。整体看，新疆的乡村旅游发展差异很大。南疆的发展水平不是很高，尽管最近几年有一些发展。但是没有高级别的景区做依托，难以吸引客流，没有几个人是专门去农家乐的。大多数游客就是到乌鲁木齐转转，到北疆走走，这样时间上有7-10天，新疆的精华也基本看得差不多了。去喀什、和田的不多。北疆发展非常成熟，例如，喀纳斯景区，少数民族都积极参与旅游，有的直接经营，有的把房屋出租了，自己在外边修建了简易住房居住。有的做导游做中介。整体很好。东疆的吐鲁番发展不错，和乌鲁木齐相近，气候特殊，梨花节、葡萄节搞得很有气势。哈密有点被边缘化的感觉。

窦开龙：新疆经济整体发展水平和内地有差距。乡村旅游是不是可以发挥作用？

李院长：是的。我结合自己的调研说说。我们去了和田的一个村子，那里景色不错，村子里就有人搞农家乐接待，一年下来可以赚到20多万元。这个效果比较显著。大家都看到了好处，都开始搞。他们还成立了农家乐协会，民间自发组织起来的，协调解决一些问题。这是原来没有过的。喀什的麦盖提县也是如此，那些手工艺人出来表演，销售自己的艺术作品，收入很高，有的游客还会给小费。

窦开龙：南疆的乡村旅游在边疆安全中是不是也有重要意义？

李院长：我们最近就在思考这个问题。南疆的安全因素是多方面的。但旅游搞起来以后，会有积极效应。有些人原来无事可干，就会无事生非，宗教极端主义就会有机可乘；现在大家看到了实实在在的经济利益和社会收益，搞农家乐的人收入好了，买上车了，孩子送到城市读书去了，对大家的影响是显而易见的。可以说“示范效应”比较大。这样下去，谁还会去搞破坏活动呢？

附录11

回眸老家（窦开龙乡愁系列诗歌）

1. 想起老家的月饼

八月十五
老家的人们都要制作月饼
这是先人传下的规矩
这是妈妈流汗的时节
先制作面饼
再添加菊花姜黄红花
细嫩的白脸就变成了花脸
天爷天爷大大下
蒸下的馍馍车辘轳大
儿歌的旋律中
天上月牙儿和地上瓜牙儿比起大小
张家娃娃和李家丫头比起月饼的香甜
这是拔田的时节
背上月饼
泡上西瓜
拿上镰刀
一口气收割一个山头也不会喘息

老家的月饼
没有城市月饼细致的外表
也没有城市月饼富含营养的佐料和内瓤
老家的月饼
没有城市月饼的天价和包装
也没有城市月饼那种赤裸裸的赠送目的和利益博弈
老家的月饼
传达的是问候和温暖
传送的是传统和祝愿

老家的月饼
现在少了
是因为我们走向了大都市
是因为我们走向了工业化
但我始终觉得
原始的是最珍贵的
自然的是最宝贵的
尽管城市的月饼
比老家的好看些和贵些

2. 想起老家的坟茔

今天是清明
今天是怀念先人的日子
今天我无法回老家祭祖
今天我无法在祖先的坟头上垫土

大约是 30 年前的样子
每年清明和春节
大人就开始领我们去上坟

走过一个山头又一个山头
拜过一处先人又一处先人
烧纸磕头垫土奠酒
在大人们的怀旧中
我们为糖果你抢我夺
儿时的记忆中
上坟的意义就在于玩耍
祭祖的乐趣莫过于游耍

22 年前的秋天和 25 年前的夏天
都有细雨在飘落
太太和太爷在度过八十和八十四个春节后先后离世
懵懂的我在棺材前没有泪水
下葬的那一刻也不明白这就是阴阳两隔
爷疼孙儿孙不知
理解时节时已变
三十几岁的我才知道
坟茔下的先人无法再为我们耕种田园
坟茔下的先人再不能替儿女遮风挡雨
坟茔下的先人再无法看见孙辈娶妻生子
坟茔下的先人再无法看见后世各显神通

长大的我
逐渐知道了和祖先坟茔相关的大事小情
知道在“同治回民事变”中祖先坟茔累累
知道在“民国时期”大饥荒中祖先新加坟茔几座座
知道在近年的经济发展中祖先坟茔添石碑
知道在人口的迁移潮流中祖先坟茔有了新址
知道在一起上坟的时光难以再来

都市生活的我
多年没有在祖先的坟头叩头作揖
多年没有在清明时节烧纸奠酒
但都市的我在努力回想祖先的容颜
都市的我在整理搜集祖先的故事
都市的我在拍摄坟茔以留住记忆
树有万叶全赖地脉
子孙们无论足迹到何处都需要把根留住

3. 想起老家的电影

城市娃的快乐
离不开麦当劳、“苹果”和旅游
我儿时的愉悦
则和电影直接关联

20 世纪 80 年代
整个中国还很不富裕
我的老家更加贫困
缺钞票缺医药缺学校缺好路
唯一不缺的，就是欢笑
因为我们有电影

这是流动的电影
一村一村轮流放映
这是露天的电影
所有人站立拥挤观看
电影来了
白天忙农活
下午早吃饭

四面八方的人在夜晚集体聚会
分享着时代大餐
疲劳在交流中悄悄远去
笑语和贫穷反而互相做伴

这也是有商机的电影
平时节俭的乡下人有了一次奢侈的口实
小卖铺格外繁忙
糖果瓜子落花生沙枣子
在放映前被众人一抢而空
好片子来了后有人还搞起承包
卖票观看照样可以赚钱
用来买票的鸡蛋被挤烂后满村子是怨言

这是需要反思的电影
《少林寺》《武当》《武林志》的上演
在各地出现武术热
课堂下学生们拳来脚往忘却了安全
村上有个娃被踢成肠梗阻不幸离世
大人的哭声在山路上如绸撕裂久久回旋
更多的是出走和习武
河南嵩山挤满了退学少年
他们要成为高手

20 世纪 90 年代
电视开始替代电影走进乡下
我的老家仅有几台确实稀罕
大家围坐在院子里观看
白天聊剧情多了主题和念想

真善美的故事比电视剧本身感人心肺

新世纪了
家家都有电视和电脑
再不需站露天去欣赏
再不需走山路去观看
但我却总回忆起儿时电影
因为乡下的电影
比城市的多些热闹和温馨

4. 想起老家的骡子

我的女儿三岁了
她没有见过骡子
她也不知道骡子可做什么
她爸爸把她带到了城市
她自然不会见到骡子
她在城里见到的多是老虎狮子猴子孔雀
她在城里见到的多是高楼车辆
和一些她爸爸小时没见过的奇奇怪怪的东西
她爸爸对骡子却非常熟悉
而且还经常想起说起写起
尤其是对自家骡子
更是忘怀不掉

这是一头黑色骡子
来到我家时才一岁大
我跟随爷爷带它去草坡上吃草
在爷爷和众人的聊天中知道了它的来历
它是永登县一个叫王三炮的骡娃

被爷爷一步一步从那里牵到了古浪
它不喜欢被人骑
它不喜欢生人
它可以用来驾车
就这样我和骡娃一起长大
但长大后我们的生活完全不同
我走向了学堂
它走向了田野
我读书吸取财富
它流汗创造财富
我离开家乡四处流浪
它定居我家度过一生

在我读书的声音和脚印中
骡娃开始了自己的职业生涯
它拉起犁头播种秋天的收获
它拉起架子车装载过冬的柴火
它远去县城和爷爷一起进货
它往返于打麦场
它的脚印在延伸
我的学业在延长
贫困的日子在远去
我们一个穷人家开始有了闲钱
我们一个农民家连续出现大学生
太爷、爷爷和爹爹也因为有了它常含笑脸
拿出最好的谷物喂养它
如同喂养自己的孩子
骡娃长大了
我也长高了

青草长绿了
我放养起了骡娃
但青春年少的骡娃还是有点小脾气
为了不使它踩踏庄稼
太爷在骡娃的笼头上加了铁裹梁
在脖子上栓了大木棒
骡娃走路不得不低头
双膝上留下血色和疤痕
不听话时我还狠狠地拽几下铁链
骡娃疼得立起了双脚
太爷心疼得打起了泪花

经常拴在槽头的骡娃很寂寞
它没有玩伴
它希望到田野中转转和看看
经常趁喝水的时候一溜烟跑开
在田地上来回直奔
屁股后冒起一股尘土场面十分壮观
太爷和爷爷都知道骡娃的心思
对爹爹和我说
别去撵了
晚上会回来的
爹爹十二点出去开门
骡娃果然站在大门前低头小眠
爹爹像牵孩子一样把它牵进院子
它温顺得像个羔羊

一生健壮的骡娃最爱太爷
但80多岁的太爷

再也无法牵它到远处的山岗上寻找青草
太爷的声音渐渐远去
风吹孝幡
喇叭呜咽
在送葬的时刻
骡娃不见太爷流下了眼泪
爷爷和爹爹摸着它长哭不止
骡娃也渐渐老去
最终成为贩子的猎物
爷爷和爹爹流着泪牵它出门
无数次梦中又见到骡娃回到门前
好几次开门却只有风吹

作为教授
我经常讲的是社会
作为学者
我经常讲的是人事
但今天
我要讲讲动物
讲讲城市人没有见过的骡娃
因为骡娃的故事就是我家的故事
因为骡娃的远去就是童年的远去

5. 想起老家的打工者

我的老家在山区
没有什么厂矿企业
没有什么就业机会
老家的人不得不外出打工
收获庄稼之外的另外一个收成

第一批打工者远赴外省
在青铜峡的火车旁搬运麻袋
在格尔木的工地上装卸货物
在石河子的田埂上挥洒汗水
在中卫的砖窑里拉土烧砖
衣衫破旧薪资微薄
经常拿不到工资只有欠条
回家前的叹息久久盘旋在归途
最使伤心悲惨处
莫过于灾祸发生时
18 岁的亲戚娃儿在煤矿中被压住难以站立
30 岁的本家子弟在粉尘中肺部被伤害
50 岁的村上人夜晚开车被撞坏难以行走
不一定发财致富
但需要平安归来
年关前盼归的家人终日在村口焦急张望

第二批打工者多在河西走廊战天斗地
春季在风沙狂舞中播下希望
夏季在桃红柳绿中建立宽敞
秋季在瓜熟蒂落中整理收获
冬季在雪花飘落中应对琐碎
外出距离的缩减
反映的是区域发展差距的变迁和人口流动的高度理性

第三批打工者不再外出
迁出大山的村民聚集市镇有了就业机会

修路铺桥栽树拉沙
人口政策对他们是个红利
工资增长的同时还可以享受福利
平时没有打工的父亲
60 岁时却走向砖厂
四点上班八点下班
月薪三千元不是问题
只是腰酸背疼不是少年
我做儿子的流泪心疼
在省城做教授居然无法补贴家用实在羞愧

老家的打工者外出时有怀揣发财的梦想
老家的打工者回来时仅带有平安的心愿
老家的打工者劳作时忘却了人体的极限
老家的打工者希望子女跳出农门
老家的打工者相聚时诉说乡情
老家的打工者惦念着一方麦香

在网络语言流行的日子里
年轻的都市人都喜欢说自己是给别人打工
其实在我的心里
只有那些老家经历风雨者
才理解打工两个字的滋味和分量

6. 想起老家的社火

偏远的老家没有说书场歌剧院相声馆电影院
偏远的老家没有喝茶室麻将馆休闲屋蹦迪馆
但老乡们照样过得舒坦乐得舒心笑得舒畅
因为他们有自己的乐子叫社火

三年一闹一闹三年
在连续三年的时间里
社火就是劳作后的主题
劳作后的主题也多是社火
秋收后的日子里
忙惯了的双手耐不住有点悠闲的冬天
不约而同地来到村口的大石头旁展开策划
可别小看乡下人的策划
谁是老爷谁是丑角谁是棒棒娃
很快在你一句我一言的聊天中成为决议
接下来的是买衣服购锣鼓
已有的家什则拿出来晒了又晒直到散发出芳香
正月初三
哐的一声唢响敲破寂静的寒夜
老老少少男男女女立马来到打麦场进行化妆
土里吧唧的乡巴佬一下成了神仙大人物
低矮的庄稼汉踩上高跷手要摸西山的云彩
四面八方的亲戚好友
哗啦啦围过来看个究竟
锣鼓声的善良和忠厚在回响中传向远方
要串人家了
小孩子的慌张和脚步使大人有点忙乱
鱼灌而入的身子和喊声吓坏了驴马
连踢带叫好一阵
折腾不安稳
秧歌不唱不热闹
地方上的文化人也可比张帝
现场编唱歌声悠扬文雅
其他人关心的是好酒好肉

大口直灌大口直咬一个都不放过
醉咧咧带点傻笑还说再来点没有问题

老家的社火
从我的童年闹到了少年和青年
从我的小学闹到了中学和大学
从村西闹到了村北村南村东
老家的社火
最终没有闹到我研究生毕业的那个冬天
在一年年的干旱歉收和外出流动中
老家那些闹社火的身影不见了
穿红袍的米登江上了大学走了
造鼓子的那五爷得上肺病走了
当八戒的王二爸迁到安西走了
做老爷的钱尕爷患上感冒走了
老家的地不种了
老家的路不平了
老家的学校关门了
老家的诊所没有了
老家闹社火的那些衣服鼓子也不见了
老家再也发不出欢快了
老家再也敲不出节奏了
孤单的大山更加寂寞
缺伴的小狗更加无聊
唯有思念的梦想更加疯狂

老家的社火
使我对都市的社火毫无兴趣
那里没有童年的嬉闹玩耍

那里没有山村的袅袅炊烟
那里没有我们冬夜的排练热闹
那里没有我自然的愉悦流露
那里没有我对社火的期盼和结束时的长叹
那里没有我饭后的寒暄比画

想起社火就想起老家
想起老家就想起社火
老家是根
社火是叶
游子的心中根叶已参天
并伴足迹在四海蔓延

7. 想起老家的学校

没有空调靠椅
没有投影话筒
没有滑梯秋千和电视
连城市中最常见的拖把也一直不见踪迹
在老师的教鞭指点下我们照样书声琅琅
在老师目光的注视下我们照样学会点横竖撇
在老师带头玩耍下我们甚至比城市孩子更加茁壮
爬树上山收割掏蛋
最基本的活动竟然是他们刻苦锻炼的项目

走出过留学生在全县成为第一人
走出过弟兄博士后在学坛双双钻研
走出过地级干部在省外书写正道
走出过偷牛者入狱留下忏悔和悲剧

老家的学校
再没有熙熙攘攘的学生玩耍嬉闹
再没有明亮的灯光照耀学堂
再没有从不迟到的老师书写板书
再没有来来往往的车辆接送娃娃
老家的学校
在合并中走向破旧
在迁移中走向关闭
成为了蜘蛛蚂蚁和杂草的天堂
但老家的学校
依旧是我们学会大写人生的第一个地方
依旧是我们互不相识的同乡相遇后成为知己的又一个凭借
依旧在乡愁中伴我们入眠

8. 想起老家的土豆

不带地域歧视
不带意识差异
不带水土不服
西方出生的土豆
在老家温润的气候中发芽长秧
成为中国人最青睐的桌上美味

经历风雨才可不永远处于稚嫩
深藏不露才可不遭到连根拔起
扎根地下才可不随风四处飘浮
和大地做伴才可不浮华质朴有加
和百姓相连才可不遭弃万家喜欢
每年秋收
挖土豆的父亲

居然通过最普通的土豆
给我们讲授最深奥的社会哲理

走向都市
我还是最爱吃土豆
一缕乡愁
回味格外入口

附录12

花村与青城古镇乡村旅游服务质量调研笔记

旅游服务质量是乡村旅游研究最关键的内容之一。在提倡经济高质量发展背景下，如何使乡村旅游得到高质量发展，显得格外重要。

2018年夏季，为了解甘肃乡村旅游，我选择兰州市榆中县青城古镇和白银市花村作为个案地，进行了短期调研。

第一个调研点：青城古镇。青城古镇隶属于兰州市榆中县管辖。现为国家级历史文化名镇、特色旅游乡镇、国家4A级旅游景区。青城古镇原名为“条城”，由于北宋秦州刺史狄青在此戍边，后人为表纪念，改名为“青城”。青城古镇作为乡村旅游的一大亮点，在甘肃乡村旅游中走在前列，主要景点有高氏祠堂、青城书院、青城隍庙、碑林、高家大院，其中高氏祠堂因高鸿儒、高鸣桂等闻名后世；青城书院以培养了大批人才（翰林1位、进士10位、举人70多位）而知名；青城隍庙曾为“狄青府”，后改为城隍庙，有大殿、门楼、戏楼等建筑；罗家大院为当年水烟作坊，电视剧《老柿子树》等在此拍摄完成。

第二个调研点：花村。花村隶属于白银水川镇，为黄河北岸乡村。村民多为顾姓和丁姓。近年来，花村通过基层党建和美丽乡村建设，成为新型乡村旅游地，吸引了各地游客。目前已经成立旅游公司，开展接待业务，主要景点有竹园、花园、石园、梨园、农村文化墙、农耕文化园。

走访发现，游客对花村旅游质量的实际感知均值整体较高，价格合适、政府支持、民风淳朴、传统建筑与民俗保留状况是花村最受好评之处；空气质量好、没有噪声、植被种类多、干净整洁、服务态度好；游客感到不好的地方在于没有导游解说；购物档次不高不精美；住宿设施简陋；无娱乐项目；村民参与旅游接待程度有待提升。

青城古镇方面，游客出游前有预期，认为作为传统型乡村旅游地的青城古镇，历史文化底蕴方面有优势，但在娱乐、村民参与旅游接待方面不足。实际感知中，评价较高的是没有噪声、价格合适、政府支持、历史底蕴，不足在于民俗风情资源没有得到很好地利用和挖掘，娱乐休闲方面需要提升。两地相比，花村环境好，青城古镇历史悠久，各有千秋。

花村非常干净，布局比较合理，应该和当初的规划有很大关系。但作为刚起步的旅游地，发展中存在很多不足，例如，宣传说是有很久的历史，村民祖先来自江南，但没有看到这方面的景观或吸引物；停车场还在修建中；部分路段在建，路况不好；道路很窄，个别地段无法让车；标识系统不到位，走在村子中，不知道前方是什么地方，需要不断问路。乡村旅游的亮点之一就是乡村美食，但村子中没有什么美食，走进一家农家乐，点了臊子面，却是机器压面，大失所望。

休闲娱乐方面，花村几乎没有什么项目。有几个孩子在农家庭院内玩水，搞得衣服湿了，鞋上沾满泥土。如果将孩子们的需求考虑到位，可以设计点孩子们喜欢的游玩项目，如陶艺、编织或者其他项目，孩子们乐了，一同前来的家长满意度也就高了。

走进青城古镇以后，感受和花村有所不同。这里的确历史积淀深厚，古建筑保留较好，但缺少互动与体验。如书院和科举制度有关系，可以开发利用科举文化；水烟制作技艺也是很好的旅游资源。

导游说，旅游发展改变了人的思维与行为模式。原来，古镇的工作人员服务意识很差，态度不好，游客要求解说，他不太乐意；现在不同了，有明显变化，游客来了自己会主动接待。不过，休闲娱乐项目没有，我建议他们在广场搞篝火晚会，这样也许会有人留下来玩耍。

市场的力量是巨大的。但愿市场经济背景下，甘肃乡村旅游的发展会更好更美。

参考文献

1. 彭华．试论经济中心型城市旅游的商务主导模式——以汕头市为例［J］．地理科学，1999（2）．

2. 朱竑，柳意云，保继刚．老工业城市的旅游规划探索——以湖北省黄石市为例［J］．经济地理，2002（1）．

3. 钟韵，彭华，郑莘．经济发达地区旅游发展动力系统初步研究：概念、结构、要素［J］．地理科学，2003（1）．

4. 盘福东，盘立．博物馆在旅游城市的形象定位［J］．桂林师范高等专科学校学报，2004（3）．

5. 湛永生，王乃昂．主社区居民对旅游效应的感知研究——以敦煌市为例［J］．地域研究与开发，2005（5）．

6. 夏建国．西方旅游文化建设及其对我国旅游业的启示［J］．广州大学学报，2005（6）．

7. 汪侠等．旅游景区顾客满意度的指数模型［J］．地理学报，2005（1）．

8. 李瑛．旅游目的地游客满意度及影响因子分析——以西安地区国内市场为例［J］．旅游学刊，2008（4）．

9. 巨虹．浅析敦煌文化旅游的发展现状［J］．和田师范专科学校学报，2011（2）．

10. 卢双鹏，曹娜．体育赛事对举办地旅游影响的实证研究［J］．旅游研究，2011 (3).

11. 张学梅. 成都历史文化街区与旅游开发研究 [J]. 旅游与发展研究，2011 (7).

12. 王富德，廖珂. 基于旅游产品视角的文化旅游探析 [J]. 北京第二外国语学院学报，2012 (9).

13. 赵燕霞，李朋. 社会资本参与历史文化名城保护典型模式研究——以北京为例 [J]. 中国名城，2012 (3).

14. 张俊英，马耀峰. 宗教旅游地居民对旅游效应的感知态度实证研究——以塔尔寺景区为例 [J]. 干旱区资源与环境，2012 (10).

15. 苏飞，陈媛，张平宇. 基于集对分析的旅游城市经济系统脆弱性评价——以舟山市为例 [J]. 地理科学，2013 (5).

16. 衣传华，黄常州. 旅游地居民对主题景区旅游影响的感知与态度——以常州环球恐龙城为例 [J]. 地理研究，2013 (6).

17. 冯宗宪. 中国向欧亚大陆延伸的战略动脉——丝绸之路经济带的区域、线路划分功能详解 [J]. 人民论坛，2014 (4).

18. 郭晓东，张启媛，李莺飞. "一带一路"沿线中小型旅游城市经济系统脆弱性研究——以敦煌市为例 [J]. 经济经纬，2015 (4).

19. 忽阳. 天水市旅游产业的发展现状与对策 [J]. 当代经济，2015 (32).

20. 丁风芹，姜洪涛，侯松岩，周娟. 中国传统古村镇游客重游意愿的影响因素及作用机理研究——以周庄为例 [J]. 人文地理，2015 (6).

21. 王生鹏. 西北地区旅游业发展优劣势及对策分析 [J]. 西北民族学院学报，2000 (4).

22. 田中禾，魏长江. 论甘肃省旅游业的地位和发展策略 [J]. 科学·经济·社会，2001 (3).

23. 张玉凤，焦健. 兰州生态旅游发展现状及对策分析 [J]. 农业科技与信息，2016 (28).

24. 董平. 兰州市旅游经济发展现状与对策研究 [J]. 生产力研究，2016 (12).

25. 张俊，程励．旅游发展与居民幸福：基于系统动力学视角［J］．旅游学刊，2019（8）．

26. 杨秀平，翁钢民，李进、、侯玉君．滨海城市旅游环境承载力优化研究——以秦皇岛市为例［J］．地理与地理信息科学，2019（4）．

27. 田逢军，吴珊珊，胡海胜，田国林，李向明．江西省城市旅游形象的网络化呈现［J］．经济地理，2019（6）．

28. 周程明．基于BSC法的城市旅游发展质量评价指标体系构建与实证研究——以广东省21地市为例［J］．西南师范大学学报（自然科学版），2019（6）．

29. 王锐杰，张杜鹃，杜文霞．基于TOPSIS_ GIS法的城市旅游与城市经济发展协调性研究——以山西省11市为例［J］．山西师范大学学报（自然科学版），2019（2）．

30. 李磊，陆林，穆成林，孙小龙．高铁网络化时代典型旅游城市旅游流空间结构演化——以黄山市为例［J］．经济地理，2019（5）．

31. 李淑娟，王彤，高宁．我国滨海城市旅游发展质量演化特征研究［J］．经济与管理评论，2019（3）．

32. 赫玉玮，张辉．“一带一路”沿线城市国际旅游合作的现实基础与路径选择［J］．青海社会科学，2019（2）．

33. 高悦尔，崔桂籽，胥川，边经卫．基于浮动车数据的城市旅游景点周边路网交通状态评价［J］．经济地理，2019（3）．

34. 孔令章，李晓东，白洋，江曈．长距离高铁对沿线城市旅游经济联系的空间影响及角色分析——以兰新高铁为例［J］．干旱区地理，2019（3）．

35. 李珊珊．历史文化名城：不能终身制［N］．中国文化报，2013－1－25．

36. 张兵．要像爱惜自己的生命一样保护好城市历史文化遗产［N］．中国建设，2015－10－15．

37. 郭军．凝聚推进敦煌国际文化旅游名城建设的新力量［N］．酒泉日报，2015－11－13．

38. 聂卉．南宁城市旅游文化开发研究［D］．中南林学院，2001．

39. 林巧. 国际旅游城市功能体系研究［D］. 浙江大学，2002.

40. 李文明. 庐山旅游文化深度开发［D］. 中南林学院，2004.

41. 周慧颖. 会展业对城市旅游发展的影响研究［D］. 华侨大学，2006.

42. 刘晔. 历史文化名城保护与城市更新研究［D］. 天津大学，2006.

43. 张庆. 基于主客感知的丽江古城和谐旅游地建设研究［D］. 云南大学，2010.

44. 李慧茹. 基于游客满意度的青岛崂山旅游开发对策研究［D］. 中国海洋大学，2012.

45. 贾利东. 游客视觉下兰州城市旅游竞争力提升策略研究［D］. 兰州商学院，2012.

46. 刘姗姗. 敦煌市旅游环境承载力分析［D］. 西北师范大学，2014.

47. 蒲利利. 文化生态视角下的敦煌旅游业可持续发展研究［D］. 西北师范大学，2015.

48. 罗毅. 历史文化名城保护中的问题与对策［D］. 北京大学，2017.

49. 黄瑛，孙辉斌，孙静一. 国家历史文化名城游客地方感特征研究——以福建长汀县为例［D］. 南京工业大学，2017.

50. 张艺馨，孙静. 基于游客满意度的哈尔滨市旅行社服务质量提升的对策研究［D］. 哈尔滨工业大学，2017.

51. 于晶梅. 敦煌市“旅游立市”政府战略优化研究［D］. 兰州大学，2016.

52. 封蕊. 新兴城市旅游发展模式初探［D］. 广西师范大学，2007.

53. 董珍慧. 敦煌旅游文化深度开发研究［D］. 兰州大学，2007.

54. 王璐. 旅游宣传片的故事化手法研究［D］. 山东师范大学，2018.

55. 康珈瑜. 中原城市群旅游经济时空演变差异研究［D］. 河南大学，2018.

56. 龙云. 省会城市旅游经济发展的空间溢出关联特征及其形成机理［D］. 湘潭大学，2018.

57. 滕云. 基于游客感知的饮食景观提升策略研究［D］. 扬州大

学。2018.

58. 江瞳．丝绸之路经济带中国节点城市旅游经济差异研究［D］．新疆大学，2019.

59. 曾敏．中国区域入境旅游经济的空间关联结构及其演化研究［D］．新疆大学，2019.

60. 潘稼佳．交通可达性与旅游经济联系的空间关系分析［D］．新疆大学，2019.

61. 林连花．海南新生代农民工社交媒体使用对城市认同的影响研究［D］．海南师范大学，2019.

62. 薛延宇．我国城市治理中的公众参与问题研究［D］．中共吉林省委党校，2019.

63. 罗大鹏．贵州城市旅游形象传播效果研究［D］．贵州民族大学，2019.

64. 杨泽丰．冲浪赛事对万宁旅游影响的研究［D］．海南热带海洋学院，2019.

65. 陈乐．全域旅游视角的城市旅游形象感知研究［D］．江西财经大学，2019.

66. 郁亮亮．入境游客上海城市旅游形象感知研究［D］．华东师范大学，2019.

67. 黄雪．基于网络游记的兰州市旅游空间与形象认知分析［D］．兰州大学，2019.

68. 谢彦君．基础旅游学［M］．北京：中国旅游出版社，2004.

69. 章海荣．旅游文化学［M］．上海：复旦大学出版社，2004.

70. 徐沉．中国旅游市场概论［M］．北京：中国旅游出版社，2004.

71. 窦开龙．甘肃文化旅游开发论［M］．北京：人民出版社，2010.

72. 李云鹏等．智慧旅游：从旅游信息化到旅游智慧化［M］．北京：中国旅游出版社，2013.

73. 窦开龙．民族地区旅游业发展的民生效应研究［M］．中国社会科学出版社，2016.

74. 窦开龙．西北地区民族文化旅游产业发展模式研究［M］．甘肃文化出版社，2016.

75. Cees Goossens. Tourism Information and Pleasure Motivation［J］．Annals of Tourism Research，2000（2）.

76. Quan Shuai，WangNing. Towards a structural model of the tourist experience：an illustration From food experience in tourism［J］．Tourism Management，2004（3）.

77. Aliza Fleischer，Anat Tchetchik. Does Rural Tourism Benefit from Agriculture?［J］．Tourism Management，2005（12）.

78. Tapachai N，Waryszak R. An Examination of the Role of Beneficial Imagein Tourist Destination Selection［J］．Journal of Travel Research，2000（8）.

79. Stepchenkova S，Morrison A M. The destination image of Russia：from the on line induced perspective［J］．Tourism Management，2006（5）.

80. Choi S，Lehtoa X Y，Morrison A M. Destination image representation on the web：Content analysis of Macau travel related websites［J］．Tourism Management，2007（1）.

81. 田喜洲．古镇旅游开发与保护探索［J］．经济问题探索，2003（2）.

82. 陈淑君，赵毅．对旅游服务满意度的思考［J］．西南师范大学学报（人文社科版），2003（11）.

83. 吴冰，马耀峰．古村落旅游资源评价与保护研究——以陕西省韩城市党家村为例［J］．陕西师范大学学报（自然科学版），2004（1）.

84. 连漪，汪侠．旅游地顾客满意度测评指标体系的研究及应用［J］．旅游学刊，2004（5）.

85. 吴必虎，黄琢玮，马小萌等．中国城市周边乡村旅游地空间结构［J］．地理科学，2004（12）．

86. 刘旭玲，杨兆萍，谢婷．生态博物馆理念在民族文化旅游地开发中的应用——以喀纳斯禾木图瓦村为例［J］．干旱区地理，2005（3）.

87. 戴斌，周晓歌，梁壮平．中国与国外乡村旅游发展模式比较研究

[J]. 江西科技师范学院学报，2006（1）.

88. 何景明．城市郊区乡村旅游发展影响因素研究——以成都农家乐为例［J]. 地域研究与开发，2006（12）.

89. 冯淑华，沙润．乡村旅游的乡村性测评模型——以江西婺源为例［J]. 地理研究，2007（3）.

90. 曹新向．充分利用网络为旅游研究和决策提供服务［J]. 旅游学刊，2007（5）.

91. 尹战娥，殷杰，许世远．上海乡村旅游资源定量评价研究［J]. 旅游学刊，2007（8）.

92. 唐德荣，杨锦秀，刘艺梅．乡村旅游意愿及其影响因素研究——基于重庆市497位城市游客的调查数据［J]. 农业经济问题，2008（12）.

93. 林源源．国外农业旅游的运行经验及启示［J]. 农业经济问题，2009（12）.

94. 杜忠潮，李磊，金萍．陕西关中地区乡村旅游资源综合性定量价研究［J]. 西北农林科技大学学报（社会科学版），2009（2）.

95. 许振晓，张捷，曹靖，张宏磊．居民地方感对区域旅游发展支持度影响：以九寨沟旅游核心社区为例［J]. 地理学报，2009（6）.

96. 张俊英，马耀峰．民族地区乡村居民参与旅游发展的实证研究——以青海互助土族小庄村为例［J]. 北方民族大学学报（哲学社会科学版），2012（3）.

97. 李佳，钟林生，成升魁．居民对旅游扶贫效应的感知和参与行为研究——以青海省三江源地区为例［J]. 旅游学刊，2009（8）.

98. 王伊欢，王珏，武晋．乡村旅游对农村妇女的影响——以北京市延庆县农村社区为例［J]. 中国农业大学学报（社会科学版）2009（3）.

99. 肖亮，赵黎明．互联网传播的台湾旅游目的地形象——基于两岸相关网站的内容分［J]. 旅游学刊，2009（3）.

100. 高静，章勇刚，庄东泉．国内旅游者对海滨旅游城市的感知形象研究——基于对携程网和同程网网友点评的文本分析［J]. 消费经济，2009（3）.

101. 张文，顿雪霏．探讨大陆游客对台湾旅游目的地形象的感知——基于网上游记的内容分析［J］．北京第二外国语学院学报，2010（11）．

102. 郭焕成，韩非．中国乡村旅游发展综述［J］．地理科学进展，2010（12）．

103. 王瑗．城市边缘区乡村旅游地城市化进程研究：以成都三圣花乡为例［J］．城市发展研究，2010（12）．

104. 白凯．乡村旅游地场所依赖和游客忠诚度关联研究——以西安市长安区“农家乐”为例［J］．人文地理，2010（4）．

105. 张高军，李君轶，张柳．华山风景区旅游形象感知研究——基于游客网络日志的文本分析［J］．旅游科学，2011（4）．

106. 杜宗斌，苏勤．乡村旅游的社区参与、居民旅游影响感知与社区归属感的关系研究——以浙江安吉乡村旅游地为例［J］．旅游学刊，2011（11）．

107. 李玺，叶升，王东．旅游目的地感知形象非结构化测量应用研究［J］．旅游学刊，2011（12）．

108. 赵巧艳．“资本—策略”视角下居民参与民族利益的路径：以龙脊景区为个案［J］．中央民族大学学报（哲学社会科学版），2012（3）．

109. 付业勤，王新建，郑向敏．基于网络文本分析的旅游形象研究——以鼓浪屿为例［J］．旅游学刊，2012（5）．

110. 朱璇．新乡村经济精英在乡村旅游中的形成和作用机制研究［J］．旅游学刊，2012（6）．

111. 李亚娟，陈田等．大城市边缘区乡村旅游地旅游城市化进程研究——以北京市为例［J］．中国人口·资源与环境，2013（4）．

112. 赵仁玉，李洪波．丽江旅游形象感知研究——基于网络文本分析的方法［J］．广西经济管理干部学院学报，2013（1）．

113. 唐黎，刘茜．基于 AHP 的乡村旅游资源评价——以福建长泰山重村为例［J］．中南林业科技大学学报，2014（11）．

114. 屈册．基于社会网络分析法的客栈情境研究——以平遥古城为例［J］．旅游论坛，2014（2）．

115. 陶长江，付开菊，王颖梅．乡村旅游对农村家庭关系的影响研究——成都龙泉驿区石经村的个案调查［J］．干旱区资源与环境，2014(10)．

116. 张一，邱洁威，邵林涛，崔建，周孟，祥丰．乡村旅游拉力动机的结构及旅游者类型分析［J］．干旱区资源与环境，2014（1）．

117. 李涛，陶卓民，李在军，魏鸿雁，琚胜利．基于GIS技术的江苏省乡村旅游景点类型与时空特征研究［J］．经济地理，2014（11）．

118. 杨雪珂，吴健清，张晓虹．基于网络文本的旅游目的地投射形象分析：张家界案例［J］．中山大学研究生学刊，2014（1）．

119. 孙九霞，刘相军．生计方式变迁对民族旅游村寨自然环境的影响［J］．广西民族大学学报（哲学社会科学版），2015（3）．

120. 郑赛．基于网络文本的武当山旅游形象对比分析［J］．湖北工业职业技术学院学报，2015（5）．

121. 陶玉霞．乡村旅游需求机制与诉求异化实证研究［J］．旅游学刊，2015（7）．

122. 李莺莉，王灿．新型城镇化下我国乡村旅游的生态化转型探讨［J］．农业经济问题，2015（6）．

123. 刘传喜，唐代剑，常俊杰．杭州乡村旅游产业集聚的时空演化与机理研究——基于社会资本视角［J］．农业经济问题，2015（6）．

124. 黄震方，陆林，苏勤，章锦河，孙九霞，万绪才，靳诚．新型城镇化背景下的乡村旅游发展——理论反思与困境突破［J］．地理科学，2015(8)．

125. 王莹，许晓晓．社区视角下乡村旅游发展的影响因子——基于杭州的调研［J］．经济地理，2015（3）．

126. 展梦雪，孔少君．基于网络文本挖掘的旅游演艺体验特征的比较研究——以《印象刘三姐》《宋城千古情》和《藏》为例［J］．旅游论坛，2016（3）．

127. 陆林，於冉．基于社会学视野的黄山市汤口镇旅游城市化特征和机制研究［J］．人文地理，2016（6）．

128. 何丹，李雪妍，周爱华，付晓．北京地区博物馆旅游体验研究——基于大众点评网的网络文本分析［J］．资源开发与市场，2017（2）．

129. 廖军华．乡村旅游开发与“三农问题”破解之新思考［J］．理论月刊，2017（3）．

130. 汤文霞，袁小玉，季国良．图瓦文化在旅游背景下的发展路径——以禾木村图瓦人为例［J］．石河子大学学报（哲学社会科学版）2018（1）．

131. 王晨光．集体化乡村旅游发展模式对乡村振兴战略的影响与启示［J］．山东社会科学，2018（5）．

132. 卢冲，伍薆霖，庄天慧．“资本—策略”视角下藏区农牧户乡村旅游经营决策研究［J］．旅游学刊，2018（2）．

133. 赵静，李树民．乡村旅游地农家乐经营者旅游影响感知研究——以陕西省袁家村为例［J］．云南民族大学学报，2018（5）．

134. 史玉丁，李建军．乡村旅游多功能发展与农村可持续生计协同研究［J］．旅游学刊，2018（2）．

135. 张钰喻．估计侧视域下乡村生态旅游创新模式探析［J］．云南民族大学学报（哲学社会科学版），2018（3）．

136. 黄海燕，曲志宝，姜华．产茶区乡村旅游精准扶贫绩效评价研究［J］．福建茶叶，2018（5）．

137. 吕龙，黄震方，陈晓艳．文化记忆视角下乡村旅游地的文化研究进展及框架构建［J］．人文地理，2018（4）．

138. 陈薇．广西河池市巴马养生旅游开发模式比较研究［J］．全国流通经济，2018（3）．

139. 林丹，李丹．乡村旅游精准扶贫中贫困人口的受益机制研究［J］．中南林业科技大学学报（社会科学版），2018（2）．

140. 王永贵，李霞．旅游本土化研究的探索——现状、困境与展望［J］．旅游学刊，2019（10）．

141. 孙九霞．共同体视角下的旅游体验新论［J］．旅游学刊，2019（9）．

142. 鄢方卫，杨效忠，舒伯阳，李龙，郭强，韩卢敏．乡村旅游地人居环境演变过程与机制研究——以徽杭古道为例［J］. 旅游学刊，2019（10）.

143. 林德荣，陈莹盈．智慧旅游乡村建设的困境与突破：从智慧潮流走向可持续发展［J］. 旅游学刊，2019（8）.

144. 高洁．浅谈旅游者幸福感知［J］. 旅游学刊，2019（7）.

145. 孙九霞．中国旅游发展笔谈——乡村旅游与乡村文化复兴［J］. 旅游学刊，2019（6）.

146. 白凯．中国旅游发展笔谈——非物质文化遗产的保护与旅游利用［J］. 旅游学刊，2019（5）.

147. 王跃伟，佟庆，陈航，吴昕阳，曹宁．乡村旅游地供给感知、品牌价值与重游意愿［J］. 旅游学刊，2019（5）.

148. 柯祯，刘敏．旅游解说研究进展与差异分析［J］. 旅游学刊，2019（2）.

149. 何建民．改革开放40年中国旅游业发展的基本规律与管理原理［J］. 旅游学刊，2019（1）.

150. 彭正波，王凡凡．民族村寨旅游开发中的农村社会组织发展研究——以西江千户苗寨“老人会”为例［J］. 旅游学刊，2018（12）.

151. 戴斌，张进福，马仪亮，妥艳媜，马海鹰，李明龙，舒伯阳，肖建勇，谷慧敏，宋潇潇，徐凯伦，高天明．中国旅游发展笔谈——品质旅游［J］. 旅游学刊，2018（12）.

152. 姚海琴．乡村旅游业发展对农村劳动力就业的影响研究［D］. 浙江大学博士学位论文，2014.

153. 胡柳．乡村旅游精准扶贫研究［D］. 武汉大学，2016.

154. 张静．农村公共资源治理机制研究［D］. 石河子大学，2016.

155. 司马义·热西提．当代维吾尔族乡村社会文化变迁研究——以新疆维吾尔自治区鄯善县迪坎乡为列［D］. 陕西师范大学，2016.

156. 张煜锟．城镇化进程中农民信息化服务模式研究——以吉林省为例［D］. 东北师范大学，2016.

157. 袁坤．整体性治理视角下西部农村地区协同扶贫机制研究——以L镇综合扶贫改革试点为研究对象［D］. 华中师范大学，2016.

158. 沙吾列·依玛哈孜．建国以来中国共产党支援边疆政策与实践研究［D］．吉林大学，2016.

159. 吴琦．丽水市社区参与旅游扶贫模式研究［D］．江西财经大学，2016.

160. 任红霞．中国农民专业合作社治理改进研究［D］．河北师范大学，2017.

161. 赵冰．农业领域当代中国农民创业家研究［D］．中国农业大学，2017.

162. 苗军．习近平精准扶贫思想与南疆四地州扶贫研究［D］．喀什大学，2017.

163. 杨洋．新疆柯坪县的精准扶贫研究［D］．塔里木大学，2017.

164. 李祥．旅游扶贫理论与实证研究——以安徽金寨为例［D］．华东师范大学，2017.

165. 李文雅．基于微度假模式下乡村旅游规划研究——以宽城满族自治县南天门乡村旅游规划为例［D］．河北工程大学，2017.

166. 余慧容．快速城镇化背景下的乡村景观保护机制与模式［D］．中国农业大学，2017.

167. 郭连云．民族宗教视域下的青海藏区社会稳定研究［D］．陕西师范大学，2017.

168. 杨军辉．资源—环境—区位视域下民族村寨旅游开发研究［D］．西北大学，2017.

169. 孙荣蔚．游客感知的乡村旅游现代性研究［D］．广西大学，2019.

170. 朱衡．基于游客感知视角的三亚乡村旅游服务质量提升研究［D］．海南热带海洋学院，2019.

171. 井垚．基于历史文化传承下乡村聚落景观设计研究［D］．鲁迅美术学院，2019.

172. 刘瑞．地方依恋视角下民宿游客感知价值与行为意向关系研究［D］．山东师范大学，2019.

173. 贺文梅．生态美学视域下乡村旅游景观设计研究［D］．齐鲁工业大学，2019.

174. 曹艳丽．乡村性感知对重游意愿的影响研究［D］．西安外国语大学，2019.

175. 陈梦媛．传统村落旅游发展的社区参与研究［D］．贵州大学，2019.

176. 董永浩．乡村振兴背景下万乐村乡村景观规划［D］．中南林业科技大学，2019.

177. 张孟梦．乡村振兴背景下河南省农业与旅游业耦合协调发展研究［D］．河南大学，2019.

178. 路宽．江苏省乡村人口—经济—社会耦合协调发展空间分异研究［D］．苏州科技大学，2019.

179. 李蕾蕾．旅游地形象策划：理论与实务［M］．广州：广东旅游出版社，1999.

180. 吴必虎．旅游研究与旅游发展［M］．天津：南开大学出版社，2005.

181. 李强．新农民：民族村寨旅游对农民的影响研究［M］．北京：民族出版社，2013.

致　谢

专著出版之际，我特向家人、领导、朋友和同事表示感谢。

感谢我的家人，没有父母的养育，没有兄弟妹妹的支持，我不可能走出农村，走向城市，在大学工作。

感谢爱人陈淑琳，无怨无悔承担了家务，照顾孩子、校对书稿，付出了巨大的劳动，没有她长期的支持，我很难静下心来做调研、写论著。在此，我由衷感谢一句：辛苦了，我的爱人！

感谢给予我教诲和指导的老师，尤其是各位导师，没有你们的支持，我不会走上学术研究之路，更不会著书撰文。他们是西北师范大学经济学院原院长李兴江教授（已去世），兰州大学历史文化学院原院长王希隆教授，陕西师范大学地理与环境学院马耀峰教授，四川大学邓玲教授，北京大学经济学院杜丽群教授。在此，真诚说声：谢谢你们！

感谢兰州财经大学蔡文浩教授给予我的关爱与支持，感谢兰州财经大学经济研究所及丝绸之路经济研究院领导王永瑜、张贡生、雷兴长、蔡国峰、蒋俊生、郭北辰、王娟娟以及同事何国长、史菊美，我们相处愉悦，互相切磋学术，互相勉励提高，情感醇厚，如沐春风，为我营造了一个宽容和谐的学术环境。

感谢各地领导和朋友，给我调研工作的积极支持。没有你们的支持，许多信息和资料无法获得。

感谢甘肃及省外的一些专家学者，他们是：陕西师范大学旅游学院王晓峰教授，河西学院贾小军教授，敦煌研究院丁得天博士，西北师范大学旅游学院南宇教授，兰州文理学院旅游学院院长牛海帧教授，兰州文理学院乡村旅游研究中心常务副主任高亚芳教授，兰州文理学院旅游学院吴煜群老师等。你们的建议使本书愈加完善，也使我获益匪浅。

感谢兰州财经大学统计学院研究生程钦良，为我调研做了大量工作，提供了各方面支持，使我调研得以顺利高效开展。

感谢中国财政经济出版社的责任编辑同志，为本书出版付出了大量劳动和心血，你们的严谨和热情，使我感动。

最后，需要说明的是参与本书写作的人员还有：陈淑琳、李杏丽、任巧民、程钦良、杨桂、李倩、马致远、石瑶、刘永丽、张志明、刘艳、曲静等。

从 2001 年走上学术研究之路，18 个年头不知不觉走过，但学术之路，何其艰难，有所成就，何其艰辛。我将继续认真研讨，关注甘肃旅游发展，使自己的思考得到提升。如能对实践有些许借鉴价值，我将不胜喜悦！

窦开龙

2019 年 11 月

第一作者简介

窦开龙（1974 - ），男，汉族，甘肃古浪人。1993 - 1996 年求学于河西学院外语系；1997 - 2001 年在甘肃永昌县从事教育工作；2001 - 2004 年在西北师范大学经济学院攻读硕士学位，获人文地理学硕士；2005 - 2008 年在兰州大学民族学研究院攻读博士学位，获民族学博士学位；2008 - 2010 年在陕西师范大学旅游与环境学院从事博士后研究，获人文地理学博士后资质；2011 - 2014 年在四川大学经济学院从事博士后研究，获理论经济学博士后资质；2014 - 2015 年在北京大学经济学院做高级访问学者。目前在兰州财经大学从事旅游经济研究工作，荣获“兰州财经大学中青年骨干人才”称号。

研究兴趣集中在区域经济学、旅游经济学、中国少数民族经济方面。主持国家社会科学项目 2 项（《非传统安全视域下西北民族地区旅游危机预警管控研究》《西北地区民族文化旅游产业发展模式研究》）、中国博士后项目 1 项（《西部民族地区旅游目的地国际竞争力研究》）、广西人文社会科学重点项目 1 项（《广西旅游业国际竞争力：2001 - 2011》）、广西社科规划项目 1 项（《广西地级城市旅游竞争力研究》）、兰州财经大学重大招标项目 1 项（《西北丝路旅游时空演变研究》）、兰州财经大学丝绸之路经济研究院重点项目 1 项（《丝绸之路入境旅游流时空演变研究》）、西藏文化传承发展协同创新中心招标项目 1 项（《“一带一路”背景下西藏区域旅游合作发展研究》）、古浪县乡村旅游规划项目 2 项。独立在人民出版社、中国社会科学出版社、内蒙古人民出版社出版专著3 部，分别为《甘肃文化旅游开发论》《民族地区旅游业发展的民生效应研究》《民族地区旅游发展研究》。在 CSSCI 期刊发表论文 10 多篇，其中 3 篇被中国人民大学报刊复印资料转载。多次受邀在多所大学和地方政府做学术报告、规划评审与社科项目申报辅导。